阪急
ブレーブス
勇者たちの
記憶

読売新聞阪神支局

中央公論新社

プロローグ

六甲山系の緑を横に見ながら、「阪神間モダニズム」の薫り漂う山の手の街並みを、マルーンカラーの電車が駆け抜ける。

大阪・梅田と神戸三宮を東西に結ぶ阪急電鉄神戸線。ちょうど中間に位置するのが、兵庫県西宮市の「西宮北口駅」だ。

このターミナル一帯には、劇場や大型商業施設、大学のミニキャンパス、それにしゃれたカフェやスイーツ店などがずらり。阪神大震災後の再開発を経て、関西きっての華やかな街に姿を変えた「ニシキタ」は、若者や親子連れでにぎわう。

かつて、この界隈が下町の風情をたたえていた頃、球場やプロ野球チームがあった記憶を今に伝えるものは少ない。

阪急ブレーブス。パ・リーグを一〇度制し、日本一に三度輝いた名門球団は、身売りという最後を迎えた。昭和の終わりが近づいていた頃のことだった。同じ西宮に本拠を置く阪神に人気ではとてもかなわず、打倒巨人に燃えた反骨の集団は、伝説のかなたへと消えた。

それから三〇年が過ぎ、時代は平成から令和へと移った。それでも、変わらず「勇者」を愛し、その思い出に酔う人たちは多い。

球界のお荷物だったチームを鍛え上げ、闘争心を植え付けた熱き指揮官。そして、個性とガッツの塊のような選手たち。西宮球場の跡に残る彼らの息遣いに耳を澄まし、その栄光を巡る旅へと、出掛けたい。

かつてファンが胸を躍らせて歩いた道。西宮球場が消えた今も「球場前線」の名称のみが残る（西宮市で）

目次

※本文中の敬称略。特記のない写真は読売新聞社提供。

阪急ブレーブス　勇者たちの記憶

「阪急西宮ガーデンズ」５階のギャラリー。野球殿堂入りした面々のレリーフが、静かにブレーブスの栄光を伝えている（西宮市で）

第１章
世界の盗塁王　福本豊

●福本豊（ふくもと・ゆたか）

1947年生まれ、大阪市出身。大鉄高、松下電器を経て69年に入団。２年目から13年連続で盗塁王に輝き、88年の引退までに1065スチールの世界記録（当時）を残す。身長168センチと小柄ながら、打っても通算2543安打。守備も堅く、三拍子そろった名選手として2002年に野球殿堂入りした。プロ野球中継の軽妙な解説でも人気を博す。

スピードと走塁技術に加え、相手投手のクセを研究し尽くし、前人未到の1000盗塁を記録する。「球界一のリードオフマン」の名をほしいままにした

斬り込み隊長　黄金の足

スチールの代名詞として語り継がれる1番打者が、常勝軍団の中心にいた。チームが初の日本一に輝いた一九七五年シーズンで、その数は通算500に達している。ただ、これは単なる折り返し点。前人未到の1000盗塁へ、黄金の足は加速した。

小さな体に球場中の視線を集め、はじかれるように走り出す。歓声を背に風を切り、流れるように滑り込む。単打や四球での出塁に、二塁打、三塁打と同等の重みを持たせた。警戒をかいくぐり、事も無げに次の塁を盗むのだから。

力強い打撃、華麗な守備も超一流。全てのプレーでファンをワクワクさせるスーパースターだった。

ただ、決して期待されての入団ではなかった。ドラフトは七位指名。「えらいとこに来てしもたわ」と不安だらけで駆け出したプロの世界で、史上最高のリードオフマンへと上り詰めていく。

阪急ブレーブスの栄光を振り返る時、トップバッターはこの人以外にいない。勇者の斬り込み隊長を、左打席に迎えよう。

世界の盗塁王、福本豊（七二）。盛大な拍手とともに、いざプレーボール。

「1番・センター、福本。背番号7」――。

「日本一から、もう四〇年も過ぎたかなあ。元々、『あれから何年』とかあんまり考えへんからね」。少し恰幅は良くなったが、飾らぬ笑顔は昔のままだ。

　取材で会ったのは、西宮市の甲子園球場からすぐのホテルにある喫茶室。ナイターの阪神戦が始まる前の時間を割いてくれた。

「甲子園はいつもファンでいっぱいやもん。羨ましいわ。西宮球場は、僕らが優勝争いしててもガッラガラの日が多かったもんね」

　西宮球場跡で二〇〇八年にオープンした大型複合商業施設「阪急西宮ガーデンズ」には、よく買い物に出掛けるという。「えらいにぎわいやね。昔はあそこに球場があったなんて、もう信じられへんわ」。

　テレビにラジオに、阪神戦を年に数十試合も解説している。担当外の日でも、バックネット裏でチェックを欠かさない。ブレーブスの流れをくむオリックスの試合で、実況席に座ることもある。だが、ライバル球団だった近鉄との統合を経て、愛称はバファローズに変わった。

「正直言うて、オリックスに強い思い入れは持てへんなあ。なんせ、もう『ブレーブス』の名前は消えてしもたんやから」。勇者の一員として、黄金時代を築いた誇りがにじむ。「個性派集団って言われたけど、とにかく野球が大好きなヤツばっかりやったなあ」。

　入団当時、本拠地のあった西宮北口駅の周辺には、のどかな田園風景が広がっていた。少しずつ、住宅や商店が立ち並び始めた頃だった。

プロ 考えたことない

少年時代は、原っぱで三角ベースに夢中になった。グラブもバットもない。素手でゴムボールを打った。「プロなんて考えたこともあれへん。足は速かったけど、背はいっつも前から三番目やったもん」と苦笑する。

大阪・大鉄高で甲子園に出場したが、注目され始めたのは社会人野球の松下電器でプレーしていた頃だ。後輩に左の強打者、加藤秀司がいた。「僕はあいつのついでに目をつけられただけや。『君がもう五センチ大きかったらなあ』なんて言うスカウトもおったわ。ほっといてくれっちゅうねん」。

一九六八年、ブレーブスの七位指名を知ったのはドラフトの翌朝だった。通勤電車でスポーツ新聞を読んでいた先輩に、「おい、載ってるやないか」と教えられた。「えらいちっちゃい字やったわ」。二位には加藤。一位はその後、284勝を挙げる山田久志だった。

テレビ中継もなく、どんな球団かも知らなかったが、「松下から『お前はプロでは無理や』って止められてね。余計に燃えたわ」。しかし、一か月待っても指名のあいさつがない。「やっぱり、おちょくりやったんかなあ」と思っているところへ、やっと連絡が入り、契約金七五〇万円で飛び込んだ。

阪急電車で西宮北口へ来てみると、西宮球場の周りには田んぼが広がっていた。「えらい田舎やなあ、ここで野球すんの、って感じやったね」と懐かしい。

初めて「じっちゃん」と会った日を忘れない。「笑顔で『一緒に頑張ろな』と言ってくれてね。

うれしかったなあ」。猛練習で弱小チームを変えた闘将、西本幸雄だ。

プロ人生 アウトから

「じっちゃんに、僕は作ってもらったんや」

遠い目で、西本を懐かしむ。「細かいアドバイスをされた覚えはないねえ」。バットを振っていても、「フラフラせんとパチーンや」と言われるだけだった。

チームにもすぐなじみ、「チビ」とかわいがってくれる先輩たちのスパイクをせっせと磨いた。「ご褒美に、近くですしを買って来てくれたり、冷蔵庫からサイダーくれたりするのがうれしかったなあ」。

もう一つの仕事が車券購入の使い走り。西宮球場では、試合のない日にグラウンドの仮設バンクで競輪が開かれていた。福本は自分ではやらなかったが、「よう買いに走らされたわ」。バンクを置くものだから、グラウンドの芝生ははげていたが、ブレーブスの試合よりよっぽど客が入るのだから文句は言えない。

選手としては「三年頑張ってアカンかったら、オヤジの店を継ごう」と決めていた。

元々はラーメン屋を営んでいた父だが、息子がドラフト指名を受けた時は近鉄の関連会社の社員食堂で働いていた。「あいつがライバル球団へ行くのに、お世話になり続けるわけにはいかん」と辞め、自分の店を再開していた。

一年目、東映との開幕戦でいきなり代走に起用された。指揮官は「走ってこい」だけ。盗塁を試みて失敗した。「僕のプロ人生はあのアウトからやった」と懐かしい。

翌日も代走で、今度は成功する。通算1065盗塁の第一歩を記した。

闘将からはよく「もっと早いカウントで走らんかいっ」と雷を落とされた。「おかげで度胸がついたわ。『盗塁は三球目まで』ってね」。

もう一人のオヤジ

ルーキーの年は38試合に出場し、4盗塁。パ・リーグ優勝を経験した。三連覇だったが、西宮球場の年間入場者は六三万人ほどだった。

「でも、人気のない球団に入ったことで、自分を過信せずに済んだ面もあったよ」。ファンにスタンドへ来てもらいたい一心でバットを振り込み、ノックの雨を浴びた。

やはり、西本の存在が大きかった。どれだけ試合に出るようになっても、「まだレギュラーちゃうぞ。お前の代わりなんか、なんぼでもおるんや」と甘い顔は見せなかった。

ほかのヤツが三やれば、六も七も練習せえ――。

毎年オールスターに出られる選手になれ――。

教えが耳に残る。「僕のもう一人のオヤジやね」。

二人の「父」は同世代で、戦争帰りという共通点もある。西本は陸軍だった。

海軍で潜水艦に乗っていた父からは、小さい頃に繰り返し聞かされた話があった。「東南アジアの方まで行って、近くで味方の艦が撃沈されたそうやね。『あいつらが死んで、こっちは助かったんや』っていつも言ってたわ」。

命の尊さを知るからか、大切に育ててくれた。ラーメン屋の傍ら、母と布団の打ち直しも請け負っていた。「人に迷惑をかけたらガツンといかれたよ。ただ、『服は破れたら縫えば済む。でも、食うもんだけは絶対に不自由させへん』って、ええメシ食わせてくれたなあ」と感謝する。

厳しさと優しさ。同じものを西本にも感じていた。

サインに一時間以上

西本の指揮で、ブレーブスは一九六〇年代後半から常勝軍団へと変わった。

「試合前はベンチがコトリともいわん。ピリッと緊張してましてな」。そう証言するのは山下達雄（八八）だ。阪急電鉄本社から企画部長として球団に出向し、マネジャーとしてベンチにも入った。

一方で、当時はファンサービスなど無いに等しかったという。強くあるため、球団としては少しでも選手の負担を軽く、という考えだったらしい。

福本は違った。試合後は西宮球場の外で待つ子どもたちの色紙に、せっせとペンを走らせた。無言で差し出されると「お願いします、やろ」。列が乱れれば「ほら、並べ並べ」。

一〇〇人以上いようが、全員に書き終えるまでやめなかった。誰のサインか思い出してもらえるよう、裏に「ふくもと」と添えたりもして、一時間以上かかった日も。

「そら、疲れてるし、はよ帰りたい。でも、『この子らが家族や友達と一緒にスタンドを埋めてほしい』ってね」。巨人とのオープン戦で、大スターの長嶋茂雄や王貞治がサインと握手を延々繰り返す姿を見たことが、原点だった。

「今でも、すっかりオッチャンになった子らが『色紙、大事にしてます』『昔、福本さんに叱ってもろたんです』って声をかけてくれるねん。ありがたいこっちゃわ」

走り　元五輪選手から

「足を向けては寝られへんなあ」

盗塁王への道のりを突き進む上で、福本がそう感謝する人物がいる。

球団マネジャーだった浅井浄《きよし》（七九）。一九六五年、阪急電鉄に入社した浅井は、現場経験が大切だからと事務職ながら運転士免許を取らされ、今津線や神戸線で乗務もした。経理を学んだ後、宣伝課にいた頃、ブレーブス出向を命じられた変わり種だ。

野球はずぶの素人なのに、西本からトレーニング指導を託される。実は、関西学院大の学生だった六四年に東京五輪のリレーを走ったスプリンターだった。「当時はプロ野球も根性論で、練習も非科学的やった。そこで、筋トレ器具も使うスピード、パワー向上の練習方法を導入したよ」と言う。海外の一流陸上選手から学んだものだった。

福本にはルーキーの頃から、一歩目の出し方、足の運び、手の振り方まで徹底的に教え込んだ。「我流やったフォームが洗練されて、体の中でピストルがバーンと鳴るように一気に加速するコツをつかみよったわ。最っ高の教え子やったね」。浅井は顔をくしゃくしゃにして笑う。

宝塚市の高台にある家で、一枚の色あせたポスターを大切にする。愛弟子が当時の世界新記録となる通算939盗塁を達成した八三年、球団が作った記念の品だ。西武球場で三塁へ滑り込む背番号「7」が、今もまぶしい。

相手投手のクセ突く

走塁フォームが洗練され、二年目の一九七〇年には75スチールで盗塁王。福本は親類からのお祝いに、8ミリカメラを所望した。「ユニホーム姿を記念に残しとこ、って思ってね」。まだ、野球でずっと食べていく自信はなかったのだという。

当時は背番号「40」。走者として次の塁を狙う背中を、大鉄高の同級生が西宮球場で撮ってくれた。その映像に「ん？」と目がくぎ付けになる。打者への投球と牽制球で、投手の肩の動きが微妙に違うことに、偶然気付いた。

あっ、こらクセや――。

それ以降、研究のムシに。近鉄の鈴木啓示にロッテの村田兆治、西鉄の東尾修……。無くて七癖だ。背中の張り具合から、首やグラブの角度、足を上げるリズムまで、他球団の投手たちを観察し尽くした。「あれで、感覚に頼らんとスタートを切れるようになったね」。

背番号が「7」に変わったのは四年目だった。身軽になって106盗塁。当時の一シーズン世界記録を樹立し、「こんなチビでもやっていけるで」と手応えをつかんだ。

この頃から2番打者としてコンビを組んだ大熊忠義（七六）には、不思議でならないことがあった。全球団が参加し、テレビでも放送される「運動会」の一〇〇メートル走で、勇者の1番はあっさり負けるのだ。「お前、あご上がってるがな」とちゃかすと、「野球はマラソンとちゃいます。三〇メートルでええんです」と素知らぬ顔で返された。「その三〇メートルに、フクの全てが詰まってたんやろね」と大熊は懐かしむ。

豪放磊落なイメージに隠された緻密さが、身を助けた。福本は「見えんかった部分に気付くと楽しいし、勉強になるしね」と笑う。

そんな研究熱心さは、今も健在だ。宝塚歌劇の大ファンで、気に入った演目は繰り返し見る。「ははーん、このセリフが最後に利いてたんやな」。そんなふうに新しい発見を重ねるのが、たまらないのだという。

「塁に出ることやん」

「おっ、フク。ちょっと行こや」

雨で試合が流れると、書く原稿もないベテラン新聞記者たちに声をかけられた。食事やマージャンを共にしながら、「絶対、テングになったらアカンぞ」とクギを刺された。「ちょっと活躍しただけでスター気取りで、つぶれた選手をなんぼでも見てきたで」と。

「頑張れば頑張るほど、ええ記事を書いてくれた。おかげで、僕の名前を知ってくれるファンも増えたんや」

ただ、新聞記事には苦い記憶もある。「福本はもったいないね。足を生かして内野安打を狙えば、一気に打率が上がるのに」というコメントを目にした。南海で理論派コーチとして監督の野村克也を支えたブレイザーだった。

盗塁のコツを問われた福本が「そら、まず塁に出ることやん」と答えて笑いを誘ったエピソードは有名だが、本人は至って真面目だった。当時から、出塁にはそれだけ貪欲だった。

打撃練習でコツン、コツンと転がしてみた。「コラッ、何やっとんじゃっ」。たちまち、西本から雷を落とされた。「ガチーンとかます気迫がないんやったら、やめてまえっ。一発かます怖さのないヤツは要らんっ」。

それからはブルンと振った。現役通算2543安打のうち、本塁打も208本と多い。

スタンドに放り込むと、闘将はベンチで懸命に笑みをかみ殺していたらしい。「あのアホウ。走ってかき回さんと、何を歩いて帰って来とんねん」と。

夜釣りで失敗忘れる

思い通りにいかなかった試合の夜は、西宮浜や甲子園浜へと車を走らせた。「釣り道具を積んでたんや」。神戸まで足をのばすこともあった。

他の選手と一緒であっても、離れて糸を垂れた。暗闇にじっと見つめる竿《さお》の先に、盗塁失敗やチャンスでの凡退が浮かぶ。中心選手になるにつれ、反省も増えていった。

「暗いから『あっ、福本や』って気付かれへんしね。飲み屋で気晴らししてたら『遊んでる場合ちゃうやろ』って酔っ払いに怒られるもん」

ハネやチヌ、時にタチウオも釣れた。「一匹あげた瞬間に、全部忘れるねん」。パッと気持ちを切り替え、帰って寝た。

特に験をかつぐタイプでもなかったという。「勝った次の日に、『ひさご』で同じものを食べたくらいやね」。西宮球場の目の前で、形山和子（九二）、千恵子（六九）の母娘が切り盛りしていた小さな喫茶店だ。球場に入る前、コーヒーで一息ついたり、軽く腹ごしらえしたり。サンドイッチや、みそ汁付きの卵焼き定食が好きだった。

屋号はひょうたんの意味。おめでたいから、と母娘がつけた。「福本さんが『ええ名前やん』ってお墨付きをくれてね」と千恵子は振り返る。「いつも冗談ばっかり言うてね。『面白い人やわ。ほんまに盗塁王やろか』って思ってたわあ」。

四〇年を経て今も二人、店に立つ。背番号「7」専用のコーヒーカップが阪神大震災で割れてしまったのは、残念だけれど。

すべては巨人倒すため

「おーい、チビの福本ぉ。子どもはもう帰って寝る時間やどぉ」

客の少ないパ・リーグの球場は、ヤジがよく響いた。時に手を振り、笑顔で応じた。

「でも、あれにはガクッときたなあ」というのは、ブレーブスの応援席から聞こえた「日本シリーズ、もう出るな」という声だった。何しろ、一九七二年まで巨人に五連敗。ことごとく日本一を阻まれ、六九年入団の福本も三度負けていた。

キャンプでは、飛球を故意にポロリとやる「練習」もした。相手走者の意表を突き、併殺を狙う秘策だ。「そんなプレー、年に一回もあれへん。万が一に備えてたね」。すべては球界の盟主を倒すためだった。

実力は決して劣らない。敵地、後楽園球場の熱気が悩みの種だった。「大歓声にやられるねん。ランナーが一人出ただけで『ウワーッ』やもん。大ピンチかと錯覚して、震え上がってたわ」。というのも、本拠地の西宮球場は閑古鳥。なじみの店の看板娘が応援に来たら、選手がすぐ見つけて手を振ったとか、珍しく歓声が聞こえたと思えば三キロほど離れた甲子園からだった、なんて笑い話もある。

「まあ、ブレーブスはお上品な隠れファンばっかりやもん。球場へ来てワーワー騒ぐのが苦手なんやろね」。普段がそんなふうだから、「なんや巨人戦はフワフワして、走りにくかったなあ」。

下手は練習でうまなる

一九七〇年代の初めになると「パ・リーグは優勝して当たり前、って感じやったね」。秋の日本シリーズで、どう巨人を倒すか――。春先のキャンプから、話し合うのはそればかり。結局、がむしゃらに泥にまみれるしかなかった。「最後は『ここまでしんどい練習して、負けるはずない』ってところまで全員でやりきったわ」。

個性派の集まりといわれたが、「群れて飲みに行ったりせんだけで、グラウンドでは勝つために団結してたよ」。学んだことは若手にも伝える、という伝統もあった。

福本にも、後継者と見込んだ後輩がいた。ノックで背後に張り付かせて一緒にボールを追い、落下点への動きを覚え込ませた。

その選手は、山森雅文。八一年九月、西宮球場のロッテ戦で本塁打性の大飛球に一直線。軽業師のようにラッキーゾーンのフェンスに跳び上がってもぎ捕った。

米国野球殿堂博物館に写真も展示された伝説のスーパープレーだが、「何を騒いでんねん。山森には当然のプレーやん」と福本は思った。自分も若い頃、西宮球場でのオールスター戦で同じことをしたから。阪神・田淵幸一の本塁打をキャッチし、長嶋茂雄に「人間業じゃない」と言わしめた。

「僕かて新人時代は目測を誤ってバンザイしたもんや。下手は練習でうまなるねん。そんなん、ブレーブスのヤツらはみな知ってたよ」

まだ巨人に勝ってへん

「心の中で巨人を応援してたわ」。一九七五年だ。

長嶋茂雄が監督に就いた宿敵が、気になっていた。日本一をかけて戦いたいのに、セ・リーグで不振にあえいでいる。

自身は通算５００盗塁に達し、脂がのりきっていた。当時のパは二シーズン制で、ブレーブスは前・後期の一位同士によるプレーオフを制す。上田利治が指揮を執って二年目でのリーグ優勝だった。

相手の近鉄は、前監督の西本が率いていた。勇者は、最強軍団へと育ててくれた闘将に堂々と恩返しをし、日本シリーズへと乗り込んだ。

セから出てきたのは初優勝の広島だ。結局、巨人は最下位。「ちょっと残念やったけど、そら全力でいくだけや」。互いに初の日本一を狙う対決は、西宮市長の始球式で幕を開けた。「赤ヘルはガッチガチやったわ。うちは場慣れしてる分、のんでかかってたね」。

３勝２分けで迎えた西宮球場での一戦は、試合中からファンが万歳を始める。優勝決定の瞬間、一斉にグラウンドへとなだれ込んできた。

翌日、ナインは大阪の阪急梅田駅構内をパレードする。阪急百貨店では、記念セールに一日で四五万人が押し寄せたと伝わる。

「いつもは静かなファンが大騒ぎしてくれて、ジーンときたね」。ただ、すぐに気持ちを切り替えた。「これで緩んだらアカンぞ、まだ巨人に勝ってへんぞ」と。

宿願果たし男泣き

日本シリーズで巨人を倒す。一九七六年、その宿願を果たす時が訪れた。

前年王者として、敵地に乗り込んだ。以前は悩まされた大歓声が、苦にならない。「慣れたんやろね。不思議と落ち着いてたわ。昔は王さんや長嶋さんを見るだけで、『一緒に野球してもエエんかな』ってびびってたのに」。

ただ、勝負はもつれにもつれた。初戦から三連勝した後、一気に巻き返される。第六戦は７点差を大逆転され、逆王手をかけられてしまった。

その夜は、珍しく大挙して六本木へ。ベネズエラ出身のマルカーノら外国人選手も一緒だった。「朝の三時頃までワイワイ騒いだよ。『泣いても笑ってもあと一つや』って、みなで気持ちを重ねたね」。悲壮感は、消えた。

そして最終戦。福本は先制二塁打にだめ押し本塁打と暴れ回る。「打席でも自分のリズムで『さあ、いらっしゃい』って待ち受けたら、こっちのもんや」。そんな勝負の神髄を、見せつけた。

4―2。肝の据わった戦いで大一番を制した勇者はついに、六度目の挑戦にして球界の盟主を下した。『阪急ブレーブス五十年史』に、上田の「名実ともに日本一だ」という言葉が残る。前任の西本を支えたコーチ時代からの万感がこもっていた。

最優秀選手に輝いた背番号「7」は、男泣きした。「泣けたねえ。しんどい練習が報われたんやもん」。

「ヤマ」は特別な同志

一九七七年も巨人を倒し、三年連続の日本一。その後は徐々に優勝から遠ざかるが、福本はチームを長く支えた。

2番打者としてコンビを組んだ大熊が「普通は一試合で3本ヒットを打ったら、あとは下がって休むねん。フクは『よっしゃ、4本目いこか』やったね」と証言する。そんなふうに試合に出続けられたのも、「やっぱり、大きいけがが無いっちゅうのが一番やったよ」と本人は言う。

広島との日本シリーズ第６戦で頭に死球を受け、退場。それでも翌日の最終戦に強行出場した（1984年10月21日、広島市民球場で）

頭に死球を受けたこともある。最後の日本シリーズとなった八四年、相手は広島だった。ヘルメットが砕けて救急搬送されたにもかかわらず、次戦も先発して2安打を放った。

ヘッドスライディングはめったにしなかった。「昔は牽制に手から戻ったら、タッチで頭をバッチーンといかれたもん」。何より、腕のけがが怖かった。

それなのに、現役生活も終盤の八七年、際どい飛球を頭から飛び込んで捕りにいき、右肩を脱臼。欠場を余儀なくされた。「あの日はヤマが投げてたから、『勝たなアカン』って力が入ったんやね。３００勝も近かったしね」。

大エース、山田だ。広島に移籍するまで中軸を担った加藤と合わせ、同期入団三人で「花の昭和四四年組」と言われた。最終的に、山田は通算２８４勝。３００には届かなかったが、黄金時代を支えた特別な同志だ。

西宮球場のすぐ近くに、福本と山田の通う理髪店があった。店主だった川辺《かわなべ》一郎（七二）は懐かしむ。

「並んで髪を切ってても、話し込むわけでもない。それでも、信頼し合ってる雰囲気がじんわり伝わってきましたね」。

絆の強い二人は、ユニホームを脱ぐ時も同じになる。八八年の「一〇・一九」が近づいた。

「一〇・一九」涙に暮れる

「えらい必死で勝ちにいくなあ」。一九八八年シーズンも大詰めの一〇月一七日。西宮球場での一戦を、出番のないまま不思議な気分で見つめていた。

相手の近鉄は仰木彬に率いられ、優勝マジック「3」。西武との史上まれに見るデッドヒートのさなかだった。

ブレーブスは四位がほぼ確定していたのに、監督の上田は代走や守備固めまでつぎ込む。「勝たしたったらええやん、って思ってたわ」と福本は笑うが、2－1で逃げ切った。

その二日後。練習前、球団幹部に急遽呼ばれた。球場内の一室に、同期の山田もポツンといた。ブレーブスを売る、と二人は並んで告げられた。

南海のダイエーへの売却が発表された直後だっただけに、思わず「どっきりカメラでしょ」と口を突いて出た。譲渡先は「オリエント・リース」だという。現在のオリックスだが、初めて聞く会社だった。

同席した上田からは、数日前に知らされていたと明かされた。「それで近鉄戦の必死さも納得がいったよ。『そうか、阪急は終わるんやな』って」。数時間後、身売りが発表されると、球場近くに住む熱心なファンらが事務所に押し掛け、幹部に詰め寄る騒動になった。

三〇年以上を経て、今も語り草の「一〇・一九」。近鉄が最終戦で優勝を逃したその日は、勇者を愛する人たちが涙に暮れた日でもある。

山田は既に引退を表明していた。背番号「7」は「まだまだやれる自信があったよ」。

現役時代にはまだ、一定の資格を満たせば他球団へ移籍できるフリーエージェント制度はなかった。「あったとしても、よそへは行かへんかったやろね。チームに愛着があったもん」。

球団売却の際も「オリックス・ブレーブス」でのプレーを望んだが、コーチ就任を打診され、去就未定のまま阪急としての最終戦を迎えた。

一九八八年一〇月二三日。西宮球場のロッテ戦は、観衆三万七〇〇〇人と記録が残る。電子オルガンの演奏が流れる中で左打席に入り、クリーンヒット。山田が完投勝ちで有終の美を飾った。

「事件」が起こったのは、試合後のセレモニーだ。新球団でも指揮を執ることが有力だった上田が「去る山田、そして福本」と言ってしまう。ファンがざわめいた。「ビックリしたね。『えっ、俺やめんの?』って」。

「えっ、俺やめんの?」

上田は言い間違えたのか。真意は尋ねなかった。「言うてしもた以上は、しゃあないもん。それで引退を決めたわ」。

入団から二〇年。西宮北口周辺は姿を変えた。大阪、神戸の中間点として開発が進み、かつての田園風景は消えていた。

経営は赤字だったが、同じグループの宝塚歌劇団との両輪で「阪急」の名を高め、沿線住民に夢を贈ってきたブレーブス。「みんな『男が売れて女が残ったな』って笑い合ってたね」。寂しさを押し隠し、ナインはせめて勇者としてプライドを保とうとしたのだろうか。昭和から平成へと、時代は移ろうとしていた。

帰る場所なくなった

引退直後、荷物の整理で西宮球場を訪れると、ロッカーにユニホームがない。山田や、「ブレーブス史上最強の助っ人」といわれた三冠王ブーマーのものも消えていた。阪急ブレーブスとして最後のユニホーム。「誰かが記念に持って行ったんやろか。大事にしてくれてるかな」。

引退後は指導者として、オリックスや阪神のユニホームにも袖を通した。それでも、「シンプルな阪急のが一番。思い出も詰まってたしね」。

更に思い入れの強かったのがチームの愛称だ。「ブルーウェーブ」を経て、近鉄との統合で二〇〇五年シーズンから「バファローズ」に。これが、何よりつらかった。

オリックスの応援席で揺れる、牛をかたどった元ライバル球団の旗に涙がこぼれた。「帰る場所がなくなったのを実感したわ。『何やねん、もう近鉄やん』って」。

一一年春、球団史を振り返るイベントの一環としてオリックスが開いたトークショーに、山田、加藤と共に出演した。試合を控えた神戸の球場脇に設置された舞台で、同期入団三人は拍手で迎えられた。

帽子に「H」、胸に「Ｂｒａｖｅｓ」の赤文字が躍る、復刻ユニホーム姿だった。日本シリーズを三連覇した一九七〇年代のデザインだ。

「三人で『これがやっぱり最高やで』って言うてね。あいつらも似合ってて、カッコ良かったなあ。昔を思い出したわ」

夢の試合 見せたかった

球団史を振り返るトークショーで山田、加藤と語り合った背番号「7」は、復刻ユニホームの着こなしがきまっていた。ズボンの裾をたくし上げてストッキングを大きく見せ、足を際立たせるオールドスタイル。現役時代そのままの姿だった。

「今の選手に代わって走ったろかな」とぼやいて沸かせた後は、「阪急ブレーブスというチームがあったな、って思い出してもらえたら幸せです」。喝采を浴びた。勇者のユニホームを着たファンも、大勢いた。

ふと、思った。「この中に昔、西宮球場に来てくれてた子らがおるんやろな」。自分のサインだと思い出してもらいたくて、色紙の裏に「ふくもと」と添えた頃を思い出した。

気持ちが高ぶった。もう一回、ブレーブスで野球したいなあ――。「そんな夢、かなわへんって分かってるけどね」。

もう一度、このユニホームでのプレーを見せたかった人がいる。入団当時の監督、西本だ。近鉄で指揮を執ってからも日本一には届かず、「悲運の闘将」と呼ばれた。

福本は、仲間とよく話していた。「じっちゃんが元気なうちに、阪急、南海、近鉄のＯＢで野球しようや」と。今は伝説の中へと消えた三球団。パ・リーグに同居し、関西に本拠を置いてしのぎを削り合った頃を、恩師の記憶によみがえらせたかった。

でも、夢の試合を実現させる前に逝ってしまった。「今もそれが、残念で残念でね」。

プロっちゅうプレーを

「さすがプロ、っちゅうプレーを見せろ。お客さんにお金をもろてるんやぞ」。指導者時代から、若手に言い続ける。それは恩師、西本の心をつなぐ作業でもある。

自身も若い頃、「オールスターに毎年出られる選手になれ」と説かれた。「一年や二年で終わる選手ではアカン、って意味やったんやろね」と出会えた幸せをかみしめる。

自慢がある。「じっちゃんの仲人第一号、僕やねん」。

闘将は選手の仲人を引き受けない主義だった。公平に距離を置くため、身を律していたらしい。一計を案じた福本は、「媒酌人　西本幸雄」と勝手に印刷した案内状を、みんなに送った。

初めて盗塁王を取った、二年目のオフだった。「こら、フクッ」。モーションを盗まれた投手のように頭をかきつつ、指揮官はうれしそうだった。それを機に、次々と仲人を頼まれる羽目になるとは計算外だったろうが……。

そして背番号「7」は、一三年連続で盗塁王に輝く。球宴にも通算一七度出場し、恩に報いた。

オリックスから大リーグに移ったイチローが「若い頃に『長く活躍してこそ本物だ』と教えてもらったことが財産です」と話すのを聞いた。かつて自分が、ＯＢとして接するうちに何げなく言い聞かせたこと。西本の精神は、脈々と受け継がれている。

その「第二の父」が亡くなったのは、二〇一一年一一月。九一歳だった。いつも「フクよ、オヤジさんは達者でおるか」と実父を気にかけてくれていた。

野球 平和やからできる

西本に心配をかけたくなくて、父が亡くなったことはとうとう明かせなかった。一つ上の闘将より、一年ほど先に逝った。二人は球団のパーティーなどで顔を合わせる度、楽しそうに話し込む仲だった。

父の作ってくれたラーメンが、懐かしい。「好きやったなあ。確か、豚骨と鶏のダシやったね」。プロ生活三年で芽が出なければ継ぐ、と決めていた父の店。太く長い現役生活が続き、二代目にはなれなかった。「丈夫に生み育ててくれたおかげ。感謝、感謝や」。

２５００安打に盗塁記録、三塁打の日本記録……。次々と金字塔を打ち立てる度、「何でやろね、俺の子が」と照れくさそうに、そして少し誇らしげに笑っていたのを忘れない。

亡くなる少し前、戦争を題材にした洋画を一緒に見た。潜水艦乗りだった頃を思い出したのか、つぶやいていた。「戦争は、こんな生易しいもんやない」と。

やはり、最後まで「西本さんはお元気か」と気にしていた。「戦地から戻った者同士、心が通じ合ってたんやろねえ」。

その父に導かれるように、福本は仕事で赴いた広島で呉市まで足をのばしたことがある。

戦争史料を集めた「大和ミュージアム」（呉市海事歴史科学館）。特攻用の人間魚雷に乗り込む青年がつづった遺書を前に、立ちすくんだ。「考えたねえ。『戦争は絶対にしたらアカン』って。野球も、平和やからできるんや」。

店に西宮球場のいす

「球場橋」に「球場前線」、それに「球場前踏切道」も……。

阪急西宮北口駅のすぐ南側で、橋や通りにそんな名が今も残る。かつてファンが胸を躍らせて目指した先に、西宮球場はもうないけれど。

跡地には西宮ガーデンズがそびえる。五階の一角に、小さなギャラリーがある。こぢんまりと並ぶトロフィーや優勝旗が球団の歴史を伝えているが、訪れる人はまばらだ。

「あそこなら、僕も何年か前に行ったことあるわ」。球場の縮小模型で、照明灯に掲げられた清

知人が経営するバーに、西宮球場のいすを置いている（西宮市で）

酒「白雪」の巨大看板に目を凝らしたという。

屋上の広場へ出ると、地面には石製のホームベース形モニュメントがある。実際に球場の本塁があった地点の真上だが、「別に、踏んでみよかなとは思わへんねえ」。

本物の本塁ベースを何度も駆け抜けた感触を、脚が覚えているから。「バスで遠征から戻って来て、『白雪』が見えたらホッとしたね」。かつての「我が家」への郷愁が募る。

西宮市内で知人が経営するバーには、夜ごとブレーブスを愛した人々が集う。明かりを落とした店の入り口に、古ぼけたいすが二つ飾られている。球場の観客席から、解体の際に福本が譲り受けたものだ。

遠い栄光の記憶をグラスに浮かべ、酔いしれるオールドファンたち。勇者の凱歌が染み込んだいすは、彼らの思い出話にじっと耳を澄ましているようだ。

「みんな、懐かしいんやねえ」。いとおしげになでてもらえると、福本はうれしい。

「みな永久欠番や」

東京の野球殿堂博物館に、９３９盗塁で当時の世界新記録を樹立した時のスパイクが展示されている。小さな足だ。

手元に残した道具は、少ない。昔、九州遠征の際には必ず父親と応援に来てくれる男の子がいて、いつもグラブや「ツチノコ」と呼ばれた太くて重いバットをプレゼントした。

「あの子、今も大事にしてくれてるんやて。頑張って働いてるみたいや」

世界記録（当時）の939盗塁を記録したスパイク（東京の野球殿堂博物館で）

インターネットでは、プロ選手のユニホームやサインボールが盛んに取引される。ブレーブス関連の品々も人気が高いらしい。

「車を売って購入費をつくる人までおるんやて。そこまでせんでも、って思うけど……」。そこで、福本は言葉をのみこんだ。勇者たちが今も、深く愛されていることの裏返しだから。

阪急電鉄の幹部から、「球団売却は間違いやった」と涙ながらに謝罪されたこともある。身売りから随分たった頃だった。

近年はパ・リーグ人気も高まり、ブレーブスがあれば、と寂しい。

でも、「今はもう『昔の話は知らんけどオリックスが好きや』って人がちゃんとおるしね。それでええねん」。自分に言い聞かせるように、静かに笑った。

毎年末、ＯＢ会がある。共に戦った仲間たちに囲まれ、思う。「ええチームやったなあ。ブレーブスはみな永久欠番や」。

時折、草野球で白球を追う。思わず、西宮球場で聞いた応援歌を口ずさむ。

〽走れフクモト　１０００盗塁　走れフクモトォ――

「いけー、福本」。耳に残る声援に、足がうずく。

第2章
球団マネジャー　浅井浄

●浅井浄（あさい・きよし）

1940年生まれ。終戦後に大陸から帰国し、兵庫県明石市の少年時代に陸上を始める。関西学院大在学中の64年、リレー選手として東京五輪に出場。阪急電鉄に入社し、マネジャーとしてブレーブスに出向した。球団在籍の17年間で三度の日本一もベンチで経験している。

監督の西本幸雄や上田利治（右）を支えた浅井（左）。「試合になるとカーッと心が燃えたね」（一九七七年六月）

スプリンターから「転身」

福本豊からバトンを受け取る「第二走者」は、浅井浄（七九）。最強軍団の一員だが、背番号は持たない。かつては陸上のスプリンターだった。一九六四年の東京五輪で日の丸を背負い、リレーを走った。

阪急電鉄への入社が縁となり、出向先のブレーブスで新人だった福本に走るフォームを指導するキーマンとなる。いわば、「世界の盗塁王」の生みの親だ。

本業は球団マネジャー。闘将、西本幸雄がチームを率いた頃からベンチに入った。七〇年代の三年連続日本一も間近で目にしている。

さあ、黄金期の証人に、誇り高き勇者たちの武勇伝を披露してもらおう。

大空に号砲を。ヨーイドン——。

「この青い空、一体どこまで続いていくんやろ、って胸がいっぱいになったね。武者震いが止まらへんかったなあ」

半世紀以上前の一〇月一〇日を、懐かしむ。東京五輪の開会式。真っ赤なブレザーでそろえた日本選手団の最後尾近くで、浅井は大歓声の国立競技場を行進した。

日の丸には、思い入れがあった。軍医として父が赴任していたベトナムで終戦を迎え、幼少期はフランス語の方が得意なほどだったという。帰還が遅れた影響で入学が二年ずれた小学校では、片言の日本語をからかわれ、母が通訳に来る日もあった。

風を切って走る瞬間だけは、何もかも忘れられた。兵庫県明石市立衣川《きぬがわ》中、県立明石高で短距離走者として頭角を現す。関西学院大では「血尿で白いパンツが染まるほど練習したわ」。走り終えた瞬間、意識を失って倒れ込んだこともある。

五輪に出たのは「五年生」の頃。練習環境を変えるのが嫌で、あえて留年したためだ。「大学時代は逆にフランス語がさっぱり。教授の家まで押し掛けて、『頑張ってオリンピックに出るから単位ください』って泣きついたほどやもん」。

東京五輪の男子400メートルリレーで、アンカー（左）にバトンを渡す（1964年10月、国立競技場で）＝本人提供

日本人としての実感を得た五輪だが、苦い思いが残る。第三走者を務めた四〇〇メートルリレーでは、当時の日本記録である四〇秒六を出しながら、二次予選で敗退した。「バトンパスにもたついてガックリやった」。それで、陸上には見切りを付けた。

阪急電鉄に入社したのは「電車通学で親しみがあったしね。それだけや」。現場を知ることが肝要と、事務職ながら運転士免許を取らされ、短期間とはいえ実際に客を乗せてハンドルも握った。

西宮球場を横目に、今津線や神戸線を

ゴトゴト走る。「同じ阪急でも、ブレーブスには全く興味なかったね。『長池徳二さん？　そら、どなたでっか』ってな感じやったなあ」。これには豪打の4番も、腰砕けの空振りだろう。

「明日から」出向に驚き

「明日からブレーブスへ行け」

突然に球団出向を命じられ、驚いた。入社四年目、一九六八年の一二月だった。

その頃は宣伝課に属し、阪急電鉄本社や宝塚歌劇のラジオ用コマーシャルを作っていた。チームはパ・リーグを二連覇していたが、「CMに使う歓声を録音しに、何度か西宮球場へ行ったことがある程度やったね」。

そんな素人に白羽の矢が立ったのには、伏線がある。その二年前、監督の西本が起こした前代未聞の「信任投票事件」だ。

六六年秋のこと。猛練習も実らず、就任四季目も優勝を逃した闘将は業を煮やした。突然、選手やコーチに紙を配ると、「俺に付いてくる覚悟があるか、〇か×で示せ」と命じた。

約六〇票中、「×」と白票が計一一。「不信任や。やってられん」と自宅に引きこもってしまった。事ここに至って、球団幹部は事態を知る。慌てて説得して続投をのませたが、五日がかりだったという。

この一件が、本社と球団が体制を見直す契機になった。それまでは引退した元選手に任せてきたマネジャーに本社からの出向者を充て、監督の補佐役を託すことにした。

「監督、選手、球団、本社の風通し役を期待されたんですわ」と説明するのは、出向組のマネジャー第一号となった山下達雄（八八）。関学大の野球部時代も裏方役を担った経験を買われたという。

二シーズンを務めた山下が後任を探す中で、五輪出場という異色の経歴を持つ浅井に目をつけた、というわけだった。

困ったらしゃぶしゃぶ

浅井がマネジャーに就任したのはシーズンオフだったが、最初からてんてこ舞い。まず、サイン会から新年の餅まき大会まで、イベントへの選手派遣だ。「ベテラン連中はごねて大変やったなあ」と苦笑する。

その他にもキャンプや遠征への乗車券、航空券の確保から旅費管理、マスコミ対応……。宿舎では首脳陣用のマージャン部屋まで用意せねばならず、裏方仕事が山積みだった。「まあ、何でも屋やね」。空港へ行くのも一番乗り。「まるで添乗員や。空の上で『あっ、あいつ乗ってへんぞ』なんて毎度のこと。『お前の連絡ミスやろ』って怒られた」。

当時、ホテルや旅館は現金精算だった。長期の遠征で、数百万円を詰めたバッグを前夜の宿舎に忘れた日は、青ざめた。

遠征先で持ち金を使い果たす豪傑もいる。「出納帳にどう書いたらええねん」と悩みながら、そっと飲み代を渡したこともあった。

長期滞在となるキャンプ地では、料理長とメニューを相談した。飽きがこず、栄養バランスも考えるのだが、「困ったらしゃぶしゃぶやったね。肉さえ出しとけば誰も文句言わへんし、味の好みも心配いらんし」。

選手はとにかくよく食べる。取り合いにならないよう、名前を書いた皿に肉を山盛りにした。「ぴったり一キロずつやったわ」。それでも足りず、皿を手にコーチや職員のテーブルを回る者もいて、浅井も取られた。

時に大阪・梅田の阪急百貨店から肉やワインの差し入れがあった。それを当てにして、ホテルに食材を用意させていなかったら、荒天で届かなかったことも。「肉の確保に、走り回ったわ」。

「好きにやれ」託された

パ・リーグ三連覇をかけ、一九六九年の高知キャンプが始まった。常に監督の西本に付いて歩く。「聞いてたんは『厳しくて怖い人』ってだけやったわ」。最初は緊張しっぱなしだった。

一緒に見ていた基礎トレーニングは、走らせてばかり。非科学的に映った。「こらアカンな」。思わず口を突いて、「しもたっ」。闘将の視線が刺さる。冷や汗をかいていると、「なら、メニューを考えてみてくれ」と意外な言葉をかけられた。「試されたんやろね。『偉そうに言うなら、ちょっとやらせてみよか』って」。

そこで浅井は、重さの異なるバーベルで徐々に負荷を高める筋トレを試した。陸上では当たり前のメニューとはいえ、野球に筋トレはご法度とされた時代。なのに「ほう、おもろいな」。

こうして急遽トレーニングコーチを任され、マネジャー業務と二足のわらじを履くことになった。スコアのつけ方さえ知らなかった元陸上選手が、「好きにやったらええ」と体力アップの全権を託された。

一方で、何度も説かれた。「ブレーブスの財産は選手やぞ。全員の気持ちを把握してわしに報告せい。選手を生かすんがマネジャーの仕事や」と。強面に隠された懐の深さ、気配り。既に名将の誉れ高かった指揮官の人間くささに、チームの強さの秘密を見た気がした。

そんな時、「あの足は絶対ものになる。育ててくれ」と一人のルーキーを託される。背番号「40」の小兵だった。

選手みな闘将の息子

「うーん、速いけどバタバタやな」。ドラフト七位入団の福本が走る姿を初めて見た時、あまり良い印象を抱かなかった。浅井は東京五輪に出場した頃、一〇〇メートルを一〇秒四。現在ほどトラックの反発も利用できなかった頃だ。

並走してみた。やはり浅井の勝ち。ただ、同じ一六八センチとは思えない馬力を感じた。「特にスタートが鋭かったね。『あとは、短い塁間で加速する技術やな』ってピーンときたわ」。

投手にへそを向けた状態から腰を鋭く回転させ、第一歩。ももを上げ、腕を真っすぐ振るフォームを覚え込ませた。「頭を揺らすな。軸がぶれたらアカンぞ」。そう説き続けると、爆発的な加速で足をトップギアに入れ始めた。

二軍の試合で、とにかく走らせた。「減速せず、ベースに滑り込む術《すべ》を磨き上げよった。『3S』の芸術品やったわ」。スタート、スピード、そしてスライディング。塁間二七メートルに技術の粋を詰め込み、二年目には一軍で盗塁王に輝いた。

比例するように、バットも冴えを増していった。どっしりした構えから、ガツン。速さと力強さを兼ね備えたプレーに、浅井は見ほれた。「やっぱり体の軸やね。あのパンチ力も僕のおかげやで」と冗談めかすと、真顔に戻って言う。「光るもんを見つけて、伸ばす。すべては西本監督の眼力やね」。

球界一のリードオフマンへと成長した秘蔵っ子に、目を細める闘将を思い出す。「かわいくてたまらんって顔でね。選手はみな、監督の息子やったなあ」。

「監督のため」みな必死

「鍛錬の場やから」と西本はキャンプ中、宿での飲酒を禁じていた。夜の外出は自由だったが、「酔っ払って監督の部屋に入ったアホもおったよ」と笑う。

ゴルフも禁止。「まあ、誰もクラブを振る元気もないわ」。練習はそれだけ厳しかった。「その頃は、監督もゴルフをせんかったしね。『止まってるボールを打って何がおもろいねん』って言うてたわ」。

早出や休日返上で励む一人に、中田昌宏《よしひろ》がいた。兵庫県立鳴尾高では選抜大会で準優勝した。ブレーブスでの現役時代は本塁打王も取った、新米コーチだ。「外野ノックの名手になれ」と西本から命じられていた。

練習を重ねるうち、中田はノックの打球を自在に操り始めた。伸びたり、お辞儀したり、右や左に曲がったり。「それぞれに生きる道を見つけてやる、っていう監督の温かさのたまものやったね」と浅井は振り返る。

ベンチでの西本は、まさに闘将。「選手がボサッと座ってたら、後ろからバットでいすをガツーンやったわ」。凡ミスには鉄拳も飛んだ。「やめてまえっ」と一喝されて下を向く大男たちを慰めるのも、マネジャーの役目だった。

「それでも、みな『監督のために』って必死やった」。負けると歯がみして悔しがる勝負師のもと、勝利に執念を燃やした勇者。「笑って、泣いて。毎日が決戦やったね」。

浅井は時に、下戸の中田から「夜の特訓、頼むわ」と誘われた。薄い水割りに顔を赤らめながら、「少しでも飲めたら、選手とコミュニケーションできるやろ？　監督を支えたいねん」と話していたのを思い出す。

鬼籍に入った中田を思い、浅井はグラスを傾ける。鉄壁の外野陣を築き上げたノックの球筋が、まぶたに浮かぶ。

球史に名刻むルーキー

マネジャーとして一季目の一九六九年には、球史に名を刻む三人のルーキーがいた。

まず、共に走塁を特訓した福本だ。八四年、広島との日本シリーズで頭に死球を受けながら、救急車の中で試合出場を懇願した。「あいつは最高の勇者や」。

次に左の強打者、加藤秀司。代打の準備を怠ったと西本にゴツンとやられ、プイッと帰り支度を始めたことがある。「大した若造や」と感心した。トレードされた八二年オフは、あまりの落胆ぶりに、広島まで新幹線に同乗した。後に南海で2000本安打を達成するのを見届け、ホッとした。

残る一人は、遅れて来たアンダースロー。六九年の夏、大阪大病院を訪ねた浅井は、球団担当の整形外科医から「彼の腰はもう大丈夫です」の一言をもらった。

前年秋のドラフトで一位指名した、山田久志だ。腰の故障で、本人が一度は入団を保留していたが、この年も社会人の富士鉄釜石で大活躍していた。そして、診察した医師もついに太鼓判。チームは大急ぎで契約した。

「医師からゴーサインを受け取った瞬間を、忘れへん。山田が大エースに駆け上がる出発点に、僕はおったんやからね」

阪神の田淵幸一に広島の山本浩二、そして中日の星野仙一。華々しい面々がプロ入りした年だが、「ブレーブスが一番や。僕も『花の昭和四四年組』やで」。浅井の自慢だ。

公式戦は戦闘モード

ベンチでの所作も分からないうちは、コーチ陣に「声で一緒に戦え」と説かれた。

「さあ、いこか」「踏ん張るぞ」。そうやって声を張れたのは、オープン戦までだった。「公式戦は一気にピーンと戦闘モードやもん。間の抜けた声で雰囲気を壊されへん」。浅井はひたすら生つばを飲んだ。

西本は腰掛けもせず、二列に並ぶ長いすの間を行ったり来たり。出番のない面々も相手選手のクセや弱点を見抜こうと目を血走らせ、代打陣は戦況を見やりつつ、何度もベンチ裏へと素振りに向かう。

走者が三塁に進むと、座ってスコアを書いている横へ指揮官はにじり寄ってきた。前を向いたまま、「よっしゃ、今や」とボソリ。それを合図に、浅井がスコアブックを膝から胸元へ移した瞬間、三塁コーチが打者にサインを伝達した。

次の球を、コツン。スコアブックはスクイズのサインだった。「僕の動作が不自然やと、相手にバレてしまう。ヒヤヒヤやったわ」。

前列のいすに座る選手たちを目印に使ったこともある。二人目と三人目の間に西本が顔を出したら、スクイズ――。例えば、そんな具合だった。

ある時、接戦でチャンスが訪れた。さあここで確実に1点や、と勢い込む闘将。と、前列に誰も座っていない。「コラッ、こっち来て座らんかっ」と慌てている間にズバンとストライク。「あの時の苦い顔、忘れられへん。『監督も人間や』っておかしいて」。

勝負の神様がおる

勝負所では、代打陣がバット片手にベンチ裏へ向かう。その名を西本に耳打ちしようとすると、仁王立ちで前を見据えたまま「ん、分かっとる」。

後ろにも目が付いていた、と浅井が信じる闘将は、イニングの合間に通路でたばこを一本ぷかり。「じっと煙を眺めてたわ。試合展開を読んでたんやろね」。

一九六九年、ブレーブスは最後まで近鉄と優勝を争い、一〇月一八日に西宮球場で直接対決を迎える。ダブルヘッダー第一戦は劇的だった。

延長の絶好機で、投手の宮本幸信に打順が回った。代打か——。「このゲーム、落としてええかっ」。突然、指揮官の声が響いた。面食らうコーチ陣をよそ目に、宮本をそのまま打席へ送った。バットを一閃。何と、サヨナラ本塁打となった。

「監督に迷いはなかったはず。『どう転んでも、責任はわしが取る』って示したんやろね」

その日、勝負勘は更に冴えた。直後の第二戦に向け、メンバー表にペンを走らせる浅井に「ピッチャーは宮本」。えっ、と顔を上げると、ニヤリ。「心配いらん。あいつはやるで」。

果たして、連投の右腕は試合をつくる。継投策もはまって連勝すると、翌日にパ・リーグ三連覇が決まった。「うちには勝負の神様がおる」と浅井は恐ろしいほどだった。

初の日本一をかけ、勇者は三年連続の日本シリーズへ。「三度目の正直や」。マネジャーとして初めて臨む頂上決戦に、胸を高鳴らせた。が、驚くべき光景を目にする。

「これが巨人か……」

「みんなガチガチやないか」

いつものようにダッシュや柔軟体操をさせながら、焦った。一九六九年一〇月二六日。日本シリーズ開幕戦に、西宮球場の観客席が埋まっていく。

ふと反対側の巨人ベンチを見て、浅井は目を疑った。ユニホーム姿でどっかと腰掛け、悠々と弁当を広げている男がいる。監督の川上哲治だった。「なんちゅう肝っ玉してんねん」。

結局、2勝4敗。三年連続でブレーブスは敗れ去った。「打ちのめされたわ。『これが巨人か』って」。V9の五年目だった。

シーズンの開幕前に、長く西本を支えてきたオーナーの小林米三が急逝した年だった。墓前に初の日本一の報告を、と意気込んでいた指揮官の沈んだ顔が、浅井は胸に痛かった。

一一月一三日。大阪・梅田の新阪急ホテルで、パ・リーグ三連覇の記念パーティーが開かれた。西宮球場周辺の住民や商店主たちの顔もある。いつも食料品や飲み物を差し入れてくれる人たちのリストを作り、招待状を送っておいたのだ。

「和気あいあいとしたもんやで。知り合いを何人も潜り込ませたり、手提げ袋いっぱいに密閉容器を持ち込んで、料理をギッシリ詰めて帰ったりする人もおったなあ」

お開きとなり、選手らは続々と夜の街へ繰り出した。その後ろ姿を見送り、一息ついた頃だった。浅井はフロントに呼び出された。球団事務所からの電話だという。

「大変やぞっ。奥さんが交通事故や」と言われた。

家族も一緒に戦った

浅井は阪急電鉄に入社してすぐ結婚した。妻の洋子（七七）は明石市の中学、高校時代の同学年。小学校教諭をしていた。

夫の球団出向を機に熱烈な勇者のファンになり、中継の日はブラウン管にかじりつく。児童を帰した放課後の教室でもカーテンを引いてテレビをつけ、「いけー、ブレーブス」。夫が陸上選手だった頃から、大声での応援はお手の物だった。

その洋子が、大事故。明石市内で中央線を越えてきたトラックに正面衝突された。助手席には二歳の長男、恵がいた。

安否も分からぬまま、浅井はパーティーが終わったばかりの会場を飛び出した。国鉄の車窓から、事故現場の道路脇に置かれたままのマイカーが見えてきた。ぐちゃぐちゃに大破していた。「こらアカン……」。

病院に着くと、洋子はベッドに寝ていた。体中を打撲しながら、九死に一生を得ていた。

恵は奇跡的に無傷で、笑っていた。額の大量出血で気を失った母に代わり、救急隊員に「ぼく、浅井」と告げたという。「うちにも『勇者』がおった」と泣けてきた。

一か月で退院した洋子は翌春、仕事の不規則な夫を支えようと退職した。更に二人の男児に恵まれた。「H」の帽子をかぶせた三兄弟を連れ、せっせと西宮球場へ通った。

「いけー、ブレーブス」。次男と一緒に声援を送る笑顔が球団のポスターに大きく写り、あちこちに貼り出された。その一枚を今も大切にする。四〇年以上前と同じ笑みで、「私も一緒に戦ったんです」。

「鬼」が見せた親心

洋子や息子たちがキャンプに来ても、夕食も共にできない。「監督との打ち合わせやらでバタバタやったからなあ」と振り返る。

西本はほとんど酒を口にしなかった。「グラウンドでいつもパリッとしてたかったんやろね」。選手やコーチと夜の街へ繰り出すわけでもない。浅井は、上に立つ者の孤独を見て取った。

遠征先でも、レギュラー以外は午前の練習がある。早朝であろうと、宿舎から練習場が遠かろうと、指揮官は必ず顔を出した。「眠い顔のヤツは、即二軍行きやったね」。

こうした姿勢で「勝負の鬼」と言われたが、早出や休日返上で練習する選手は必ず把握し、チャンスを与えていたという。厳しさに隠れた温かみがあった。

思い出すのは、巨人と四度目の対決となった一九七一年の日本シリーズ。1勝1敗で迎えた第三戦で、三年目の山田が王貞治に真っ向勝負を挑み、逆転サヨナラ弾を浴びた。

選手を宿舎へ帰す支度をベンチ裏で始めた浅井は、闘将がマウンドへ向かったのを知らなかった。鼻っ柱をへし折られ、うつむく若きサブマリンの肩を抱く笑顔を、後に写真で見た。「監督の親心やな」と感じた。

「勝つこと以上に育てることを大事にした。鬼に徹しきれん部分もあったやろね」。ついに日本一の将になれなかった胸の内を、思う。「山田を大投手にした誇りの方が、悔しさよりもずっとで「大きいはずや」と。

まれにキャンプ地で街へ出る夜は、浅井が誘われた。観光客に変装したつもりなのか、丹前姿のことも。「照れたような監督の顔が、忘れられへんね」。

辞任「何でや、監督」

ナイターの日も、浅井は朝から大阪の球団事務所へ出勤した。次の遠征の手配や出納報告を済ませ、西宮球場へ。「球場に入った瞬間、サラリーマンっていう感覚を忘れたね」。

深夜に帰宅しても、試合の熱が体に残ってなかなか寝付けない。大の字になって目を閉じると、心の高ぶりに任せ、ヘッドホンで大音量にしてクラシックを聴いた。「神経をすり減らしたわ。続けられたんは監督のおかげや」。

チームは一九六九年、一七試合連続本塁打で当時のプロ野球記録を樹立する。オールスター前の休日にあった記念パーティーで、西本は選手たちを前に「お前の筋トレの成果や」と感謝してくれた。

その球宴に付いていくと、「アホッ、何で来たんや。お前が残ってチーム練習を見といてくれんと困るやないか」。涙が出た。

真夏の会議も、忘れられない。連敗でコーチ陣が練習の軽減を求める中、指揮官が口を開いた。「浅井よ、お前はどない思う?」。

思い切って「基礎トレからやり直させてください。一時的にバテても、巻き返せます」と訴えると、コクリ。その後で二人になり、「頼むで。三試合捨てる気で、お前に任す」と言ってくれた。

「情が深くて、信じて託してくれたなあ。『俺も戦ってるぞ』って意気に感じたわ」。初めは引け目があったベンチでも遠慮が消え、「代打の準備しとけよ」「しっかり投げろ」と声を張れるようになった。

だからこそ、闘将の辞任はつらかった。七三年のオフだ。しかも、ライバルの近鉄に行くという。「何でや、監督」。泣けた。

誘い 涙ながらに断る

思い返せば、サインはあった。

一九七三年春の高知キャンプで、休日に西本は車を出してくれと言った。桂浜や神社など行く先々で、「ここもよう来たなあ」と遠い目をした。

前年も巨人に敗れていたから、「そろそろ引き際やと、監督は高知にお別れしてたんやろね」。そのシーズンでは、コーチの上田利治にサインを任せることも増えたという。そして、パ・リーグ優勝も逃すと、ブレーブスを辞して近鉄の指揮を執ると表明した。宝塚市の自宅はファンが押し掛ける騒動になった。

浅井が心配していると、自宅の電話が鳴った。「お前の好きな酒が手に入ったんや。来んか」。優しい声がつらくて、涙ながらに断ると「ええんや。お前の気持ちは分かるぞ」と切れた。

「きっと『裏切るわけやない。ブレーブスへの愛は誰にも負けへん』って言い残したかったんやろな」。今は、それが分かる。

その後も何度も球団事務所に顔を出しては、「筋トレのメニューを作ってくれや」と笑う。「何で近鉄のために……。内緒でっせ」と紙に書いて渡した。

闘将は二〇一一年一一月に逝った。悲し過ぎて、浅井は葬儀へ行けなかった。一人合掌すると、かつて聞いた話が浮かんだ。

「弱かった頃に創業者一族の墓に参るとな、『優勝してから行かんかい』ってファンからキッいヤジも浴びたもんや」と。

きっと、空の上で「葬式にも来んと不義理しよって」と怒りながら、「お前の気持ちは分かるぞ」と笑ってくれているはず。浅井は、そう信じている。「ブレーブスを誰よりも愛した人や。真の勇者や」。

どんな時でも冷静に

監督が上田に替わっても、ナインに動揺の色は見られない。近鉄戦も普段通りだった。「みんな本心は違うんやろけどね。僕は『これがプロなんや』って割り切るのは難しかったなあ」。

そんな浅井が心掛けていたのは、トレード情報を耳に入れないこと。事前に知ってしまうと、当該の選手と自然に接するのが難しくなると考えた。

そして、常に心穏やかでいること。これは自信がある。小さい頃からけんかもしたことがない。

阪急電鉄で運転士の試験を受けた際、性格診断を含む適性検査も難なく通った。「試合で乱闘とかヤジの応酬になっても、落ち着いてたわ」。

歓喜の輪に加わるのも自重した。「胴上げでもファンがなだれ込まんようにベンチで見張りや。それに、どんな時でも誰かが冷静でおらなアカン、って思ってたから」と振り返る。

一九七六年の日本シリーズ第七戦も、ぐっと我慢した。終盤、起死回生の逆転本塁打を放った森本潔を、総出でもみくちゃにした場面だ。

相手は苦杯を喫し続けてきた巨人。前年に広島を破り、初の日本一を達成していたブレーブスのナインも喜びはひとしおだった。「森本は、飲んだ夜も素振りを欠かさんプロ根性の塊やしね。努力家の大仕事が最高やったなあ」。

ひげにサングラス、長髪が代名詞の殊勲者。中日への移籍が発表されたのは、そのV2達成の直後だった。やはり、浅井は知らなかった。「知ってたら、森本に飛び付いて大泣きしてたやろなあ」と思う。

美しい「6―4―3」

去る者がいれば、新たに勇者となる者もいる。

カーリーヘアの助っ人が胸に残る。来日した一九七五年のオープン戦は緊張したのか、「甲子園の阪神戦やったかなあ。スタメンでもないのにセカンドへ駆けて行きよったわ」。ベネズエラ出身のロベルト・マルカーノだ。

遊撃手の大橋穣《ゆたか》とのコンビプレーに、胸が躍った。こちらも東映からの移籍組で、魔法とうたわれたグラブさばきに鉄砲肩。「二人のゲッツーは『これぞプロ』やったなあ」と今もため息が出る。

外国人選手は、遠征先では別の高級ホテルに泊まるのが通例だった。その宿泊料や球場と往復するタクシー代は、自己負担だった。

ただ、無名の二塁手は給料も安い。浅井は同じ宿舎に呼んだ。「それで球場入りのバスでみんなとワイワイやって、一気に打ち解けたんや。我ながらクリーンヒットやったね」。

日本語で誰彼なしに「ベネズエラにおいで」。打撃も一流で、内緒で一杯ひっかけて試合に臨み、本塁打を放ったことも。神戸牛をごちそうした投手には「アリガト」とウィンクし、美技や快打でお礼をした。

「誰にも壁を作らん陽気さが、勝ち運を呼び込んだね」。一年目に初の日本一をもたらすと、一気に三連覇。ヤクルトで引退した後の九〇年、三九歳で病に逝った。

三遊間深くから、大橋が二塁へピュッ。ゴムまりのように身を躍らせ、「ボビー」が一塁へ転送――。美しい「6―4―3」を、忘れない。

ナインの鍛錬に敬意

日本人でも外国人でも、成功する選手には共通する特徴があることに浅井は気付いた。

「自分を客観的に見つめて、自覚を持って練習することやね」と言う。

球界一のリードオフマンとなっても、福本は「走る感覚がちょっとおかしいねん」と助言を求めてきた。一緒にフォームを微調整すると、また盗塁を重ねた。

細い体をいっぱいに使って勝ち星を積み上げる山田は、外野で黙々と走り込み、下半身をつくっていた。「頭が下がったわ。選手の体は精密機械なんや。精巧につくった上で、メンテナンスも欠かされへん」。

気にかかったのは、一九六九年に「代走専門」でロッテに入団した飯島秀雄のこと。六四年の東京五輪では、四〇〇メートルリレーの第一走者だった。三番手を担った自分とは、共に日の丸を背負ってバトンをつないだ仲。飯島を追い掛けるように、国立競技場のスタンドをうねってきた大声援を、忘れたことはない。

球場では敵同士だから、軽く言葉を交わすくらいだった。コーチ陣から「浅井も走れるやろ」と冷やかされたが、「無理ですわ。スターターもおらんのに走れまっかいな」と真顔で即答した。

これは本心だ。「選手らの鍛錬を見てたからね。足が速いだけでプレーできるような甘いもんやあれへん。打って、投げて、守って。それが野球やもん」。盗塁数も伸びないまま飯島が早々と球界を去ると、ナインへの敬意はより強まった。

磨き上げた技術のすごみを思う時、真っ先に浮かぶのが足立光宏だ。通算187勝の右腕。同い年だからか、馬が合うところがあった。

「練習で、僕はあいつの球を受けたこともあるんやで」

抗議七九分 V4消えた

ベテランの域に入った足立の膝がボロボロだと、チームで知らぬ者はいなかった。「本人は隠してたけどね」。体を沈めるアンダースローで酷使してきた。

シンカーの切れとポーカーフェースは相変わらずだったが、遠征に帯同せず調整に専念することも増えていた。一九七七年シーズンを最後にフロント入りした浅井が見守っていると、ミットを渡された。「おい、受けてくれ」。

えっ、とひるむ。「大丈夫や。動かさんとじっと構えとれ」。浅井は左利きだ。本来なら左手にはめる捕手用ミットを右手に着け、恐る恐る構えた。捕りにくいはずなのに、球が真っすぐ飛び込んできた。次も、その次も。

パーン、パーン。二人きりの西宮球場の室内練習場に、捕球音だけが響く。「きれいなスピンやったなあ。『これでメシを食ってきたんやぞ』って球に教えられたわ」。

同い年の右腕に、最後まで聞けなかったことがある。四連覇のかかった七八年の日本シリーズ第七戦についてだった。

ヤクルトの大杉勝男が放った大飛球は、後楽園球場の左翼スタンドへ消えた。ポールを巻いたか、切れたか――。判定は本塁打。監督の上田は猛然と抗議した。球史に残る七九分間の中断の末、先発の足立は降板する。V4もならなかった。

三塁側の観客席にいた浅井には、打球の行方が見えなかった。何度も「お前、マウンドからどっちに見えたんや」と尋ねかけては、思いとどまった。「どうせ、『どっちでもええよ』って煙に巻かれたやろしね」。

背番号「16」の最後の日本シリーズだった。「ブレーブスを支えた膝、元気かな」。

勝負師 頭の中わからん

「勝負師の頭の中は分からん」。今も偽らざる思いだ。

ヤクルトとの日本シリーズ第七戦に敗れた一九七八年一〇月二二日。七九分間の猛抗議を巡り、東京のホテルで球団幹部らと進退を協議した上田は、いったん続投で合意する。「で、幹部連中は安心して新幹線で大阪へ帰ったんやもん」。

既にナインは街へ消えていた。大広間に残った祝勝会用の料理を見て、指揮官は「記者さんらに食べてもらお」。協議の結果を待っていた報道陣を、浅井が招き入れた。

四連覇を逃した残念会の様相で、一同がビールを口に運んだ時だった。上田がボソリと、「辞めるから」。浅井は危うくグラスを落としかけた。

「監督、いま何と？」と聞き返された敗軍の将は、「辞める、言うたんや」。泡を食って飛び出す記者たちの背に、浅井は朝刊の見出しが見えた。「ウエさん引責辞任」――。深夜の電話で球団幹部に「一体どういうこっちゃねん」と問い詰められても、答えようがなかった。

「なじみの記者連中の顔を見て、『続けるわけにいかん』って我に返って気が変わったんかなあ。Ｖ３監督の意地だけやったやろね」。

浅井が大切にする、三つのライターがある。日本一になる度、球団から贈られた記念品だ。誇らしげに勇者のマークが輝く。使ったことはないが、手に取ればポッと心に火がつく。俺もV3戦士やった、と。

上田は八一年シーズンから監督に復帰したが、もう頂点には立てなかった。「四個目のライター、欲しかったやろなあ」。

球団売却「うそや……」

ブレーブス在籍一七年。一九八五年秋、浅井は開発室の課長として電鉄本社に戻った。リゾート開発計画に取り組んだが、「まるで浦島太郎やったなあ」。

本社の一室に管理職が集められ、球団売却を伝えられたのは八八年一〇月一九日だ。「うそや……」。選手たちの顔が浮かんだ。

いつか、ビール片手に観客席で試合を見るのが夢だった。マネジャー時代は「近くで見られてええなあ」と言われたこともあった。でも、ベンチでは気が張り詰め、楽しんだことなどない。仕事に余裕ができたら、西宮球場へ行くつもりだった。

「一ファンとして仲間を応援したかったんや。できんようになってしもたね」

リゾート計画がバブルとともに消えた後は、業績の悪化した子会社の整理にも当たった。気疲れした時には、かつての高揚感を思い出した。

チームのバスを近鉄ファンに取り囲まれて立ち往生したり、平和台球場のベンチに西鉄ファンの一升瓶が飛び込んできたり。「殺気立ったピリピリ感が幸せやったな。やってる時はただ必死やったね」。

数年前、自宅近くで開かれたロベルト・バルボンのトークショーに出掛けた。キューバ出身で、来日六〇年の名物男だ。

助っ人や通訳として見てきた勇者の裏話を関西弁で次々と披露し、沸かせる。その度に、最前列の浅井に舞台からマイクで話しかけてきた。「なあ浅井、そやったな?」。うんうん、と潤んだ目でうなずいた。

「絶対に忘れへん」

「しっかり腕を振れーっ」

秋になると、宝塚市の高台にある市立逆瀬台《さかせだい》小の校庭に浅井の声が響く。

息子や孫が通った縁で、運動会を前に走り方を教えている。退職直後から続けているので、もう一〇年以上になる。「頑張った分、力がつくんやぞ」。闘将、西本の受け売りだ。

マネジャー時代、運動会は日本シリーズやプレーオフの真っ最中で、息子三人の雄姿を見られなかった。「教えてるのは、その罪滅ぼしやね」と笑う。

西宮ガーデンズに行けば、西宮球場の面影を探してしまう。

試合のない日は、仮設バンクでの競輪が事務室のテレビで中継されていた。車券片手に室内練習を抜け出してきたベテランが、「おい、どうなってる」と顔をのぞかせた。「厳しさの中に、和やかさがあった。それが強さの秘密やったね」と思い出に浸る。

数年前、浅井は夫婦でハワイを旅した。かつて、チームの日本一記念旅行で訪れた地だ。ゴルフやフラダンスに興じるナインの笑顔が浮かんだ。「戦いから解放されて、みな楽しそうやったなあ」と懐かしかった。

ブレーブスのベンチで、約一二二〇試合。最も印象に残る一戦を問われても、答えられない。「無理やりにでも気持ちを切り替えて『さあ、また明日』やったからね」。そんな熱い日々を、同期入社の電鉄マンたちから羨ましがられる。「確かに普通の会社員では体験できんことやしね。伝説のチームにおったのが夢みたいやし、誇らしいわ」。

本社側にもいた者として、球団売却の心苦しさは消えない。でも毎年、共に戦った仲間たちから年賀状が届く。眺めていると、「お前も勇者や」と語り掛けてくれる気がする。「絶対に忘れへん。ブレーブスは消えても、思い出は永遠や」。目をつぶると、西宮球場のざわめきが聞こえる。

第３章
マルカーノの「家族」ダゴと満子

●ロベルト・マルカーノ

1951年生まれ、ベネズエラ出身。強打の二塁手として、75年の入団からブレーブスが３年連続日本一に輝く原動力となった。ヤクルトでの３年を合わせ、日本球界11年間で1418安打。90年、がんで死去した。

マルカーノと家族のように付き合ったダゴと満子。贈られたバットをずっと大切にしている（神戸市中央区の「グラン　ミカエラ　イ　ダゴ」で）

ボビーと震災 胸に

照明を落とした店に、陽気なラテン音楽が流れる。

神戸・北野のハンター坂に面するチリ料理店「グラン ミカエラ イ ダゴ」。壁に、阪急ブレーブスのユニホームが掛かる。一九七〇年代、ファンに「ボビー」と愛されたベネズエラ出身の二塁手、ロベルト・マルカーノの遺品だ。

オーナーの「ダゴ」ことダゴベルト・メリリャン・ハラ（八五）には、背番号4も「MARCANO」の刺繍も見えない。病気を機に、視力をほぼ失ったから。

「ボビーが来ていた頃から、もう随分たったなあ」

阪神大震災で、当時の店は全壊した。弟子だったコックも家族で犠牲になった。喪失感と闘いながら一から立て直し、周辺を転々として今が四か所目だ。妻の満子（八〇）ら日本で築いた家族と、懸命に切り盛りしてきた。

「ボビーの死に、震災に。笑顔を作るのがつらかったね」

チリ中南部、テムコ出身のダゴは一五歳で海軍に入った。旅行先の神戸で出会ったのが、留学で磨いたスペイン語を生かしてアルゼンチン領事館で働いていた満子だった。彼女の故郷、松山で七〇年に挙式した。

その四年後、ハンター坂の近くに最初の店を構える。「偉大なミカエラ（満子の洗礼名）とダゴ」。夢を込めた屋号だ。一軒家で二階が住居だった。一階の店には、母国のモアイ像のモニュメントを飾った。

一番人気は、祖母と母直伝のミートパイ。海軍仕込みの料理も話題になった。外国人や観光客が多い土地柄もあり、四〇席の店はにぎわった。

マルカーノも家が近く、顔を出すようになった。南米出身同士で、ダゴとすぐ打ち解けた。午前一〇時頃、仕込み中に来て朝食をとる。満子も交えておしゃべりを楽しみ、そのまま昼食を済ませて「じゃあ、行ってくるね」。

ナイターが終わると、電話が鳴る。「夜はエビを焼いてよ」。ダゴのギターで、ずっと踊っていた。妻や子はベネズエラと行ったり来たりだったから、「ここは、ボビーのもう一つの家だったの」と満子は言う。

いつだったか、「高熱なんだ。発疹も出た」と東京から荒い息で連絡してきた。「監督に話して、すぐに戻らせてもらいなさい」と言い、新神戸で待ち受けると、水ぼうそうだった。自宅に夫婦で通い、食事を作り、薬を塗って看病した。

連戦の疲れで入院した時も、病室で付きっきりだった。

「ボビーは僕たちの弟さ。知らない国で懸命に生きてきたのは、僕だって同じだから。応援したかったんだ」

重厚な木製カウンターを、ダゴがなでる。ステンドグラス風のランプシェードも、震災に耐えた。マルカーノの名残が店に生きる。「ボビーが愛したレストラン」。ダゴと満子は、その誇りを胸に歩む。

「幸運のバット」くれた

強打と好守で、マルカーノはすぐにバリバリと活躍した。神戸の商店街や海沿いを、ダゴとよく散歩した。「ボビー、次も打ってな」「一気に日本一やで」――。道行く人たちに声を掛けられる度、「ハーイ」と手を振って応じた。

「いつも兄に間違われたなあ」とダゴが笑う。「ブレーブスは伝統のある球団なんだよ」と「弟」は自慢げに教えてくれた。名門の一員として愛される姿が、誇らしかった。

ある日、「これでホームランを16本も打ったんだよ」とバットをくれた。「普通は使っているうちに折れるから、そんなに長くもたない。幸運のバットさ」と。守備の名手の証しであるダイヤモンドグラブ賞を受ける度、グラブ形のトロフィーを店に飾ってくれた。

「パワーの源は豚肉の煮込みでね。カラシをたっぷりぬって、汗だくで食べてましたよ」と振り返るのはダゴと満子の長男、クリスティアン(四七)。マルカーノの息子、アントニオと西宮球場へ行き、ベンチ裏で選手用の風呂に入れてもらうのが楽しみだった。

当時のブレーブスは黄金期の真っただ中で、「湯煙の中にスターがズラリ。思わず長湯して、のぼせそうやったなあ」。肩で風を切る勇者たちとの「裸の付き合い」が懐かしい。今は父からオーナーを継ぎ、店の厨房を担う。

「ボビーはきっと、『少しでも日本のファミリーに恩返しを』と考えてくれてたのね」。心遣いが、満子にはうれしかった。

病室に花が咲いた

一九八二年シーズンを最後に、マルカーノは愛されながらヤクルトへ移る。三度の日本一を、勇者への置き土産にした。

リーグも違うため、西宮球場へ家族で応援に行く機会はなくなったが、店にはブレーブスで身に着けたユニホームやヘルメットを残してくれた。「いつも僕は一緒さ」と。

関西遠征の度に、顔を出した。そんな時は陽気な鼻歌が近づいてきて、すぐ分かる。ダンスしながら「ただいま」と店のドアを開けた。

八四年、ダゴは胆管がんを患う。初期だったが、手術と長期の入院を強いられた。マルカーノは東京から駆け付けては「ダゴをお願いね」と医師や看護師にサインをしていた。試合で一発を放つと、「ダゴに届け、って神戸に向けて打ったんだよ」と電話してきた。

「ボビーが来てくれると病室に花が咲いたようで。本当に勇気付けられたの」と満子。「大丈夫だからね」と握ってくれた手の温かさを、忘れない。

マルカーノは八五年に引退すると、その後は巨人で外国人選手の通訳を務めた。しばらくしてベネズエラに帰国してからも、ことあるごとに電話してきた。故郷で後進の育成に忙しかったらしく、八九年頃には「少年野球のチームを連れて宮崎に来ているんだよ」。

日程の都合で神戸までは来られないと残念がりながら、「また必ず会いに行くからね」。張りのある声だった。

しかし、その約束はかなわなかった。

涙かれるまで泣いた

突然の悲報を受けたのは、一九九〇年の一一月だ。ブレーブスでマルカーノの通訳を務め、店にもよく一緒に来ていたロベルト・バルボンが「ボビーが病気で亡くなったらしい」と言う。信じられず、満子は慌てて地球の裏側へ電話した。受話器の向こうで、長男のアントニオが「お父さんは僕の前で眠ってる」としゃくり上げた。

まだ三九歳。がんだったという。「太陽のようなボビーが。なぜなの」。ダゴと満子は、涙がかれるまで泣いた。病気だったことさえ、知らなかった。

「きっと心配をかけたくなくて、私たちには隠しておこうと思ったのね」と満子は言う。

夫婦は近くの教会で追悼ミサを開いた。かつての指揮官、上田利治やブレーブスで共に戦った選手たちに加え、大勢のファンが別れを惜しんだ。

更に二人は、遺族を経済的に支援しようとカンパも募った。全国から多くの善意が寄せられ、全てベネズエラに送った。「ボビーは深く愛されていたんだと改めて感じたよ」。ダゴがしんみりと語る。

その後も野球選手を目指すアントニオを日本に招き、つてを頼って社会人チームのテストを受けさせもした。満子は「ボビーとの友情の証しに、何でもしたかったの」。

悲しみは癒えない。それでも二人は、店に残るマルカーノのぬくもりを感じながら、笑顔で客をもてなした。

そして、九五年一月一七日の朝が来る。オープンから二〇年を過ぎた頃だった。

阪神大震災でつぶれた店から取り出した写真。ダゴと満子の息子2人を、マルカーノはいつもかわいがった（1970年代後半頃）＝提供写真

一・一七 思い出の店全壊

激震に床や天井は抜け、壁も崩れ落ちた。店が全壊した阪神大震災に、満子は「胸が張り裂けそうだったわ」。

ダゴがマルカーノと歩いた街は無残に姿を変え、震災前まで店で修業していたコックも妻子と共に亡くなった。真面目に何年も料理を学んでいたのに、独立の夢はかなわなかった。

二人はなじみの客らに「はよ再開してや」と励まされた。がれきの中から、マルカーノのユニホームや、思い出の写真で膨らむアルバムを取り出した。

皿やグラス、テーブルにいす。全部壊れたが、冷蔵庫に残った食材を使って空き地でバーベキューをし、近所の被災者たちに振る舞った。そして半年後、近くに二代目の店を開いた。たくさん、借金をして。

長男のクリスティアンは、スペイン留学から一時帰国中だった。英国での大学院進学が決まっていたが、諦めた。プロサッカーチームの通訳を経て、店を手伝うようになった。

そんな親子を支えてきたのが、壁に掲げたユニホームだ。「ボビーに『見ててね。負けないよ』と誓いながらやってきたの」と満子が背番号「4」を見上げ、クリスティアンも「国連で働く夢を震災に奪われたけど、ボビーが教えてくれた笑顔は忘れませんでした」。

その後も移転を繰り返したが、ハンター坂の近くは離れたくなかった。西宮球場へと向かう背を見送り、試合後に鼻歌が近づいてきた街を――。

「今にもボビーがフラッと帰って来そうでね」。満子が、目頭を拭った。

ボビーの魂　今も

客足も戻ってきた二〇〇七年、ダゴに脳腫瘍が見つかった。切除したが、視神経を強く圧迫していたため、両目が見えなくなった。

それでも毎夜、満子に腕を預け、ハンター坂を歩いて店に出る。ギターで奏でるチリの曲に、客が体を揺らす。「指は、ちゃんと弦を覚えてるからね」。

〽恋をしている僕　黒い瞳が売り物さ――

伸びのある歌声。マルカーノが踊ったメロディーだ。「目は光を失ったけど、あの笑顔は焼き付いてるよ」。安らかに眠ってほしいと祈りをささげるのを忘れない。

一月一七日が巡る度、夫婦は神戸市の東遊園地を訪ね、犠牲になった人たちの名が並ぶモニュメントに手を合わせてきた。「震災に病気に、つらいことばかりだったけど……」。そんな満子の言葉を、ダゴが引き取る。「明るくいこうね。ボビーがそうだったようにね」。

ホームラン16本の「幸運のバット」をさする二人。グリップは黒ずみ、ボコボコだ。滑り止めの粉に、血や汗も固まったのだろう。懸命に闘った証しが、いとおしい。

薄くなったサインは、「パラ　ミカエラ　イ　ダゴ」。満子とダゴのために――。

背番号「4」のユニホームを見つめる客たちに、クリスティアンは感じていた。「ブレーブスも西宮球場も消えたけど、ボビーの魂はこの店にいるんだ」と。

カーリーヘアの勇者が天に召されて、もうすぐ三〇年になる。でも、ダゴと満子はいつも彼の息遣いに包まれている。

笑顔を忘れずに、と。

第４章
不屈の右腕 足立光宏

●足立光宏（あだち・みつひろ）

1940年生まれ、大阪市出身。身長173センチのサブマリン。シンカーを自在に操り、59年から実働21年間で187勝を積み上げた。パ・リーグ初優勝の67年にMVPを獲得し、梶本隆夫や米田哲也らと共に「阪急四天王」と呼ばれる。巨人との七度の日本シリーズで計８勝を挙げた。

日本シリーズで巨人に立ち向かう。ピンチでの強さが真骨頂だった（1976年、後楽園球場で）＝『阪急ブレーブス五十年史』より

ピンチに光る職人技

挑むこと、六度。ブレーブスがついに日本シリーズで「打倒巨人」を果たしたのは、一九七六年だった。

最終戦のマウンドに、頼れるベテランが仁王立ちした。足立光宏（七九）。勇者のエースを張ってきた右腕は、ピンチになるほど強かった。剛速球はない。勝負度胸に制球力、そして職人技ともいえる投球術が光った。

重圧と悲願を背負った大一番。傷だらけの仕事人がすごみを見せつけた後楽園球場での完投勝利は、四〇年以上を経た今も語り継がれる。さあ、四面楚歌の敵地に動じず、淡々とコーナーを突き続けたサブマリンに登板を願おう。

肩は、温まったようだ。

「ブレーブスのピッチャー、足立。背番号16」——。

待ち合わせの喫茶店に、ふらりと自転車で現れた。西宮市の阪急門戸厄神《もんどやくじん》駅前。「現役の頃は、この辺に住んでたよ」。頭は白いが、がっちりした体つき。

初詣はいつも門戸厄神だという。「年相応に健康で、うまい酒が飲めるように、ってね」。四角い顔で、ニカッと笑った。

カップを持つ右手は、薬指の第二関節から先が曲がったままだ。「年を取ってからこうや。ボール、投げ過ぎたわ」。淡々とした口調は、打ち気を逆手に取ったプレートさばきを思わせる。

記者が持参したボールを握ってもらうと、縫い目の間で人さし指と中指をそろえた。「手首はひねらへん。投げる瞬間に、スッと抜く感覚やね」。

ゴロの山を築いた落ちる球、シンカーだ。「ほんまは企業秘密やけどね」とまたニカッ。現役時代のポーカーフェースはどこへ？　「あれは『マウンドで笑うな』って先輩らに仕込まれてね」。

幼い頃から、投手としての本格的な手ほどきを受けた経験がない。フォームも投球術も、決め球の握りさえも、自分で磨き上げたものだった。

「プロ入り前から日の当たる場所は縁がなかった。強い相手を倒すことばっかり考えてたわ。美学、っちゅうほど大げさなもんとちゃうけどね」

入団当時は、万年下位争い。闘将、西本幸雄の下で真の勇者へと変貌を遂げたチームで、エースへの階段を駆け上がる。大勝負のマウンドに、いつもいた。

三連勝後の三連敗で迎えた七六年のシリーズ最終戦。苦杯をなめ続けてきた記憶に仲間が縮み上がる中、「俺しかおらんわ」と先発し、巨人打線をにらみつけた。相手ファンの大歓声に「もっと騒げ、もっと騒げ」とつぶやき、腕を振った。

そんな反骨心の原点は、命からがら逃げた戦争時代と、焼け出されてやって来た兵庫県尼崎市での少年時代にある。「棒っきれ振り回す、尼のガキ大将やったわ」。

空襲体験「腹据わった」

幼い頃、大阪市で何度も大空襲に遭った。家も、父がおこしたメリヤス工場も焼けた。「ザーッと焼夷弾が降ってくる中を死に物狂いで逃げて、人間として性根も腹も据わったね。プロでもピンチでビビったことがないもん」と言い切る。

尼崎の親類宅に身を寄せ、終戦を迎えた。田んぼや畑を駆け回り、相撲を取った。

野球選手のブロマイド欲しさに、塚口小学校の仲間たちと駄菓子屋でくじを引いた。狙いは巨人の川上哲治や阪神の藤村富美男だった。「ブレーブスの選手が出たら、スカやね。『誰やろ、これ』って」。

父がグラブを買ってくれたのは五年生の頃だ。手のひらの真ん中だけが革で、あとは布地という粗末なものだったが、「薄い芋がゆをすする貧乏暮らしやのに、無理してくれてね。ほんまに感謝したわ」。

こんな経験がもとになり、プロ入り後も道具を手入れし、修理しながら大切に使った。

ただ、野球を始めた頃は投げ方もむちゃくちゃ。テレビもなく、すぐ近くの西宮球場へ行ったこともないから、分からないのだ。

大阪市へ戻り、中学の野球部で投手をやっても我流のままだった。「上からも横からも投げたわ」。球は速いが、強豪高校に誘われるほどでもなかった。

野球は高校までと決め、家から近い市立西高に入学した。部員は二〇人足らず。「好きなだけが取り柄の下手くそ集団よ」。甲子園は九九・九パーセント無理やな、と思っていたという。

肘故障 サブマリン誕生

「指導者がおらんし、考えて工夫したね。その癖がブレーブスに入ってからも役に立ったな」。高校の野球部での思い出だ。監督は大学生で、部長の教諭も剣道家。グラウンドには出て来なかった。

それでも、足立は午前五時過ぎに家を出て朝練へ。市電に他の客はいない。「運転士とすっかり顔見知りになったよ。どんどん停留所を通過してくれたわ」と笑う。

一年の冬、肘を故障する。自分なりに痛くない投げ方を探しながら腕を下げると、制球も安定していった。まさに「けがの功名」のサブマリン誕生だった。

三年夏の大阪大会は、二戦連続で完封。中学時代からバッテリーを組んでいた捕手がけがで欠場し、マスクをかぶるのは控えの一年生だった。「目をつぶって捕ってるねん。しゃあないから、スピードよりコントロールで勝負したよ」。

三回戦で敗れ、「もう野球はしまいや」と考えていたところ、思いがけず社会人チームから誘われる。名門の製薬会社と、大阪大丸だった。

野球なら前者だが、百貨店なら商業科で学んだ簿記とそろばんが役立つはず、と大丸へ。「サラリーマンとして生き残ろう」とだけ考えていたという。

朝は国鉄で尼崎まで行き、球場で練習。昼からは大阪・心斎橋の店で旅行カバンを売った。

全鐘紡の補強選手として都市対抗で好投したのは、その夏だ。続々とプロ球団からのラブコールが舞い込んだ。巨人に阪神、広島、そしてブレーブス……。「夢にも思わんかったなあ」。まだドラフトはない頃で、ファンでもないのにすぐ勇者を選んだ。その決め手もまた、この人ならではだった。

弱い球団 迷わず入団

東京嫌いの関西人。巨人は最初に頭から消えた。「何となく好きやったのはタイガースやね」。それでもブレーブスにしたのは、「やりがいが一番ありそうやったし」。弱い球団で自分を燃やしたい。恵まれない環境で続けてきて、雑草のような信念が染み込んでいた。「ほのかにヨネカジさんに憧れもあったしね」。右の米田哲也に、左の梶本隆夫。援護もない中でちぎっては投げる両エースに、男気を感じたという。

契約金は一〇〇〇万円だった。大丸の月給が一万円弱の頃だから、高知キャンプにも「よし、やったろ」と気合十分で乗り込んだ。

コーチには左足がインステップするクセを直されただけだった。見て盗め、の時代だ。ヨネカジに目を凝らしたが、「でっかい体からズドーンやもん。次元が違い過ぎて参考にならへんかったわ」。ならばと、足立はひたすら真っすぐのキレを磨いた。

ただ、チームのムードは良くない。多くの選手が、昼過ぎにはさっさと引きあげる。最終日の夜は、貸し切りのキャバレーで延々と打ち上げが続いた。「こっからの公式戦が本番ちゃうの」。まだ未成年。ジュースが苦かった。

シーズン開幕後も、毎夜ぞろぞろ繰り出す。「負けても負けても『まあ、しゃーないわ』のぬるま湯や。ずっとオープン戦の延長みたいやったね」。

勇者とは名ばかりの負け犬根性に、西宮球場も閑散としていた。「えらいとこへ来てしもたわ」と情けなくなった。

闘将の言葉 励みに

新人として迎えた東映との開幕戦で、出番が来た。米田らの後を受け、終盤3回をピシャリ。初勝利が転がり込んだ。「うれしかったなあ」。

国中が沸きに沸いた。足立の記念すべきプロ1勝に、なんてはずはない。この一九五九年四月一〇日は、皇太子さまと美智子さま（今の上皇ご夫妻）の結婚の儀が行われた日だった。

幸先は良かったが、そう甘くはない。この年は4勝止まり。最初の三年間で、勝ち星は計9つにとどまった。「自分のものになってなかったわ」というシンカーは、沈んだかと思えば、次はシュート回転。後の「伝家の宝刀」もまだ信頼は置けなかった。

一試合17奪三振で当時の日本記録を樹立した四年目も、勝ち星は伸びない。

何しろ、「灰色のチーム」と呼ばれていた貧打ブレーブス。好投が報われない日も多かった。「ただ、それはヨネカジさんも一緒や。『ええ時も悪い時もある。文句言わんと、淡々と投げろ』って背中に教わったね」。

最初の転機になった、と信じるのが五年目の六三年だ。6勝に対し、なんと18敗を喫したが、

「必死で投げたなあ。どんだけ負けようが辛抱強く使ってくれたもん」。それが、この年から指揮を執った西本だった。

焦りを押し殺し、期待に応えようと練習した。人づてに聞いた闘将の言葉が、励みだった。足立は絶対サボらんヤツや――。「あれで、余計にサボれんようになってしもたわ」。

グラブ　特別なこだわり

西本ともう一人、ブレーブスを変えた功労者とされるのが強打者のダリル・スペンサーだ。一九六四年に入団した。

相手投手のクセや配球の傾向を研究しては、メモをとる。「驚いたわ。まだ日本の野球がそんな緻密やない頃やもん」。こぞって打撃陣がまねをし始めた。

投手の足立にとっても忘れられない存在だ。オフの帰国に際し、グラブを買ってきてくれるよう頼んだ。「国産は今ほど質が良くなかったから、お願いしたんや」。次に来日する時は、大リーガーも使う米国産のプロ仕様を携えてきてくれた。

「大事にしてたら手になじんできて、手放せんかったね」。切れたひもや破れた革の修理を重ね、何年間も愛用した。

元々は、物事へのこだわりもルーチンもない。背番号は、入団時に球団から二つ提示され、「どっちでも」で16になった。球場入りの道順も「決めてなかったわ。決めた道が混んでたら、遅刻するやんか」。ビールや焼酎の銘柄も「何でも飲むよ」。

それでもグラブは別だった。使い込んで愛着を深めた。貧しい幼少期に父が買ってくれた喜びが、ずっと胸にあったから。

スペンサーの退団後も別の外国人にまた頼むなどして、同じメーカーの製品を使った。「守備も好きやったわ」。ダイヤモンドグラブ賞を四度。職人技は、投球だけではなかった。

ちなみに背番号のもう一つの候補は、後にあの速球王が付けたもの。もし逆になっていたら、足立が14、そして16は山口高志……。ファンにはしっくりこないだろう。

練習 倍でも苦にならず

「休みは一切なしや」

監督として西本が発した一言目を、足立は今も忘れない。

キャンプは雨でも練習。シーズン中の移動日の過ごし方も変わった。それまでは宿舎に着くなり、風呂を浴びようとマージャンをしようと、夜の街へ出ようと自由だったのが、短時間でもグラウンドへ駆り出されるようになった。

「弱いチームはやって当然や」という指揮官に、あからさまに不満を示すベテランもいた。「練習中でも『帰ろ帰ろ』って引きあげてね」。勝てるはずない、やっても無駄や――。長く染みついた負け犬根性は、簡単には拭えなかった。

一方で、背番号「16」は自分の変化に気付いていた。「練習が倍に増えても、汗をかくのが苦にならんようになったわ」と言う。

勝ち星にもつながり始めた。一九六四年に13勝し、初の二桁勝利。それでも、ほめられるどころかピシャリと言い放たれた。「年寄りと同じ練習で終わってたらアカンぞっ」。一緒にいたベテランたちが、顔色を変えた。

「監督は、テングにならんよう俺にクギを刺しながら、全員にカツを入れたんやね」

六六年オフには、「監督信任投票事件」が起きる。自分に付いて来る気があるか、西本が選手やコーチに無記名で書かせた一件だ。右腕は紙いっぱいに「○」を記したのを覚えている。

「この人に付いていけば勝てる、って信じきってたわ」。闘将の言葉を、いつまでも戒めにした。

「俺は年寄りなんて言わせへんぞ」と。

信念だけが支えや

「一気に、戦う集団になったわ」。西本の「信任投票事件」がチームを変えたという。

前代未聞の騒動に結束した勇者は、一九六七年にパ・リーグを初制覇する。元日から西宮球場で打ち込んだ打撃陣は頼もしく、右腕は20勝を挙げた。

巨人との日本シリーズだ。「自信はあったつもりやけどなあ……」。壁は、厚かった。

王貞治と長嶋茂雄にばかり意識が向いたが、「脇を固める選手らもほんまの一流やった。リーグ優勝で舞い上がってるうちとは、差があったね」と明かす。

ただ、ブレーブスの2勝はいずれも足立だった。個人的には手応えもつかみ、翌六八年のキャンプに臨む。「打倒巨人」とナインの士気が上がる中、「地獄に突き落とされたんや」。

投球中、右肩にガーンと痛みが走った。脂汗が出て、腕が上がらない。コップも持てず、顔も洗えなかった。無理をしてオープン戦で投げ、更に悪化させてしまった。

骨に異常はないと診断されたが、原因は分からない。注射も効果はなかった。投手がメスを入れる時代ではない。「とにかく何でもやろう」と当時はご法度だった筋トレで肩周りを鍛えた。

「今と比べたら原始的なもんや。必死で腕立て伏せしたりね」。

西宮球場の脇にあった屋内プールで泳いだ。水泳で鍛える野球選手はまだ少なく、一般客から「遊んでんのか」と言われもした。

「頼れるんは自分一人。信念だけが支えやったわ」。それこそ、培ってきた強みだった。

短期決戦　極意得る

誰が呼んだか、「ヤングブレーブス」。闘将自ら打撃練習の球拾いもした「西本道場」の特訓でナインは鍛えられ、一九六八年も勝ちを重ねていった。

シーズン終盤、足立は数試合に投げた。時間が薬になり、右肩の痛みも幾分かは癒えていたが、「ぬくもるまでは、やっぱり違和感があったなあ」と打ち明ける。

しかし、思いもよらず、日本シリーズの二試合で先発を託される。「ええんかな」と半信半疑のマウンド。計6回3分の2で被安打11、自責点6という記録が全てを物語る。

それでも信頼に感謝した。「きっと『あいつやったら、それなりにゲームを作るはず』って思ってもらえてたんやろね」。

遠征で大部屋に雑魚寝し、ボールやバットも運んだ若手時代と違い、柱として一目置かれる誇らしさ。「そら、修学旅行の高校生とちゃうし、門限を破った夜もある。でも、監督は『そーっと帰って来たら、それでええ』って言うだけやった。認めてくれてたんやね」。

指揮官のためにも復活を、と胸に期す。翌六九年も巨人に敗れたものの、自身は2勝を挙げた。本調子でない中、粘り強く投げたことが結果につながったのだが、この時に短期決戦での極意を得たという。「勝つためには、1点やる時はやったらええんやな」。そんな割り切りだった。

失点0で勝利を目指すのが、先発投手の本能だ。ただ、「それはシーズン中の話や。7－6でも勝てばええ。『シリーズに先発の意地は要らんわ』ってね」。

シンカー、職人の感覚

ようやく本格復帰を果たした一九七〇年は、国中が大阪万博に沸いていた。「万博優勝」をスローガンに掲げたブレーブスで、背番号「25」の右腕が頭角を現してきた。二年目の山田久志だ。

同じ下手投げの後輩に、足立は「そのうち20勝しよるぞ」と感じた。ライバルという意識はなかったが、ブルペンでうなる速球を横で見ながら、「俺はもう速い球がいかん」としょげた。困ったら真っすぐ。そんな故障前のイメージは戻らず、「このままやと、メシが食えんぞ」。

肩の負担を減らすには打たせて取ろう。さて、どうすれば——と頭をひねった。答えは、制球と変化球を磨くこと。内野ゴロを打たせるシンカーだった。

握りや腕の振りを試行錯誤しながら、ひたすら投げ込むうち、クッと沈み始めた。「カンナやノミの腕を磨く職人に似た感覚、っていうんかなあ」。

その決め球を自在に操り、翌七一年はシーズン終盤までに19勝に到達した。二年ぶりのパ・リーグ制覇も目前に迫っている。日本シリーズに備え、足立はもう登板を回避するつもりだった。

そこへコーチが「あと一つ勝て。20勝で完全復活や」と言う。それならばと投げて、打ち込まれた。その結果、背番号が「17」に替わった若きエースに、僅差の逆転で防御率1位の座をさらわれてしまった。

チームが弱かった頃からの習性で、防御率への思い入れが強かった足立。「タイトルは別にえけど、失敗したわ」。今も苦笑いだ。

思い出の球場で恩返し

計7ボーク。一九七三年は「混乱したなあ」。

セットポジションでの静止が厳格に判断され始め、止まる時間が短めだった足立は「連続ボークで、一塁ランナーを三塁まで進めてしもた日もあったなあ」。

リズムが命の精密機械。勝ち星は前年の16から4まで減った。「変に感心したよ。『俺って意外に繊細なんやな』って」。

西宮球場のスタンドが赤く塗り替えられたその年は、功労者二人が大きな決断をした年でもある。

まず、梶本の引退だ。通算254勝。チームは投手陣の支柱を失ったが、「次は俺が先頭で、なんて気負いはなかったね」と足立は振り返る。若手が堂々と主力を張っていたからだ。投手では山田、野手なら福本豊、加藤秀司……。一丸で取り組む猛練習は、すっかりチームの伝統となっていた。

その礎を築いた西本も、勇者のユニホームを脱いだ。近鉄へ移って指揮を執るという。「周りは色々と騒いでたけど、俺は『ええのんちゃう』って思ったわ」。根っからの野球人である恩師に、たとえライバル球団であってもベンチに居続けてほしかった。

心残りは、一緒に日本一になれなかったこと。「監督がおらんかったら、ブレーブスはない。感謝しかないよ」。

翌七四年の八月一三日、右腕は「西本近鉄」から初めての勝利を挙げる。その七年前、パ・リーグ初制覇で闘将を胴上げした西京極球場での、恩返しだった。

突き放した六甲の夜

走者が出ても、どこ吹く風。人さし指と中指をそろえてボールを離すと、スッと沈んだ。バットの芯を外した内野ゴロで、一丁上がりの併殺だ。

時には警戒の裏をかき、直球をズバッ。「シンカーが狙い通りに投げられたら、真っすぐも生き返った感じやったね」。

その魔球を教わりたいと、山田が頭を下げてきた。

一九七五年夏、六甲山にあるホテル。前期Vの祝勝会と後期への激励会、それから避暑を兼ね、球団が催したバーベキューの夜だったと記憶する。

剛速球の山口高志が入団してきて、焦りもあったのだろうか。それに、前年は11勝止まり。怖いもの知らずだった若きエースも直球を痛打される場面が増え、悩んでいる様子だった。

それでも「引き上げたろ、なんて甘い世界やない」。足立は手を差し伸べてはこなかった。

この時も、プライドを捨てて頼んできた姿勢に感心しながらも、「覚えんでええ」と突き放した。後輩はすんなり引き下がった。非礼をわびるような、神妙な顔つきだった。

ただ、背番号「16」は決して秘密を明かすのをもったいぶったわけではない。「ええ時も悪い時もあるのに、まだ早いわ、ってね。変化球に頼るようになったら、ピッチャーとしては終点やもん」。

ヤマ、お前には最高の真っすぐがあるやないか。もう一回、復活させる気でもがけ――。

プロの荒波を越えてきた先輩からの「喝」だった。

魔球「師弟」大暴れ

シンカーの教えを請われた一九七五年は、初めて日本シリーズを制した年だ。

広島に引導を渡した一一月二日、西宮球場には声援に感謝するアドバルーンがあがった。

グラウンドで開かれた祝勝会に、「白雪」の酒樽が並んだ。足立は勝利の美酒を升でグイッとあおり、心地よい酔いに闘志をたぎらせた。「さあ、次は巨人や」と。

これと前後して、結局は伝家の宝刀を山田に伝授する。「俺はこうや」と握りを見せた。心変わりした理由は「もう覚えてへんなあ」。ニヤリとはぐらかすが、球界の盟主を倒すには、互いの力が必要だと感じていた。既に自分は三〇歳代半ば。ローテーションの概念も薄い頃だったとはいえ、「さすがに中四日は空けてたね」。もう肩を壊せない、という恐怖と背中合わせだった。

それに、後輩も腰に爆弾を抱えている。華麗さの反面、下手投げは全身への負担も大きい。同じサブマリンとして、苦しみを共有するがゆえの翻意でもあった。

そして翌七六年、「師弟」は大暴れする。シンカーの元祖が17勝なら、弟子は何と26勝を挙げた。魔球に自分の味を加え、飛躍で恩返しした背番号「17」は、さぞ前監督の西本に感謝したことだろう。ずっと「足立をよう見とけ」と説かれていたのだから。

パ・リーグの他球団を蹴散らした勇者は、巨人との第六ラウンドに臨む。不安材料は敵地の大歓声だが、足立は別だった。「なんも怖いことないわ」。

「俺しかおらんか」

ガラガラの観客席に、「客が数えられるぞ」と思った日もある。

一九七六年の年間入場者数は、約四四万人。その前年に、今はなき宝塚ファミリーランドで野球の歩みを伝える史料を集めた「野球の殿堂博」がにぎわったというのに、西宮球場の集客には結び付かなかった。

「タダ券もよう配ってたね。それが逆効果やったんちゃうかな」

そんな環境に慣れたナインは満員の後楽園球場を苦手としてきたが、足立は「逆に自分への応援と考えたら、プレッシャーにならんかったわ」と事も無げに語る。

この年の頂上決戦は、敵地での初戦を継投で取る。自分が投げた第二戦も1点差で勝ちきると、次は西宮に戻って大勝し、無傷のまま王手をかけた。

第四戦で、背番号「16」は再び先発した。1点リードの五回、二死からピンチで降板を告げられ、「えっ、早過ぎる」。代わった山口がその場はしのいだものの、終盤に逆転を許した。勝負を焦ったベンチに、ベテランは嫌な予感がした。

次戦も落とし、2敗目。また東京へ行く羽目になった。

第六戦は早々に7―0とリードし、「スパイク脱いで見てたわ」。それなのに、山口が追い上げを許すと、山田まで打ち込まれる。悪夢の大逆転負けだった。「何やってんねん。二人そろって」と苦笑するしかなかった。

みんな青い顔をしている。巨人戦の呪縛は、生きていた。

「足立、明日は頼むぞ」とコーチから最終戦の先発を告げられた。「そら、嫌やったわ。でも、ヤマやタカシに頼るのは酷やろ。『俺しかおらんか』ってね」。

宿舎で、タクシーに乗った。

絶体絶命「もっと騒げ」

頭を空っぽにする時間が好きだ。酒や、本を友にした。

ナインが通った理髪店を西宮球場の近くで営んでいた川辺一郎（七二）も「散髪の順番を待つ間も、足立さんが黙って歴史小説に入り込んでいたのを覚えています」と証言する。

一九七六年の最終決戦前夜も、右腕は一人、銀座へ向かった。行きつけのバーでカウンターに着く。「水割り一杯がやっとの若い頃、先輩に教わった静かな店でね」。

何も考えず二、三杯空けた後、宿舎に戻ってぐっすり眠った。

そして翌日。球場入りのバスで誰かが声を上ずらせた。「お、おいっ、あれ見てみっ」。当日券を求める巨人ファンが後楽園をぐるり。車内は静まり返った。

背番号「16」は冷静にマウンドに立った。「大量点やらんと、行けるとこまで行こ」。だが、一塁ゴロのベースカバーに入った際、走者に右足かかとを踏まれる。まだ二回だった。

ベンチでテーピングを巻かれた。球団マネジャーの浅井浄は「足立にはソックスの血を見せんと、『大丈夫や』ってうそついてね。後は祈ったわ」と振り返る。

本人は、痛みを感じていない。「アドレナリンが出てたね」。そして、ブレーブスの歴史に刻まれる六回が巡る。

味方の失策で1—2と勝ち越され、一死から満塁策をとった。一塁へと歩く王が、次打者の方を振り向くと、パチーンと両手をたたいて何か叫んだ。「打てよっ」と気合を入れたのか。

その声の先には淡口憲治。絶体絶命のマウンドから、足立は打席に入る顔をじいっと見た。

巨人ファンの大歓声の中、つぶやく。「もっとや。もっと騒げ」。

V報告　闘将が泣いた

「もっと騒げ」には、意味が二つあった。まず、自分への声援だと思って燃えられる。そして「淡口が冷静さを失うわ」。豪胆な勇者は、左打席でひきつる顔を観察しながら攻め方を描いた。

厳しいストライクは、手を出さへんやろな。シンカーでゴロが一番や。けど、ボテボテやったら併殺崩れで1点になってしまう。甘めのコースを強く引っ張らせよか。高ささえ間違わんかったら、大丈夫や――。

何球目だったかは記憶にない。真ん中低め。伝家の宝刀が、沈んだ。

次の瞬間、グラブにゴロが飛び込んできた。捕手、そして一塁へ。白球は転送された。

足立の投手人生のハイライトと語り草の「1―2―3」だ。「いや、ちゃうね。あんな場面はシーズンでも何回もあった。俺は同じことをやっただけ

巨人との日本シリーズ最終戦で完投勝利を飾り、もみくちゃにされる足立（捕手の右）。山田も駆け寄った（1976年11月2日、後楽園球場で）

や」。

ブレーブスは、息を吹き返す。直後に森本潔の逆転弾が飛び出した。みんなと一緒にベンチから飛び出したかったが、右腕はぐっと自重した。そして、自分に言い聞かせた。「浮かれたらアカンぞ」と。

淡々と腕を振り続ける背番号「16」にいら立ち、後楽園の客席から物が次々放り込まれた。再び「もっと騒げ、もっと騒げ」。マウンド周辺に散らばったミカン。その鮮やかなオレンジ色を、今もはっきり覚えている。

一九七六年一一月二日。4―2。山田の写真が躍る記念乗車券を、阪急電鉄が販売した日本シリーズが幕を閉じた。「俺を忘れてもらったら困るぞ」と意地を示した三六歳。円熟の完投でのV2だった。

「巨人に勝ちましたよ」と電話した。受話器から「おめでとう。ようやった」。闘将、西本の声が震えていた。

ボロボロの膝は勲章

ベテランになると「ほぼ狙ったとこに投げられたね」。でも、一九七六年は巨人との日本シリーズで2死球。シーズン中も、自己最多タイの一四度ぶつけていた。

「遅い球に踏み込まれんよう、中を厳しく、やね」。制球の良さを逆手にとり、荒れ球もあるイメージで混乱させた。多彩さを増した投球術が、肩を壊した後は武器となった。

故障の再発を防ぐ努力も怠らない。オフには和歌山県那智勝浦町で自主トレをした。病院のリハビリ施設を拠点に、筋トレで肩周りの筋肉を鍛えた。砂浜でもひたすら走り込み、足立は体をいじめ抜いた。

「温泉もあってええなあ」と旅行気分で付いて来た捕手もいたが、翌朝、部屋はもぬけの殻だった。「練習がきついから、一日で逃げ帰りよったんや」。

V3のかかる七七年、新たな故障が生じた。シーズン終盤のことだ。左膝に違和感が出て、触るとブヨブヨした。

「骨が摩耗して、水がたまってます」と医師に告げられた。グッと沈み込ませた体で、一気に横回転するアンダースローの「勤続疲労」。職業病だった。

投球の後は一時間もすると膝が膨らみ始め、力が入らなくなった。投げては水を抜く。それを繰り返す日々が始まった。

テーピングとサポーターでガチガチに固め、マウンドへ。「プロで二〇年近く投げてたんやもんね。ヤマだって、最後はボロボロやったはずやで」。

膝の故障はサブマリンの勲章。誇るかのように、笑う。

最後の一球 悔いなし

左膝に故障が生じた一九七七年も、巨人キラーの面目躍如。前年に続いての顔合わせで完封劇を演じ、三年連続日本一に花を添えた。

翌七八年は宝塚歌劇のトップスター、鳳蘭の始球式で華々しく幕を開ける。人工芝に替わった西宮球場で、勇者はシーズンを一気に駆け抜けた。

その秋、日本シリーズはヤクルトと相まみえた。第三戦で足立はまた完封し、最終戦も先発を託された。0－1の六回。敵の主砲、大杉勝男が放った大飛球が後楽園の左翼ポール際へ伸びていく。「しもたっ」。

とっさに、マウンドから視線を一塁側の相手ベンチへ送った。「全員で飛び出してきた後、すぐ引っ込んだんや。『よっしゃ、ファウルやな』って思ったわ」と振り返る。

しかし、判定は本塁打。監督の上田利治が猛然と飛び出してきた。

抗議は長引いた。キャッチボールをしながら、ベテラン右腕は左膝が気になっていた。テーピングの下で、水がたまり始めたのが分かった。

試合再開は、七九分後。続投はとても無理だった。

出場九回で計9勝。大杉へのシンカーは、輝かしい記録を残してきた日本シリーズで投じた最後の一球だった。「ゴロを打たすつもりが、甘く入ったわ」。悔いはないという。

V4は、ならなかった。

それから四〇年以上が過ぎた。誤審だったのでは。今もそう語られるが、足立は首を横に振る。「仮に審判の見間違いやったとしても、人間のすることにミスは付きものやろ？　それ以前に、俺のコントロールミスやもん」。

しびれるマウンドで、いつもチームを背負った。その誇りに、勝るものはない。

弱い時もよう投げた

今も時に、マウンドの夢で目覚める。「球が走らん、ストライクが入らん。何でか、そんなんばっかりや」と苦笑いする。

故障との闘いでもあった現役を、四〇歳で終えた。最後の一九八〇年はコーチ兼任で、登板はゼロ。引退式も望まなかった。「太く長くやれたつもりや。悔いはなかったわ」。

八八年、スカウトとして球団売却を迎えた。「冗談やと思ったわ」。伝説に変わったチームで、最高の投手の一人として記憶されることになった。

通算254勝の梶本に「ガソリンタンク」米田、そして山田。足立は200勝にこそ13届かなかったが、日本シリーズでの9勝が燦然と輝く。

ただ、本人が誇るのは3100に達した通算投球回だ。「我ながら、よう投げたもんやと思うわ。強い時も、弱い時もね」。

二二年間も背負った「16」へも、愛着が強い。自分の代名詞になった、と自負する。

二〇一六年一月、オールドファンたちの主催で、ブレーブスOBらによるトークショーが西宮ガーデンズで開かれた。豪打の4番、長池徳二や最多勝右腕の山沖之彦らが、思い出話で沸かせた。

足立の姿はなかった。そういう場は苦手や、と出演を断ったから。でも、ファンは忘れない。窮地にこそ燃えた、頼もしきサブマリンを。

その日の会場は、懐かしいユニホームを着た人々で埋まった。背番号が輝いていた。福本の7に加藤の10、山田の17……。そして、いぶし銀の光を放つ16も。

ユニホーム 背筋伸びる

甲山《かぶとやま》を仰ぎ見る西宮市の高台に、関西学院大の野球場はある。

硬式野球部から指導の依頼を受け、足立は二〇一七年まで投手コーチを務めた。記者が練習を訪ねた日は春風の中、ユニホーム姿で笑った。「やっぱり、この格好が好きや。背筋がしゃきっとするもんね」と。

自らノックバットも振るったが、湿気の多い日はちょっぴり膝が痛んだ。「まあ、仲良うやってるわ」。阪急甲東園《こうとうえん》駅から続く坂道はさすがに歩けず、バスで登ったけれど。

球団消滅の頃は生まれてもいなかった学生たちに、現役時代の話はしなかった。「阪急や南海どころか、近鉄も知らんやろ」。時の経過を思った。

投手陣だけで数十人。自分で考えさせたくて、細かく指導はしなかった。心掛けたのは、いい部分を伸ばしてやること。そして、努力を公平に評価すること。

「要領よくやろうとするなよ。真面目にコツコツ練習せえよ」と説き続けた。全て、西本から学んだことだった。「監督から、手取り足取り何かを教わったわけやない。でも、プロの厳しさを示してくれた。一人前にしてもらった」。

その闘将と最後に会ったのは、亡くなる一年ほど前だった。長池、加藤と有馬温泉にいた時、

「遊びに来んか」と電話してきた。三人そろって宝塚市の家を訪ねた。

「車いすやったけど、お元気やったよ。虫の知らせで呼んでくれたんかなあ」。時を忘れ、ブレーブス時代の思い出を語り合った日が懐かしい。

この球団と添い遂げた

幼い頃にグラブを買ってくれた父は、プロ入りの数年後に亡くなった。日本一を見せられなかった寂しさが残る。

ユニホームやトロフィーは、ほとんど手元にない。阪神大震災で被災し、西宮市内で転居した際、その多くを処分した。昔の映像も見ない。「忘れることはないわ。ブレーブスと結婚して、二〇年以上も添い遂げたんやから。幸せや」。

オリックスでもスカウトを務めたが、現在のチームに特別な感情はない。自分は勇者。「バファローズ」を、愛せるはずもない。

かつて解体を待つ西宮球場にみんなで集まり、記念撮影をした。寒空の日の思い出だ。いま、跡地の西宮ガーデンズへ行けば、現役時代にマウンドから見た仲間の姿がよみがえる。

福本に大熊忠義、ウイリアムスは一二球団一の外野陣。若い簑田浩二も頼もしかった。マルカーノ、大橋穣は鉄壁の二遊間。失策が出ても「こいつがやるなら、しゃあない」と気持ちを切り替え、後続を断った。

スコアボードの文字も浮かぶ。３、４番に加藤、長池。ここぞの一本が心強かった。

「戦う集団やったなあ。ほんまにええチームやったわ」

右足のかかと付近に、走者に踏まれた跡がうっすらと残る。巨人を倒した一九七六年の日本シリーズ最終戦だった。「ガッツポーズはカッコ悪い」が持論なのに、両腕を突き上げて仲間たちと抱き合ったのを忘れない。

「俺の『戸籍』はずっと、あいつらと一緒や」。小さなエースは今も、サインに書き添える。「Braves」と。

番外編① カワナベ理容院

勝負忘れ くつろげる場

「小さい頃の遊び道具が、ヒビの入ったバットでね」

西宮球場のあった近くに住む川辺一郎（七二）が懐かしむ。

戦後、鹿児島から出てきて理容師として働いた父、正見《まさみ》が持ち帰った。雇われ先の店へ来る阪急ブレーブスの選手たちがくれたらしい。

クギで補強して、野球をした。「まだ強くなる前やったけど、大好きでしたね」。スタンドで友達と寝転び、観戦した。

高校生の時、球場の北に面する長屋を借りて父が独立した。繁盛した。一階が約三〇平方メートルの店舗。二階に家族三人で住んだ。自分も大学を出て手伝い、目で技を盗み、腕を磨いた。

一軍も二軍もなく選手が来る。「代打の神様」高井保弘は、いつも汗だく。巨体で窮屈そうに腰掛けた。１８７勝右腕の足立光宏は、順番待ちで静かに本を読んでいた。

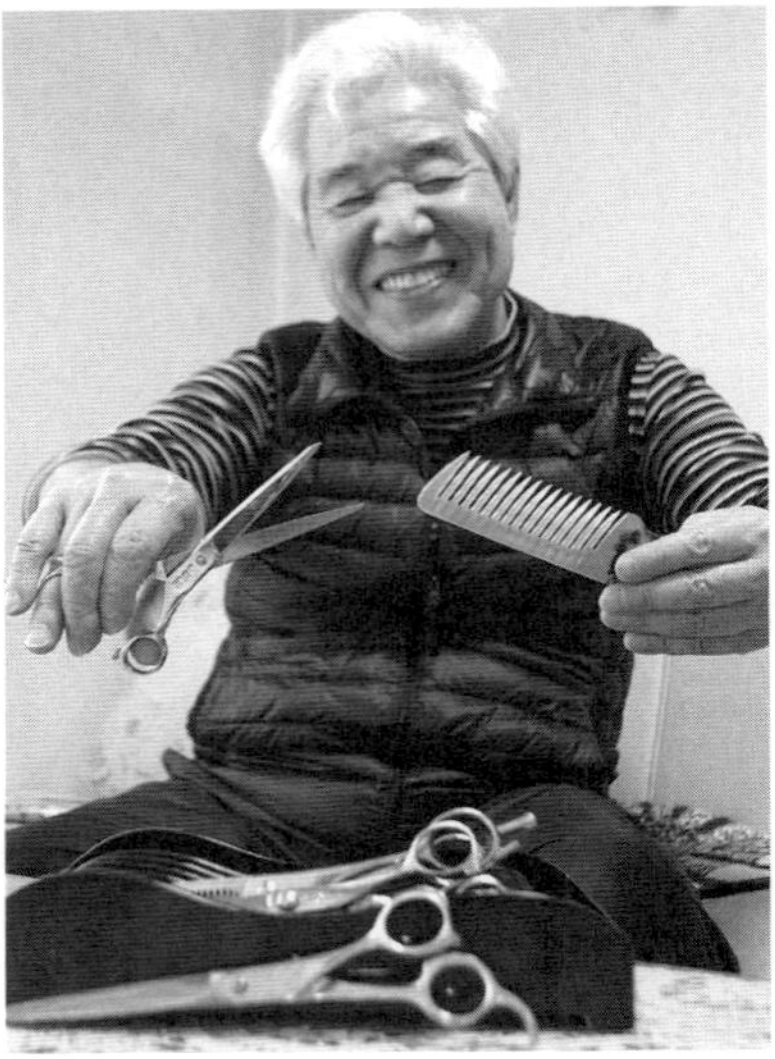

使い込んだはさみやクシを手にする川辺一郎。「選手たち一人一人の思い出が染み込んでいます」（西宮市で）

当初はみなスポーツ刈り。汗まみれでの洗髪が楽だから。次にパンチパーマがはやった。

チリチリ頭ばかりの中、異色だったのは森本潔だ。巨人を倒した一九七六年の日本シリーズ最終戦で決勝弾。やわらかなパーマの長髪で駆けた。「おしゃれな『反逆児』ならではの派手な活躍でしたね」。

店でビールを飲ませたマルカーノが、ナイターで本塁打を放ったこともある。「世界の盗塁王」福本豊にも、大エースの山田久志にもサインを求めなかった。一般客と同様に接したかったし、「せめて勝負を忘れて、くつろいでほしかったから」。

かすかにデーゲームの歓声を聞きながら、はさみを動かす幸せは永遠だと思った。

でも、八八年の一〇月一九日が来る。引退試合を間近に控え、練習前に店を訪れていた山田が、球団から急に電話で呼び出された。身売りの発表はその数時間後だった。

阪神大震災の九五年は、壊れた洗面台やボイラーを数百万円で替え、営業を再開した。本拠地の移転後も、変わらず通ってくれたOBや選手の存在が支えだった。

父は七〇歳まで働いた。昔は祝勝会に差し入れもし、仲間と名乗っていたのが「西宮球場を一杯にする会」。その球場が解体されるのを見届け、逝った。

子どもたちも就職し、川辺は店を閉じた。その頃まで通った一人が石嶺和彦（五八）だ。かつての強打者が「店でパンチにして、『プロになったぞ』と実感したなあ」と若手時代を思い出す。

引退して他球団のコーチになっても、オフに来た。「球場は消えても、変わらず『カワナベ理容院』がある西宮北口が好きだったから」。

調整や修理を重ねながら、川辺は三〇年以上もはさみを使った。ちびた刃先の鈍い光の中、選手たちの笑顔が浮かんでは消える。「ずっと、ブレーブスと共にあった店でした」。

第5章
応援団長　今坂喜好

●今坂喜好（いまさか・きよし）
1945年生まれ、大阪市出身。子ども時代にブレーブスの魅力に取りつかれ、中学卒業と同時に阪急電鉄に入社。仕事の傍ら、球場に通う。私設応援団「八二会」団長として、独特のだみ声と楽しいヤジで球場を盛り上げた。口ひげに、赤い陣羽織がトレードマークだった。

この人抜きに勇者は語れない。よく通るだみ声で、笑わせる。名物応援団長として親しまれた。「ブレーブスが生きがいやったね」（西宮球場で）＝本人提供

陣羽織 俺のユニホーム

ヤジは野球の華――。この言葉を、地で行った。

ユニホームのデザインが一新された日ハムの選手たちに「パジャマで西宮に来るな。このへんは高級住宅街やど!」。ずんぐりした南海の主砲には「おーい、野球なんかええ。豚まん食べよお!」。

ここからの主役は、今坂喜好(七三)。口ひげと赤い陣羽織の「阪急の応援団長」を、牧歌的だった時代のパ・リーグを愛した人ならみんな知っている。

絶妙の間《ま》で試合を彩るだみ声も、西宮球場の主役だった。相手の選手やスタンドまで「笑かす」のだから。

さあ、勇者と共に声で戦った日々を、振り返ってもらおう。団長、第一声を。

「おう、喉は絶好調や。みんなよろしゅう頼むで!」

口ひげと髪をなで、「真っ白やろ?」とニヤリ。体形も随分ふっくらした。ただ、渋い声は昔と変わらない。

取材で会ったのは、大阪市西区の商店街にある喫茶店。下町の風情の中、もう二〇年以上も暮らしている。「ヤジられるかな。『何や団長、阪急沿線ちゃうのん』って」。笑いじわを目尻に浮かべ、ハイライトをぷかり。

「見てくれ、俺のユニホームや」と取り出したのは、陣羽織。ずしりと重い。勇者マークのワッペンが、背中でにらみを利かす。「どや、カッコええやろ」。かつてオーナーから贈られた生地で仕立てたのだという。

これを着たまま、選手たちに祝勝会へと引きずり込まれ、頭から美酒を浴びた。「今でもビールのにおいがしそうやな」。いとおしげに、なで回す。

西宮球場の周りが田んぼばかりだった一九五〇年代から、声をからした。応援団「八二会《やじ》」の団長に就いたのは、二〇歳の時。チームが負けてばかりだった時代も、日本一になる未来を信じていた。

特訓でつぶした喉。そのだみ声は魚屋か八百屋の大将を思わせたが、実は阪急電鉄の社員だった。「まあ、『本職』は野球やけどね」。西宮北口の車庫で車両整備の仕事を終えると、球場へ駆け付けた。

当時、応援団が陣取ったのは内野席。ラッパの演奏などない時代だ。笛で三三七拍子。扇子を手に駆け回った。

「おーい、脇しめぇ、脇を」。ヤジった敵の選手がパッと打席を外し、脇をしめるポーズで応じてくれた。ドッと沸いた。

「ええ時代やったなあ」

阪急の団長にヤジられてこそ一人前。そう言う選手もいたという。「そらそうや。強いブレーブスを相手に活躍できるヤツしか、俺らは相手にせえへんもん」。

野球本来の楽しみをそぐようなヤジは、ご法度。それが、二五人ほどいた団員たちの不文律だった。スタンドを一体にするためには誰からも愛される応援団やないとアカン、と固く信じていたから。

全ては、ブレーブスを勝たせるため——。そんな執念の原点は、幼い夏の日にある。目の前で弾んだ、一つのホームランボールだった。

運命を決めたボール

終戦直後、大阪市大正区で生まれた。「四人兄弟の五男やで」。本当は六人だったが、顔も知らない二人の兄が戦中に病死していた。

尼崎の鉄工所で働く父を、一人でよく迎えに行った。阪神尼崎駅前の立ち飲み屋で、豆を食べさせてくれたから。

友達と広場で野球をしていた、小学四年の夏の日。「同じ長屋のオッチャンが『お前ら、南海の試合に連れてったろ』って誘ってくれたんや」。相手は阪急ブレーブスだという。知らないチームだった。「その辺りはみんな、南海ファンばっかりやったからね」。

電車でゴトゴトと、大阪球場へ。外野スタンドに、本塁打が飛び込んできた。

みんなが球に群がる中、拾い上げたのは今坂少年だった。友達は「けっ、弱い阪急の選手のボールなんか要らんわい」と負け惜しみを言った。

試合後、その選手をつかまえ、「ボールにサインして」と差し出すと、「大事にしてな」とペンを走らせてくれた。

それが誰だったのか、覚えていない。「うれし過ぎて舞い上がってしもてな」。俺は一生、ブレーブスを応援する。そう誓った瞬間だった。

学校のない日は、一人で大阪球場や西宮球場へ行った。西宮北口は田園風景で、駅前に商店が数軒あるくらいだった。試合を見ながら母の作ってくれた弁当を広げ、おにぎりをほおばるのが好きだった。

中学生の頃、台風で自宅が浸水し、宝物の白球を失った。でも、その手触りは忘れない。「俺の運命を決めたホームランボールやからな」。

通知表「しゃべり過ぎ」

「君、いつも熱心やなあ」「しっかり応援しよな」。西宮球場へ通い詰めるうち、見知った顔に声を掛けられるようになった。

「チームは負けてばっかりでも、ファン同士のつながりがあったかくて好きやったな」

少しずつ、グラウンドに向かって「打てーっ」「抑えろ」と声を張るようになる。「僕、ええぞ」と周りからほめられると、うれしくなった。

生来の目立ちたがり屋。小学校では、先生の後頭部に消しゴムをぶつけ、みんなを笑わせた。通知表には決まって「しゃべり過ぎ」と書かれた。

中学を出た頃には、テレビののど自慢番組に出たこともある。「潮来笠《いたこがさ》」に鐘は三つほどだったが、「橋幸夫」と染め抜いた浴衣で沸かせた。

「人を喜ばせるのが好きやねん。ようできた名前やと思うわ。『喜好』って」

普通に高校へと進む気など、はなから今坂にはなかった。「ブレーブスの近くにおりたい。どうしても働かせてほしいんです」と阪急電鉄の入社試験に飛び込んだ。「西宮の車両基地にしてください」。

熱意が認められて試験に合格し、配属先の希望もかなった。夜間高校に通いながら働き、車両の塗装や内装を担当した。

休憩時間は大忙し。不要な中吊り広告を片っ端から細断した。それをポケットにパンパンに詰め込むと、スタンドで空へ放った。

「中吊りは最高の紙吹雪やねん。普通の紙より少し重めやから、フワーッと散り過ぎんと、きれいに舞うんやなあ」

だみ声と「八二会」誕生

「団長になってくれ」。そう頼まれたのは、二〇歳の時だった。

当時は組織立った応援ではなく、それぞれがバラバラ、好き勝手に声を飛ばしていた。年季の入ったファンたちが「あの声のでかい兄ちゃんを中心に、一つになろやないか」と話をまとめたのだという。

二つ返事で引き受けた。内装工事会社の社長、理髪店の大将、建築現場の職人……。メンバーの職業はさまざまだった。

大阪府池田市にある阪急宝塚線の池田駅前で、喫茶店と洋品店を営んでいた男性は、「娘が女優の卵やねん」と笑った。後に「ブルー・ライト・ヨコハマ」を歌って大ヒットさせる、いしだあゆみの父だった。

名付けて「八二会」。そろいの赤いユニホームに、「82」のワッペン。西宮はもちろん大阪、日生、藤井寺、西京極と、関西一円の球場へ駆け付けた。

「どないしたら応援に迫力が出せるやろ」。今坂は考えた末、関西で試合がない日は自転車で一人、武庫川の河川敷へ向かった。

阪急電車が鉄橋を通過するのに合わせ、その真下で「ワーッ」と大声を出す。来る日も来る日も、血を吐くまで何本も電車をやり過ごした。

そのうち、喉がつぶれた。「よっしゃあ、これこれ、これやがな」。

陣羽織で、ダッグアウトの上に立つ。手には自作の扇子。勇者マークのタオルに竹串を通したものだった。「さあ皆さん、今日も楽しく応援しましょう」。だみ声で視線を集め、ワーッと歓声を浴びた。スタンドの上方にいる客を指さし、「おーい、そこのぉ。聞こえるかあ」。パッと手が上がるのが気持ち良かった。

西宮球場が満員になることはない。「でも、その分、一体になる感覚は強かったわ」。

声援で負け犬根性払拭

「八二会」として最初に応援した一九六六年は、パ・リーグ五位。初優勝が遠い。「弱い阪急にまた勝った」と南海の応援席から歌われると腹が立つが、「阪急沿線はええで。西宮に芦屋、雲雀丘《ひばりがおか》に箕面《みのお》。ああ、美しい響きやなあ」とやり返して一矢報いた。

ブレーブスのファンを「応援、楽しかった」と喜ばせ、何度もスタンドを埋めてほしかった。優勝するには声援でチームの負け犬根性を払拭するしかない、と信じていた。

願いは、六七年にかなう。

一〇月一日、西京極球場で東映とダブルヘッダー。第二戦の終盤、観客席がどよめいた。ラジオが西鉄の敗戦を伝えている。初V決定の瞬間だった。

勇者はその試合に敗れたが、八二会は全員グラウンドに飛び出した。「なんせ初めてやから、喜び方を知らんかったわ」。

胴上げの輪に加わる。涙、涙。「応援してきて良かったなあ」。宙を舞う監督、西本幸雄の足に指先で触れた。

と、ファンが次々なだれ込んで大混乱になった。「わわっ、こらアカン」。ベンチが荒らされないよう、みんなでガードした。京都からどうやって帰って来たのか、覚えていない。「浴びるほど飲んだわ」。今でも、思い出せば涙が出そうだ。

ただ、もっといい酒が待っていたのは、日本シリーズで巨人に負けた後のこと。メンバーは宝塚市にある指揮官宅に招待された。和装の闘将は「いつもありがとう」と頭を下げ、一人一人のコップに注いでくれた。また泣けた。「奥さんの手料理、うまかったなあ」。

選手とスタンド一つ

初優勝以降、パ・リーグでは敵無しになった。でも、巨人には勝てない。「東京で胴上げするぞ」を合言葉に、応援に一層熱を上げた。

夜行列車で全国の球場へ。関西の球団が多かったこともあって、「年間一〇〇試合くらいは見たやろね」。日本シリーズの間は有給休暇を取った。

そのうちに選手とも親しくなる。よく一緒に飲んだ。

ある晩、ワイワイと大阪・北新地へ繰り出した。盛り上がりの最中、若手が一人、席を外したまま戻ってこない。

探しに出て、道端の屋台前で見つけた。ギラついた目でたこ焼きを食べていた。「先輩に駆り出されたものの、場に慣れんかったんやろなあ」。群れてたまるか、という一匹狼のハングリーさが宿る目を、今坂は忘れない。後に284勝する山田久志だった。

以来、マウンドのサブマリンには「ヤマ、今日も頼むどぉ」。相手打者を「そんな振りで打てるかい。誰が投げてると思ってんねん」とヤジった。

すると右腕はギアを上げ、ズバンと三振。「ほれ見てみい」のだみ声に応え、帽子のひさしに手をやって目礼を送ってくれた。

「プライドと向こう意気の塊。エースの中のエースや」

山田の子が球場に来れば、肩に担ぎ上げて三三七拍子。「奥さんが『八二会さん、ありがとう』って売り子のビールを買い占めてくれたなあ」。選手とスタンドが一つになる充実感をかみしめた。「幸せやなあ」。日々、酔った。

遠征先でも顔売れる

「阪急沿線はええど。阪急電車は最高や」。球場でがなりながら、実はずっと大阪市大正区の実家暮らしだった。

初めて阪急沿線に住んだのは二五歳の時。結婚を機に、大阪の箕面駅前に家を借りた。

さすがに、野球に興味がない新妻をほったらかしにして、毎日の球場通いはためらわれる。一計を案じ、「週に一回だけ行かせてくれや」と頼んだ。

それ以後、徐々に回数を元に戻していった。作戦通りだ。各地への「遠征」も復活させ、運賃や入場料に給料をつぎ込んだ。「苦労かけたわ」。子どもも二人できたが、「小さいうちは『お父ちゃんの仕事はブレーブスの応援や』と思ってたやろな」。旅行へ連れて行ったこともない。

それでも、声援を束ねる喜びは何物にも代え難い。行く先々で顔も売れてきた。

特に歓迎されたのは、キャンプ地の高知だ。八二会で乗り込むと、「団長の顔を見たら、やっと年が明けたわ」と現地のファンが大喜び。自宅に泊め、魚を腹いっぱい食べさせてくれる漁師もいた。

球団も、全館貸し切りの宿舎で特別に部屋を用意してくれた。夜が深まり、選手らが「そばでも食わしたるわ」と言ってくれる。

でも、門限は過ぎている。どうするのかと思っていると、小銭を入れたザルにロープを結び付け、ベランダから地上へするする降ろしている。その先で夜鳴きそばの屋台が「毎度ありぃ」。湯気を上げるおわんを乗せ、エレベーターのようにザルは戻ってきた。

ズルズルとすする。「団長、今年も頼むで」の一言に、よっしゃ、と心も体もぬくもった。

セに負けん 思いは一緒

キャンプ見物では、同じ高知で練習する阪神との試合に喉の調子を合わせた。普段から、阪神電車にも乗らないほどライバル視していた。

名物団長だけに、スポーツ紙の四コマ漫画に何度も登場した。その中で忘れられないのは、こんなオチだった。

ブレーブスの優勝で「よっしゃ、一面はいただきや」と喜んだが、翌朝ずっこける。一面に躍る大見出しは「田淵がくしゃみ」――。とても笑えない。

「なんぼ勝とうが、注目されるのはいっつも阪神や。腹が立ってたまらんかったわ」。だから、南国での一戦は公式戦以上に熱を込めてヤジった。「悔しかったら日本シリーズに出て来んかい」と。

パ・リーグの応援団は仲が良かった。客の多いセに負けたくない、という思いは一緒だ。試合前、「おーい頑張ろな」と声を張ると、「団長、座り。いすはなんぼでも空いてるやろ」と返ってきた。「あうんのヤジ合戦やったなあ」。

南海ファンは、こちらのある主力選手に「アホ、アホ」の大合唱。ヤジられた本人がその節に合わせておどけながら歩き、沸き返る。「もう許したってくれぇ」と言いつつ、今坂もお返しに太めの相手選手へ「おーい、ハムに行けぇ」。両方のスタンドがワハハと笑った。

ロッテ戦では、落合博満に「おーちあいぃ、ズボン上げぇ」。三冠王がニコニコ帽子を振り、相手応援席も沸いた。

「みんなで野球を楽しも、って雰囲気に満ちてたね」。個性あふれる選手を大勢生んだパを、誇りに思っている。

祝勝会　尻から酒樽に

「あのオッサンの顔、忘れへん。恩人や」。一九七五年の日本シリーズだ。満員の広島市民球場は、「赤ヘルの応援、殺気立ってたなあ」。

勇者のファンはスタンドのほんの一角だ。ブレーブスの得点に歓声を上げると、「やかましいのう」「広島で騒ぐなや」と怒声が飛んできた。

原爆投下からの復興の願いを、市民球団の躍進に重ね合わせてきた人々の熱を感じた。「でも、さすがに空き缶やミカンを投げ付けられた時は我慢できんかったわ」。ええ加減にせえよ――と言いかけた時、「おい、もうやめんさいや」と一人の男性が立ち上がった。「C」マークの帽子だった。

「勝ってほしい、いうのはどっちの応援も同じじゃろうが。カープファンの恥をさらすなや」。静まり返った。

初の日本一を狙うチーム同士。人気球団の陰で、弱小時代から応援してきた者に通じる心意気に感じ入った。「その後は、ありがたく騒がせてもろたわ」。

優勝を決めた一一月二日。西宮球場であった祝勝会では、選手らに抱え上げられて「白雪」の酒樽に尻からドボーン。

「パンツまでビチョぬれになったけど、最高やったね」

その年の途中で阪神に移籍していた米田哲也を思った。今坂は、勇者を長く支えた右腕が好きだった。「ヨネさんと喜び合いたかったなあ」。

お荷物球団の頃を知る、同志。それは特別な感情だ。

全身にスポットライト

「タカラヅカの舞台の真ん中に立ったこともあるで」

華々しく「ベルサイユのばら」に出演……なんてはずはない。一九七五年の一一月末、日本シリーズ初制覇の報告の場が大劇場で設けられた。

ユニホームで舞台後方の階段に居並ぶ選手らを背に、いつもの赤い陣羽織でマイクの前へ進み出た。両脇には歌劇スターがずらり。全身でスポットライトを浴びた。

勇者のファン代表として一言を、とのことだったが、話した内容はすっかり忘れた。「感動し過ぎたわ。普段は脇役の応援団が、最高の晴れ舞台を与えてもうてね」。

初の日本一に、名物団長は引っ張りだこ。年明け早々、テレビのロケ隊がやって来た。題して、「団長さんのお正月」。元旦に八二会の仲間が訪ねてくる場面から、カメラが回った。全員で高台から初日の出に手を合わせ、「おてんとさん、今年も頼んまっさ」。「V2の前祝いや」とおとそをグイッとやると、兵庫県川西市の多田神社へ。例年、キャンプ前にナインが必勝祈願をする「勝ち運の神様」だ。境内で「今年も日本一なりまっせぇ」。初詣客たちのお手を拝借し、三三七拍子で締めくくった。

ブレーブス人気につながるなら、何でもこい。そんな気構えだった。それもこれも、「巨人に絶対勝つ」という悲願を成し遂げるためだ。

広島を破った余韻は、長続きしなかった。「頭の中に、巨人に負け続けてた悔しさばっかりよみがえってきたわ。日本一になって、余計にね」。

後楽園　俺が相手や

「俺が後楽園を丸ごと相手にしたる。かかってこいっちゅうねん」

巨人との日本シリーズには毎回、そんな気迫で臨んだ。それだけに、雰囲気にのまれて実力を出せないナインが「何を怖がってんねん」と歯がゆかった。

ただ、一九七六年は初戦から三連勝。ぐるりと周りを囲む巨人ファンからの罵声に、「じゃかあしわいっ」と言い返す。「相手の焦りが気持ち良かったなあ」。

それなのに、何とそこから三連敗。「夢が目前やのに」と、今度はこっちが焦る番だ。後楽園での最終戦は、足立光宏の粘投で大接戦になった。

終盤の逆転劇に、ダッグアウト上で八二会のみんなと騒いでいると、ミカンが次々飛んできた。周りをにらみつけ、一喝した。「ここそせんと、立ち上がって堂々と投げえっ」。

巨人の最後の打者が倒れた瞬間、涙で仲間と抱き合った。全員、顔がグシャグシャだ。

勇者マークの旗を振り、銀座を練り歩く。「勝ったあ勝った、巨人に勝ったあ」。応援用の陣羽織姿だ。「お上品な阪急ファンの奥ゆかしさや」と、普段は球場外で着ることはなかったが、この日ばかりは禁を破った。

行く先々の飲み屋で、門前払いに遭う。人気の巨人を倒した証拠。痛快だった。

後日、阪急電車に飾られたＶ２記念の中吊り広告を、職場から持ち帰った。監督の上田利治が胸を張る大写真だ。

今も、眺めれば胸が熱くなる。「これだけは、細断して紙吹雪にはできんかったね」。

芸人が一日弟子入り

西宮球場の一塁側スタンドに「お立ち台」がお目見えしたのは、一九八〇年頃。応援団にと球団が座席を数十個つぶし、一段高く、横長の平らなスペースをこしらえてくれた。

「日本シリーズも三連覇して、ご褒美やろね」。そこに立てるのは団長の特権だ。宝塚歌劇のスターが観戦に訪れれば、上げて並んで踊った。相手側に「おーい、見てみ。うちのチアガールは歌劇やどぉ。タカラジェンヌやどぉ」。

試合の動きに合わせ、いつも即興でヤジる。相手の先発投手が疲れると、「お前とこのベンチ見てみい。交代の話をしとるぞ」。

ある日、「今日は勉強させてください」と頭を下げられた。吉本興業に所属する若手芸人だという。「師匠に『阪急の団長さんから笑いを学んでこい』って命じられましてん」。

高笑いで「よっしゃ、今日は弟子入りしていき」。西宮球場は今坂の「庭」だった。

苦い失敗もあった。

「アイコちゃーん」。いつも笑顔で応えてくれるロッテの愛甲猛を、チェンジの際に呼んだ。「ボール、おくれ」と頼むと、「はーい」と投げてくれたが、手を伸ばして転んだ。コンクリートの床で左膝をしたたか打ち、「あいたたーっ」。

見る見るはれてきた。運び込まれた選手用医務室で、「皿が割れてるぞ」。すぐに病院へと諭されたが、包帯を巻いただけでスタンドに戻った。「選手が頑張ってるのに俺が休めるかい」と。

今でも時に痛むが、誇らしい。「名誉の負傷やで」。

とっさに「豚まん食べよ」

徐々に優勝から遠ざかり始めると、「昔を思い出せぇ」とナインに奮起を促した。消化試合に来た観客には、「ありがとう。皆さんこそホンマのファンや」と頭を下げた。

どんな時も手は抜かない。「黄金期の再来を信じてたもん。『俺がまた強いブレーブスを作ったるわ』ってね」。

そして一九八八年。オールドファンの間で伝説として語り継がれるヤジが生まれる。花冷えの頃の南海戦だった。両チームとも開幕から低調で、大阪球場は客もまばら。「まだうちの方がちょっとだけ強いどぉ」と相手側をヤジる声が、夜空にむなしく響いた。

試合内容もお寒い。ホカホカと湯気を上げる箱を取り出した。仲間と食べようと、球場近くで買ってきた豚まんだった。

その時、「パッとあいつが目に入ったんや」。筋肉質で、愛らしい丸顔。相手ベンチの門田博光だ。とっさに箱を掲げると、「おーい門田ぁ。豚まん食べよ」と声が出た。

場が一気にぬくもる。「野球なんかええ。食べよお」と手招きした。ヤジられた強打者も苦笑い。裏へ届けてくれ、とベンチ後方を指さす。また爆笑が起きた。

「さすがに届けんかったけどね。八二会のみんなで食うたわ」

試合の結末は覚えていないが、「また頑張ろなあ」と南海ファンとエールを交換し、笑い合った。いつもの「儀式」だった。「特別な仲間やからね」。

この年の秋、両チームを待つ悲劇を知る由もなかった。

身売りに「悪い夢や」

「社長がお呼びやぞ。『午後三時に本社へ来い』やて」

阪急電鉄の大阪・正雀《しょうじゃく》工場にいた一九八八年一〇月一九日、上司からそう告げられた。「おっ、何や何や」と同僚に冷やかされた。

八二会で応援して二〇年を過ぎた頃だった。「そら、表彰に決まっとる。金一封出たら飲みに連れてってたるわ」。上司にワイシャツとネクタイを借り、いそいそと赴いた。

梅田の本社。顔を見るなり、「すまん」と社長に頭を下げられた。「ブレーブスを売ることになった。君には先に言っておかないと、と思って」。

五時から発表だという。ガーンと頭を殴られたようで、「これは夢や。悪い夢や」。信じたくなくて、新阪急ホテルの大広間で記者会見を聞いた。電鉄と、売却相手の幹部が淡々と質問に答えていく。

「最後までおられへんかったわ。悔しいやら、情けないやらで」

とぼとぼと外へ出た。はしご酒の後、大阪駅へ向かう。親しい仲間に「心配すなよ」とだけ電話で告げると、ひとり夜行に乗った。

車窓を夜景が流れていく。南海の身売りが発表され、大阪球場のスタンドへ駆け付けた日のことを思い出した。

「阪急はええなあ」と緑のジャンパーで涙ぐむ応援団員を「どこへ行こうが、会社が替わろうが、同じホークスやないか」と慰めた。パ・リーグを盛り上げようと共に頑張ってきた同志たちが、哀れだった。

それから、ほんの一か月。身も心もささげてきた勇者が消える——。声を殺して泣いた。

「潮時や」陣羽織脱ぐ

早朝に着いた先は、どこだったか。「金沢やったかな。ただボーッと海を見てたわ」。数日をそうやって過ごした後、戻ってきた。山田の引退登板だけは、見ないわけにいかない。身売りの発表から四日。一九八八年シーズンの最終戦は、西宮球場でのロッテ戦だ。往時の躍動感はなくとも、気迫で投げるサブマリン。福本豊もこの一戦が最後になった。「ヤマぁ、フクちゃん、ありがとおーっ」と叫ぶ。阪急ブレーブスよ、ありがとう――。それは涙で声にならなかった。

その後、チームが西宮球場に残った二年間は応援に通った。選手のユニホームは変わっても、自分は帽子も真っ赤な陣羽織も以前のまま。「阪急の団長」としてのせめてもの意地だった。九一年から愛称がブルーウェーブとなり、本拠地も神戸に移ると、「もう潮時やな」と思った。「カッコ良ぅ言うたら、『陣羽織を脱いだ』わけや」。

九五年の阪神大震災では、車で西宮北口へ急いだ。「無事であってくれよ」と祈った。一帯が大きな被害を受ける中、すっくと立つ球場に涙が出た。「一番の思い出の場所やもん」と言うと、それにな……と今坂は遠い目をした。「信じてたからなあ。『いつかブレーブスが戻って来る家や』って」。

何度か神戸へ行き、「がんばろうＫＯＢＥ」を掲げるオリックスを応援した。陣羽織はなく、静かに内野席で見守った。被災地を背負う姿にじんときた。本当は、叫びたかった。「ええぞお、阪急ブレーブス」と。

「野球の切れ目」で退社

五〇歳を機に、阪急電鉄を退社した。一九九五年の秋だ。中学を出て約三五年勤めたが、「野球の切れ目が縁の切れ目や」。八八年の球団消滅以来、気持ちの張りを失っていた。

「生活を全部ささげてきたチームやもん。それに元々、ブレーブスを応援したいって気持ちだけで入った会社やったしね」

働いていても、自分が価値のない人間に思えた。「ずっと『俺は阪急の団長や』って思いが消えず、窮屈でな。球団を売った会社にも、『何でや』って気持ちがくすぶり続けてたし」。

酒量も増え、とうとう妻にも愛想を尽かされる。大学生の娘と高校球児の息子を託し、離婚した。選手からもらったバットやユニホームを処分して家を出た頃、息子の試合がある日生球場へ出向いた。懸命に白球を追う姿を、隠れるように見た。

いつも自分が声を張っていたスタンドだ。勇者への郷愁と家族への申し訳なさがない交ぜになり、息子の背がぼやけた。

仕事を転々とした。機械部品の塗装やとび職、仏壇を薬剤で磨く仕事も。食肉の卸会社では阪急関連のホテルへも配達をした。「子どもらがどないしてるか、聞くこともない。すさんだ生活やったなあ」。

八二会で連絡を取り合う機会も、ほとんどなくなった。亡くなった団員も多い。

「みんなブレーブスで結ばれた仲間やったから。やっぱり野球の切れ目が……かな」

生きがいは、「べーやん」との旅の約束だけ。数少ない顔を合わせる団員だった。

副団長と涙の別れ

べーやんは島根の農家の次男で、渡部といった。今坂の一つ上。高校卒業と同時に関西へ出てきたと言った。

勤め先の鉄工所から近い西宮球場へ、よく来た。二人はすぐ打ち解ける。今坂は、八二会の副団長をべーやんに任せた。「派手にヤジるタイプやなかったけどね。俺が仕事で遅れる時は、応援の音頭を取ってくれたわ。参謀やった」。

間もなく大阪の百貨店に転職した相棒は、家電売り場に立ち、家庭も築いた。ほぼ二〇年間、ブレーブスを一緒に応援した。

山陰遠征の際は、実家へ招いてくれた。「日本海に近い半農半漁の町や。地酒飲みながら、朝まで語り合ったなあ」。

オリックスへの身売り後も、よく一緒に飲んだ。阪急時代に入団した選手を、べーやんはいつも気にかけていた。

「応援で回った土地を、また訪ねよな」と約束した。東北に北陸、九州……。共にブレーブスの足跡をたどろう、と。最初の行き先は、元キャンプ地の高知と決めていた。

でも、約束はかなわない。

十数年前、友は逝った。百貨店を退職した翌年だ。がんの発見からすぐだった。

「このバカたれが。これからやないかっ」。葬儀でボロボロ泣いた。ひつぎには、家族が八二会のユニホームを入れた。

しばらくして、今坂は高知を訪れた。球場で一人、スタンドに腰掛けると、ぐっときた。草野球の選手が、勇者たちと二重映しになった。

「べーやん、見えるか」

無敵の頃思い始球式

西宮球場の解体工事を見つめた。二〇〇四年だ。重機がうなりを上げ、急ピッチで潰していく。「お別れやなあ。長いこと、ありがとう」。

思い出まで更地にされる気がした。二度と陣羽織を着る日は来んやろな、と思った。

ところが一一年、オリックス球団から、五月にある公式戦での始球式を頼まれた。阪急ブレーブスの栄光を伝えるイベントの一環だという。

二つ返事で、引き受けた。たんすの奥から陣羽織を取り出す。折り目を伸ばし、陰干しした。勇者のマークに「おい、出番やぞ。行こなあ」。

拍手の中、神戸のマウンドに立った。選手たちも「Ｂｒａｖｅｓ」の復刻ユニホームだ。球を受けてくれた若手に「その頃は無敵やったぞ」と教えたかった。

でも、勇者の名は、もうない。猛牛マークの旗が揺れる応援席から、目をそらした。

それからは度々、陣羽織を着る機会ができた。かつての南海応援団が、今も関西でのソフトバンク戦で集まっており、球場に呼んでくれるようになったから。「パリッとすんねん。俺のユニホームやもん」と目を輝かせる。

内野席で、緑のジャンパーのオールドファンと同窓会だ。「あいつら絶対、ソフトバンクとは呼ばへん。ホークスや。俺も言いたいなあ。『愛する愛するブレーブス！』って」。

必ず「団長、あれお願い」と頼まれる。「しゃあないのお」と笑い、だみ声を一発。

「おーい門田ぁ、豚まん食うか」


「昔の応援やりたいわ」


オリックスが久しぶりのパ・リーグ制覇をあと一歩で逃したのは、二〇一四年だった。「勝負弱いのう」。つい、考えてしまう。ブレーブスやったら——と。

バファローズの名は愛せない。でも、福良淳一が監督だった頃は時に球場へ赴き、少し肩入れしながら見た。阪急時代に入団した「勇者」を、見守りたかった。

ただ、居心地は悪かった。応援団が、試合展開に関係なくラッパを吹いて踊っているように映り、味気なさを覚えた。

「昔は、ここ一番の局面では静かに見守ってたよ」。ヤジも、笛や太鼓も控え、球場はしーんと静寂に包まれた。そんな時、ナインは必ずプレーで応えてくれた。「ファンと選手らの心が通じ合うみたいでね。野球の醍醐味やったなあ」。時代の流れかな、と笑う。

数年前、勇者の歴史を伝えるギャラリーを見学した。西宮ガーデンズ五階の片隅で、トロフィーや優勝フラッグがこぢんまりと並んでいた。

「無理やり押し込めたみたいやな」。ここにブレーブスの魂はない、と感じた。

数年前、西宮市内のバーであったイベントにゲストとして招かれた。球団売却が発表された一〇月一九日にちなみ、福本が毎秋開いているファンの集いだという。

大勢の前で、今坂は語った。「ブレーブスを復活させて、また昔の応援をやりたいわ」。

店には西宮球場のいすが飾られている。そっとなでた。

我が人生に悔いなし

「ちょっと相談があるんやけど」。何年か前、娘が突然に電話してきた。

声を聞くのは、妻と離婚して以来ほぼ二〇年ぶりだった。阪急宝塚線の、ある駅前で会った。

話を聞いてみると、これといって相談らしい内容でもなかった。地道に働いているという。

「娘も年取って『そろそろ許したろ』って、会う口実を作ってくれたんちゃうかな」。家族の絆の温かさが、今坂は胸に染みた。

それからは度々、別れた妻も交えて日帰り旅行に出掛けた。和歌山や北陸の温泉、大阪の能勢……。「いつも次のお誘いが待ち遠しいわ」。

週に数度、運送会社で働いている。「体を動かしたら張りも出るしなあ」。集配先で「ひょっとして、阪急の団長さん?」と尋ねられることもある。

そんな日は「安井酒店」であおる酒もうまい。大阪・九条にあるなじみの立ち飲み屋だ。「わしも昔、大阪球場でブレーブス見たで」「強かったよなあ」。常連客らのやり取りに、店主の安井雅弘（五九）が口を挟む。「そら、最っ高の応援団がついてたもん。ね、団長？」。

失った家族との時間は取り戻せない。でも、自分が生きてきた道に誇りも感じる。

草野球で投手をしている。「ガソリンタンクやで」。驚異のスタミナでその異名がついた米田をまね、連投も何のその。背番号は「12」。いぶし銀の外野手、大熊忠義を意識している。

「いつも心にブレーブス。我が人生に悔いなし、や」

初の日本一から40年の節目に、球団OB会へ招かれた今坂（前から２列目の右端）。陣羽織を着て、勇者たちと誇らしげに記念撮影した（2015年12月、兵庫県芦屋市で）

生涯、団長やと胸張って

二〇一五年に、いい思い出が残る。

まず、七〇歳を迎えた一〇月。かつての南海応援団が「古希を祝う会」を催してくれた。

贈られた小さな盾には、赤い陣羽織姿の似顔絵。その傍らに「阪急ブレーブスとともに」の文字が刻まれていた。

そして、一二月。芦屋市のホテルであった球団OB会に招かれた。チーム関係者以外の出席は異例だ。初の日本一から四〇年の節目で、特別な計らいだった。

「弱い時も阪急ブレーブスがなくなる時も、変わらず応援してくれた八二会の今坂さんが来てくれました」。OB会長の山田が舞台から紹介してくれて、じんときた。

記念撮影に、陣羽織姿で加わる。加藤秀司に長池徳二の3、4番、「代打の神様」高井保弘……。しわの深いレジェンドたちの顔に「一緒に時代を築いた仲間や」と思った。

マイクを握った福本が、出席していたオリックス首脳陣に「ガーッと餌に飛びつく腹ペコの犬みたいな選手を育ててや」と注文をつけた。そうやな、ブレーブスはハングリーな選手ばっかりやったもんな——。感慨とともに聞き入った。

またそんなチームになったら、応援しよか。ヤマが監督で、フクちゃんがコーチで……。陣羽織でだみ声を張る自分を、夢に描いてしまう。

今坂も舞台上で「こんな場に寄せてもらって最高です」とあいさつした。万感を胸に、一人一人に心で語り掛けた。「いつまでも応援してるで」。

勇者たちからの拍手に胸を張った。生涯、俺は団長や、と。

番外編② 多田神社

常勝軍団 息づかい今も

緑に囲まれた広大な境内に、凜とした空気が流れる。兵庫県川西市の多田神社は、天禄元年（九七〇年）創建と伝わる。

「バルボン選手がサインボールをくれたなあ」

名誉宮司の福本賀郎（六九）が、幼い頃を懐かしむ。キューバ出身の助っ人が握ってくれた手のぬくもりは、今も残る。一九五〇年代の思い出だ。

清和源氏発祥の地といわれる多田神社は「勝ち運の神様」として信仰されており、毎年初めに阪急ブレーブスが必勝祈願に訪れていた。キャンプイン直前の一大行事で、拝殿でおはらいを受ける勇者たちの顔に、勝負への強い決意を見た。

神事の後は、別棟での食事会に移る。トラックで大量の食材や調理器具を運び込み、阪急百貨店の食堂から来たコックやウェーターはてんてこ舞い。料理はどんどん選手の胃袋へ消えた。

「すごい食べっぷりでね。驚きましたよ」

ブレーブスが必勝祈願をした拝殿前で思い出を振り返る多田神社の禰宜、斎木竜也。「同郷のスター、梶本投手が今も憧れです」（兵庫県川西市で）

御利益があったのか、弱小軍団はメキメキ強くなった。「僕の奥さん、スーパーでレジ打ってるわ」とプロの厳しさを嘆いていた若手が活躍し、主力に成長したのがうれしかった。

パワースポットから運をもらおうと、近くに自宅を構える選手もいた。境内にある離れに、若手が居候していたこともある。

ただ、福本の亡父は巨人ファンだった。「それは内緒やったんです。巨人を倒すまで時間がかかったのは父のせいやろか」。大学を出て神主として、宮司だった父を支え始めたのは、ブレーブス黄金期の七〇年代。日本一の記念にと、球団が境内に植える月桂樹の手配をした。

シーズンオフには大量のボールを贈られ、川西市内の高校の野球部に配った。試合や練習でナインが使った「お古」だったが、だからこそ喜ばれた。

最後の必勝祈願は、八八年。前年に神主になったばかりの斎木竜也（五八）が、監督の上田利治に玉串を渡した。緊張した。引退してフロント入りしていた梶本隆夫（二〇〇六年死去）に会えたのかも、覚えていない。同じ岐阜県多治見市出身。幼い頃から誇りだった。

この254勝左腕の実家はミシン店で、見に行ったこともある。「だから、ブレーブスにはずっと親近感があってね。岐阜から来て関わりができて喜んだのに……」。球団はその秋に身売り。現在は禰宜となった斎木には、最初で最後の必勝祈願として印象深い。

阪神大震災でお社や鳥居が被害を受け、大規模な補修が必要となった。日本一記念の月桂樹は、生育状況が芳しくなく、その際に切ったという。

「球団消滅は、今も寂しい」と名誉宮司の福本が言う。バルボンのサインボールをなくしたのが残念だ。

六四年入団の外野手、大熊忠義（七六）が懐かしむ。「現役からコーチ時代まで二〇回以上も祈願に行ったわ。『よっしゃ、今年もやるで』って気合が入ったね」。

時代は移っても、勝ち運を求めて人々が訪れる風景は変わらない。野球やサッカーの少年チームから、競馬のジョッキー、プロボクサー、力士……。

高らかに勝ちどきを上げた常勝軍団の息づかいは、今も境内に満ちている。

第６章
代打の神様　高井保弘

●高井保弘（たかい・やすひろ）

1945年生まれ、愛媛県出身。プロ３年目の66年から主に代打で起用された。その勝負強さが、パ・リーグに指名打者制が導入される一因になったともいわれる。77年に指名打者でベストナイン。ブレーブス一筋で82年に引退するまでに130本塁打を放ち、このうち27本を代打で記録した。

オールスターで逆転サヨナラ本塁打を放ち、歓声に応える。一振りで「勇者の代打男」の名を世間に知らしめた（1974年７月21日、後楽園球場で）

一発のロマン 追い求め

切り札という言葉が、誰よりも似合った。

ここ一番でお呼びがかかる。バット一本ひっつかみ、試合で一度きりの打席へ。逆転弾に、サヨナラ弾。勝利をもたらす一振りに、ファンはしびれた。

「代打は脇役やないで」。そんな誇りで打ち続けた千両役者、高井保弘（七四）。ピンチヒッターとして世界一の27本塁打を放ち、その役割の重さを飛躍的に高めた。

愛称は「ブーちゃん」。ずんぐりした体と無類の酒好きで、豪快な一発のイメージが強い。しかし、パワー以上の武器があった。鋭い観察眼だ。相手投手を徹底的に研究し、右打席で一太刀を浴びせた。

野武士の雰囲気をまとう、一匹狼。「個性派集団」と名高いブレーブスの中で、その筆頭格だった。鋭い素振りの音が聞こえてきた。さあ、頼れる代打男を呼ぼう。

「ピンチヒッター、高井。背番号25」——。

夕刻。約束より少し早く、記者は待ち合わせの店を訪れた。

阪急西宮北口駅の南側。かつて西宮球場があった場所の近くだ。高井は、既に来ていた。

「何を話そかな、って頭であれこれ予習してたんや」。緻密で繊細な人物と伝え聞いていたが、本当らしい。

ほっそりした印象だ。引退後に病気をし、一〇キロ以上やせたという。「まあ、年を取ったら色々あるわ」。ビールを注ぎ、うまそうに飲む。瓶もグラスも、握るのは利き手と逆の左手だ。「こっちは滑るねん」と差し出す右手は、手首の上にビー玉大の突起がある。硬い。「骨や。バットを振り込んでるうちに、突き出てきよったんや」。フルスイングの代償だ。一振りごとに激痛をこらえ、一発のロマンを追い求めた。

おかげで今は、歯ブラシも滑り落ちるほど握力が落ちた。箸も使えないから、フォークで食事をする。それでも「勲章や。昔は代打の評価が低かったから『何じゃい、見とれよ』って意地で打ち続けたんやもん」。

代打男の名を世に知らしめたのは「あの一発やがな。真夏の花火や」。一九七四年七月、最初で最後のオールスター。ヤクルトの松岡弘《ひろむ》から、後楽園の左中間に逆転サヨナラ弾を打ち込んだ。シュートが来る、と読み切ったという。「これのおかげやで」と言って、数冊の手帳をテーブルに並べた。ポケットサイズで、どれもボロボロだ。

パ・リーグの名だたる投手のクセが、図入りで詳細に記されている。その中に、確かにあった。「松岡　ストレート系の時は左ひじが高く上がらない」――。

高井ノートと呼ばれる、宝の山だ。高級外車と交換してでも、と欲しがるチームメートもいたほどだという。

それにしても、どうしてセ・リーグの投手のクセまで……。そう尋ねようとすると、代打の神様は優しい目で笑った。「ま、おいおい説明しようやないか」。

予習通りに話をさせい、ということらしい。古里、四国の少年時代から語り始めた。
「神社の境内で打つホームランが、俺の出発点やったな」

神社で打撃のコツ学ぶ

瀬戸内海に面する愛媛県今治市で生まれた。終戦の半年前だ。九人きょうだいの末っ子で、長兄はビルマで戦死していた。

農家の父は建築工事の現場監督もする働き者で、「よう弁当届けに行ったわ」。

仲間と集まれば、地元の神社で三角ベース。国鉄予讃線の南北どちら側に家があるかで、チームを分けた。境内のずっと奥にある石段まで飛ばすとホームラン、というルールだった。

稲穂を掛ける稲木を削ったバット。粗悪なゴムボールだから、力任せに振ってもダメだ。どう打つか頭をひねり、「バットに乗せる要領で中心をたたこう」。すると、軽く振っても石段まで伸びた。「遠くへ飛ばすコツを学んだわ。それがプロでも生きたよ」と振り返る。

中学の野球部で、高井は4番サード。竹のバットで放った一発は、校庭の向こう側に広がる田んぼも越えていった。

その頃、腕に覚えのある選手はこぞって強豪の松山商高や西条高に進んだが、「俺は昔から、強いモン、人気のあるモンは大っ嫌いや」。中学の卒業文集に「一生、野球でメシを食う」と書き、地元の今治西高へ進んだ。

今でこそ四国きっての強豪だが、当時はまだ弱かった。学校を挙げて野球部を強化する計画だと聞き、腕が鳴った。「自分の頭と力で道を切り開くから、面白いんやないか」。一メートル七三の体に詰まった反骨心。プロ入り後も、人気球団からのトレード話に鼻も引っ掛けなかった。「ブレーブス一筋。それが誇りやね」。

期待に応え電流走る

きちょうめんな性格を物語るのが、高校時代からの新聞記事の切り抜き。ボロボロのスクラップ帳が何冊も残っている。

高三だった一九六二年七月三一日の朝刊は「今治西、先取点守れず」の見出し。愛媛、香川両県から二校ずつ出場した北四国大会の初戦で高松商に敗れ、甲子園への道を絶たれた。

相手の3番ショートは、中日に入団する島谷金二だった。後にブレーブスへ移籍してきてチームメートになるが、それはずっと先の話だ。

社会人の名古屋日産に進んだ高井は、一年目に勇者から誘われる。ドラフトもない頃で、入団を即決した。中日からも声が掛かったが、「弱い方が早よ出られるわ」と考えた。

入団発表の記事も、貼り付けてある。まだ髪が黒々としていた指揮官の西本幸雄と握手する写真は、すっかりセピア色だ。一八歳。「期待の長距離打者」の見出しが躍る。

しかし、この後は紙面に載らなくなった。「二軍生活でえらい苦労したもんなあ」。

一軍での初めての活躍は、四年目の六七年四月九日。東映戦の九回、代打で後楽園の右翼線に二塁打を放った。このプロ初打点が決勝点となり、チームは開幕二連勝。パ・リーグ初優勝へと一気に駆け抜けた。

「高井、代打や」という闘将の声も、起用に応えた高揚感も、ずっと忘れない。「しびれる場面で打つと体に電流が走るんや」。

ただ、新聞には載らなかった。「休刊日でなあ。ガックリやったわ」。でも、仲間を勢いづかせた一打の思い出は、頭の中にスクラップしてある。

二軍賞金で妻とかき氷

二軍時代は、西宮球場に隣接する寮で暮らした。食堂での賄いだけでは、物足りない夜もある。「ちょっとランニング行こや」と仲間を誘った。

当時の西宮北口は田園風景。イチゴ栽培も盛んだった。一軍戦のナイター照明を頼りに「畑で失敬したわ。甘かったなあ」。農家はブレーブスのファンばかり。笑って見逃してくれたという。

住み込みで賄いを作る夫婦の娘が、よく寮へ遊びに来ていた。そのうちに仲良くなり、プロ二年目のオフに雪の京都で結婚式を挙げた。まだ二〇歳。「二人分、稼がんと」と気持ちが強まった。

新婚生活は、尼崎の阪急塚口駅から少し離れた家賃八〇〇〇円のアパートだった。一つ上の妻、安枝は二軍の試合が終わる時間に合わせ、いつも改札口まで迎えに来てくれた。

「はい、これ」と五〇〇円を渡せる日は、少しだけ鼻が高い。本塁打でもらえる賞金だ。西日の中を並んで歩き、店に入ってかき氷をつついた。

「ちょっと奮発してね。宇治金時に、たっぷり練乳をかけて食べたもんやで」

二人の娘に恵まれた。高井が一軍でアーチをかけた日は、姉さん女房が大きなケーキを作り、家族でお祝いした。しばらく打てないと、娘たちに「パパ、今度はケーキいつ食べるん？」と聞かれた。「あれには気合が入ったわ」。

今も忘れない。イチゴの味も、宇治金時の味も。

「昼間の星」師と出会う

二軍生活が長かったのは、変化球に弱いとみられていたのが一つの要因だ。「残り半分を打てば文句ないやろ」と直球ばかり狙い、快打を飛ばした。

それでも、上から声は掛からない。太陽の下で戦う二軍で、「サンスター」と呼ばれた。むなしく昼間に輝く星――。

何とか目立とうと、「誰よりも遠くへ飛ばしたるわ」。一・二センチほど長いバットを特注し、目いっぱいに握った。遠心力で飛距離が伸びた。

そうしてやっと一軍に呼ばれ始めると、ベンチでノートにメモを取る外国人がいた。相手投手のクセや配球を見ている、と通訳が教えてくれた。ダリル・スペンサーだ。

「大リーガーはこれだけやるんか。俺みたいなひよっこが一体、何をしてるねん」。教えを請うと、惜しげもなく解説してくれた。

「あのピッチャーは、振りかぶった時の腕で球種が分かるんだ。アンダーシャツが肘までずれたらカーブさ」「こいつは直球の時、手首に筋が浮き出るぞ」。他にも、ユニホームのしわから、首の角度、ボールを握った手を隠すグラブの形まで……。クセを見破るチェックポイントは細部にわたった。

「ベースボールの奥深さに恐れ入ったで。外国人はただ力任せに振ってると思ってたわ」。スペンサーとは、右の大砲という役割も一塁の守備位置も同じ。立ち塞がってきたライバルが師になろうとは、高井は思いもしなかった。

昼間の星に、差した一筋の光。「あれを運命の出会いって言うんやろな」。

「俺が4番や」の矜持

せっかく相手投手のクセを見るコツを学んでも、「じっと観察してる暇があれへんかったわ」。二軍との行き来が続いたからだ。

二軍では、よく西宮北口駅から早朝の電車で遠征に出た。ボールやバットで膨らんだバッグを、両手に提げる。「これが重いねん。試合前からバテたね」。

夜にワイワイ繰り出すのが楽しみだった。当時の西宮球場周辺は店も少ない。少し離れた今津のスタンドで安酒を浴びた。元々、幼い頃に雑煮で餅を二〇個平らげたほどの大食漢。飲んで食べて、体がどんどん大きくなった。「酒がパワーの源やったで」。

中ジョッキを二七杯空けた日もある。「最後の一杯は丼飯にかけて、『お茶漬け』にしてシメたわ」。それで打ち止めにしたから、代打ホームランも27本止まりやったんかな――。今もジョークにしている。

下積み生活で苦楽を共にした仲間に、早瀬方禧《まさよし》がいた。一緒に一軍にいた六七年四月九日の東映戦。プロ初打点となった高井の決勝二塁打は、その左打者の代打として記録したものだった。

起用を告げられた時はバットを用意しておらず、慌てた。「早瀬さん、貸して」と頼むと、「おう、持ってけ」。

試合後に返すと、ヒーローの座を奪われた形の先輩は、ただニヤッとして受け取ってくれた。その顔に恩義を感じ、代打男を貫く矜持が生まれた。「誰かの代わりを務める以上は、何が何でも打つ。誰に代わろうと、『俺が4番やぞ』って責任感が出てきたわ」。

頭も体も使わなアカン

一軍での初本塁打に、「どんなもんじゃい」と思った。

一九六七年九月二日、日生球場の近鉄戦。板東里視《さとみ》の得意球に的を絞り、そのフォークをとらえての3ランだった。

勝ちにはつながらなかったが、首脳陣の鼻を明かせた気がした。「弱い、弱いっていわれ続けた変化球を打ったんやもん」。代打本塁打記録の第一歩だ。

でも、七三年までブレーブスを指揮した西本からは、信頼を得たとは言い難い。「代打の役割が今ほど重視されてなかったしね」。一振りを専門とする選手も少なかった。

俺を使わんかい――。そんな一心で、バットを振り込んだ。二軍では打率に本塁打、打点の三部門はもちろん、最多塁打や出塁率のタイトルも取った。「総なめやで。さすがに盗塁王は無理やったけどなあ」。

その頃の苦労があればこそ、プロで戦う素地ができたと感じている。「頭も体も使わなアカン、って考えが染みついたもんね」。野球をなめずに済んだ、と感謝する。

西本に認められたと思ったのは、それからずっと後だ。

七九年の日本シリーズ。闘将率いる近鉄は、広島に敗れた。最終戦の九回裏、無死満塁の絶好機を生かせなかった。有名な「江夏の21球」だ。

オフにばったり顔を合わせ、言われた。「ベンチで『高井がおったらなあ』って思ってたわ」。最高の賛辞に、胸がスッとした。

「俺なら打ちましたよ」。二人で笑みを浮かべ合った。

スペンサーから「25」

入団時は背番号「44」。四年目から背負った「35」も気に入っていたが、一九七三年はどうしても変えたかった。

「25」だ。野球博士と称されたスペンサーの引退に伴い、譲り受けた。「俺が和製の博士を襲名したわけや」。教えに従い、相手投手のクセを記録し始めたノートも年々厚さを増していた。

「セットポジションの動作が速ければフォーク、ゆっくりなら直球」というのは、ロッテの村田兆治。近鉄の鈴木啓示なら、「振りかぶったグラブの位置が高い時はスライダー」「セットでグラブが寝れば直球」という具合だった。

直球を○、カーブは△で記す。フォークは○に触角を二本。球を挟む指の形に似せた。

ベンチからだと、クセが見抜けない時もある。西宮球場ではバックネット裏の小部屋に回り、正面からマウンドに目を凝らした。「ピッチャーにばれんよう、ユニホームの上に私服を着て変装したもんや」。

ライバル球団の投手たちを観察し、びっしりとクセをメモした「高井ノート」

　こうして大半の投手のデータを手にすると、師を思って打ち続けた。現役終盤には、代打本塁打を「25本」以上打つのが目標になった。

　元大リーガーに、観察眼のほかにも驚かされた思い出がある。「実は、来日からずっと年齢をごまかしてきたんだよ。一歳若く言ってね」とウィンクしたのを忘れない。少しでも契約を有利に、と考えたらしい。

「このハングリーさこそ、本物の証しやな」と感心させられた。「まあ、うちの嫁さんも年上なのを結婚まで隠してたけどね」。

頼れるんは自分だけ

ベンチはスペンサーをまねる選手であふれた。それでも高井は、クセを見る眼力と熱心さでは誰よりも自信があった。ある主力打者から「ノートを見せ合いしようや」と持ちかけられたこともある。即座に「アホぬかせっ」とはねつけた。

ライバルに宝の山をさらすわけにいかない。と同時に、強烈なプライドがあった。

「他人の目ェなんぞ当てになるかい。頼れるんは自分だけや」

試合の前半をブルペンで過ごす日も多かった。捕手にミットを借りて投球練習の相手をし、速い球に感覚を合わせる。ナイターではベンチから身を乗り出し、照明に目を慣らした。

「全部、一振りの準備やったわ」。お呼びがかかる前から、勝負のスイッチを入れていた。

いざ打席へと向かう際は、一歩一歩に時間をかけた。ノートの内容を頭で復習するためだ。

「一発かましたれ」という仲間の声さえ、邪魔だった。いつも通り、右足から打席に入りながら「よっしゃ、こんなヘボピッチャー、打てんはずない」と自分に暗示をかけた。

それでも、バットにのしかかるチームの期待を思うと「しょっちゅう足が震えたね」。

ただ、そんな思いは隠し、仕事を果たした試合後は「女ばっかりの家でデカイ顔できるわ」と記者たちを笑わせた。

相手の応援団から「そんだけ打ったら給料上げてもらえ。『名前は高井、給料は安い』ではもったいないど」とヤジが飛ぶ。笑って言い返した。

「おう、ありがとうな。でも、お前よりはもろてるど」

バット こだわり徹底

「お前のヒットを見に来たんちゃうぞ」と西宮球場でヤジられた時は、苦笑いした。「ファンが『高井といえばホームラン』って見てくれたのは喜ばなアカンけどね」。そのたった一打席のため、バットには徹底してこだわった。

オフは福井県の製造工場へ。北海道産アオダモの角材を一本ずつ慎重に吟味した。「雪や風が厳しいほど木目が締まる。カーンと球をはじくねん」というのが持論。人間も辛抱が一番大事や、と考える。

小さな自分の手に合うよう、グリップの太さを微妙に調整しながら削らせた。体がきつい夏場は、二〇グラム軽い新品を追加で頼む。数十本作らせても、手になじむのは数本だった。

「そら、バット一本で食っていかなアカンのやもん」。妥協はしなかった。

リーグ優勝を重ねて主力は給料が上がり、道具もメーカーから提供されていたが、代打男は蚊帳の外。安い年俸から購入し、大切に使った。

支えは「一〇〇〇万プレーヤーになって」と応援してくれる妻や娘たち。家族サービスに精を出した。ネコに「まお」と名を付けるほど大地真央のファンだった長女にと、球団に頼んで宝塚歌劇団のポスターをもらった。

オフには次女も連れて、宝塚ファミリーランドで遊んだ。「娘らの前で、ファンから『ブーちゃん、また打ってや』って言われるねん」。誇らしかった。

その頃には西宮球場の近くに引っ越していて、自宅で毎夜、ベンチで書いた投手のクセを別のノートに清書した。かわいい寝顔に気合が入る。武庫川河川敷で、ブンブンと振り込んだ。

打つのが俺の仕事

家族が一足早く誕生日を祝ってくれた後、高知へ飛ぶ。二月一日に一つ年を取り、「よっしゃ、やるでえ」とキャンプに気合が入った。

早朝、監督やコーチが選んだ目覚ましの音楽が、宿舎中に響き渡る。

美空ひばりの「柔」や水前寺清子の「三百六十五歩のマーチ」には気持ちも乗るが、「甘ったるい声で恋路を歌う歌謡曲にはズッこけたわ」。

一九七四年に上田利治が監督に就くと、ランニングが増えた。球場に隣接する陸上競技場で、四組に分かれて対抗リレーをした日もあった。

「三位までは賞金や。一位には奮発するで」という新指揮官の声に、高井も巨体を揺らしてトラックを一周した。なんと、優勝。福本豊のいる別組は奮わなかった。世界の盗塁王も中距離は苦手なのか、「フクのやつ、最後は足がもつれとったで」。

その夜は賞金を手に、同じ組の仲間たちと街へ出た。「お前らのおかげや」と最初だけ酌をすると、後は自分が一番飲んだ。

ランニングの中でも、小高い「筆山《ひつざん》」を駆け上がるのが特に苦手だった。もちろん最後尾だ。事前に探しておいた近道で頂上に着いた時、視察のオーナーと鉢合わせした。

「いやあ、途中で迷って遭難しましてん」ととぼけると、オーナーはふき出した。

守備練習もそこそこに、バットを握れば目の覚めるような快音を響かせる。「ええで、ええで」の上田節に胸を張った。打つのが俺の仕事や、歩いてダイヤモンドを一周したるわい――と。

意地が痛みに勝つ

キャンプの楽しみは、やはり夜。「六時プレーボールや」。

内野手の井上修、捕手の岡村浩二らとなじみの土佐料理店へ。門限の間際には、女将がタクシーを呼んでくれる。

「気が利くなあ」と帰るふりをして乗り込みながら、途中で降りて別の店で飲み直した。

宿舎へ戻って、部屋に忍び込むのは午前三時頃だ。起きると、畳が鳥のフンだらけだった朝も。

「真っ暗な中で上がってきた非常階段が、鳩のたまり場やったんや。参ったで」。

新聞記者に「ネタちょうだい」と泣きつかれると、特打ちをした。場外へポンポン飛ばす。

「高井さんが打つ時は休みがないわ」と、球拾いをするアルバイト女性のぼやきが紙面を飾った。

特注の短くて重いバットで手首を鍛える姿を、部屋で撮らせたこともある。

一九七四年は、期する思いがあった。代打本塁打の日本記録が間近に迫っている。西鉄の中西太や、南海の穴吹義雄の13本。高井が前年までに放ったのは10本だった。

「そら、『四打席立ちたい』って思いは持ち続けてたよ」。でも徐々に、軟骨が右手首の上にボコッと隆起してきていた。重く長いバットを振り回してきた証しだ。

打つ度に激痛が走る。バケツの氷水に手を突っ込み、しびれさせた。パッドを詰めた分厚いスキー用手袋で手首を固め、また練習する。

無理は利かないが、休む気もない。「俺の代わりが務まるヤツがおるかい。これしきの痛みがなんじゃい」。代打男の強烈な意地だった。

日本記録で球宴選出

痛みは腰にもきた。スイングで強くひねり続けてきて、「骨がずれて右足が二センチ短くなってたわ。元々短い足やのに」。

もう、打席で何度もバットを振るのは難しくなってきた。一振りで仕留めるため、高井は読みを一層研ぎ澄ませた。それが、一九七四年の飛躍につながる。

四月一七日、西宮球場での日ハム戦でまず1本。初の代打サヨナラ弾だった。更に五月までに2本積み上げ、代打本塁打13本の日本記録に並ぶ。

そして六月二八日。平和台球場での太平洋戦で、「おい、ブーたん」と声がかかった。こう呼ぶのは上田だけだ。「ブーたん、出番や。頼むでえ」。

しかし、試合はまだ一回だ。寝違えて首を痛めた長池徳二が、先発には名を連ねたものの、やはり無理なのだという。

マウンドには東尾修。シュートを読み切り、左翼席に2ランを放り込んだ。通算14本とし、日本記録を更新する。「高井ここに在り、を示せたね」。前年に本塁打、打点の二冠に輝いていた主砲の代わりに打ったことが、輪を掛けて誇らしい。「初回の代打は、あれが初めてやったな。余計なこと考えんと、無心で振ったわ」。

それからしばらくして、「たっ、大変やでえっ」と球団職員が血相を変えて飛んできた。「オールスターや。オールスターに選ばれたんやっ」と言う。「人をかつぐもんやないど」と最初は取り合わなかった。

翌日の朝刊を見ても、夢ではと思った。前年に優勝した南海の指揮官として、全パを率いる野村克也の監督推薦だった。「ありがとう、ノムさん」。目頭が熱くなった。

夢舞台 歓声独り占め

プロ一一年目で、初の球宴。代打専門の選手が出場することは、ほとんど例がなかった。後楽園での第一戦は雨天順延となり、知人と浅草へ。「下町の温かみが好きや」。なじみの店で飲み、緊張がほぐれた。

仕切り直しは「スターばっかり。まさに夢舞台やったわ」。一九七四年七月二一日だ。野村から「終盤に行くからな」と告げられて打つことだけ考え、ノックの間は外野で球拾いに徹した。ベンチにお祭りムードはない。「人気のあるセ・リーグには負けんぞ、ってギラギラしてたわ」。

1－2とリードされ、終盤へ。逃げ切りを図るセは、ヤクルトの松岡弘をマウンドに送ってきた。右腕の快速球に、パの強打者たちは手玉に取られた。

そして九回裏。一死から近鉄の土井正博が安打で出る。「おう高井、行くぞ」。野村の声に、バットをひっつかんだ。頭の中で反芻《はんすう》した。

「打てる。打てる。松岡は左肘や」

マウンドで左足を踏み込んでくる時、肘が少し高く上がれば、外へ逃げる変化球。上がらなければ、速球系——。

二球目。肘は上がらない。併殺狙いの心理を見て取り、「シュートや」。内角低めをえぐってきた。読み通り。高井は体を開き、振り抜いた。次の瞬間、左中間席にライナーが突き刺さった。「ウワーッ」。大歓声を独り占めにし、ダイヤモンドを回る。球宴史上初の代打逆転サヨナラ弾だ。体中がしびれた。

一塁コーチが、大はしゃぎしていた。「うちの上田監督や。俺もうれしかったなあ」。

最高の感触 今も腕に

「こいつ、やりよったな。ツキをくれ」。劇的なサヨナラに沸き返るパ・リーグの選手たちの中、野村が抱きついてきた。

「いやいや、ツキはあげられまへんで」と笑った。監督推薦で選んでくれた恩を返せた気がした。ただ、握手は恥ずかしい。打撃用手袋はボロボロに破れていたから。「年俸も安いし、新しいのを買えんかったんや」。

実は、バットも同僚のお古だった。元々多くは持てない上に、折れて減っていたところへ、手になじまないからと住友平が譲ってくれた一本だ。「そんな薄給選手が真夏の一夜でヒーローやもん。小説でも書けへんで」。

翌日のスポーツ紙に、高井はニヤリ。「最高の一球だったのに。信じられない」と松岡が語っていた。

快速右腕に種明かしをしてやりたい気分だった。変化球は曲げようと力んで、無意識に左肘が上がる。逆に速球系は低めを突こうとして、肘が下がるんや――と。

クセは、オープン戦で見破っていた。日本シリーズでの対戦も見据え、セの各投手も怠らず観察してきたことなどヤクルトのエースは知る由もなかったろう。

第二戦の舞台は西宮球場だった。本塁打競争に登場した高井は、大歓声を受ける。「やっぱり我が家が一番やなあ。ブレーブスで頑張ってきて良かった」とじんときた。

最初で最後の球宴出場。もう一打席に立ったが、ストライクなしの四球だった。後楽園でのサヨナラ弾は、夢舞台で見せた一度きりのフルスイング。一振りにかけた男の真骨頂だ。

ただ、せっかくMVPでもらった腕時計を、空き巣にやられた。六〇万円の高級品だった。「まあ、くれたるわ。俺の腕には今も、金では買えん最高の感触が残っとるしな」。

名捕手もあきれ顔

真夏の逆転サヨナラ弾から、二年。野村への恩返しだろうか、一九七六年はブレーブスの上田が、南海の代打男を監督推薦で球宴に選出した。

といっても、漫画の話。「あぶさん」だ。主人公の景浦安武も、夢舞台で代打アーチを放った。

作者の水島新司が、キャンプ地まで高井に会いに来たことがある。「代打の魅力を語り合って、『あぶさんの終生のライバル』って認めてもろたわ」。

作中にもよく登場した。通天閣を望む大阪の横町で景浦と飲み比べをしたり、席を並べて外国人記者の取材を受けたり。球場で仲良くウイスキーをあおる場面も好きだ。さすがに現実には、プレーボール前は飲まなかったけれど。

ただ、二日酔いはしょっちゅうで、「そんな日は速い球に目がかすんでな」。一計を案じた。豪快な素振りを、相手バッテリーに見せつける。

「ノムさんなんか『こら、直球は危ないぞ』って顔したもん」。で、変化球を狙い打つ。「今度は『こいつめ、三味線を弾きよったな』って顔に変わったわ」。

そんな駆け引きを、野村とは楽しんだ。「おい、高井よ。読み合いしよやないか」とマスク越しに勝負を挑まれた日を忘れない。

マウンドには、阪神から南海へ移籍してきた江夏。振りかぶった瞬間、「ノムさん、フォークや。いただきまっせ」。打球はスタンドへ消えた。「何で分かったんや」と名捕手はあきれ顔だった。

もちろん、左腕のクセはお見通し。漫画以上の物語だ。

世界記録　日本一に花

後輩たちの面倒を、よく見た。

寮から近い喫茶店へ大勢呼び出し、中華料理店から山盛りの出前を取って振る舞った。若手の苦労は痛いほど分かるから。

主力とは群れない。口もきかない相手もいた。代打稼業の意地もあったが、「仲良し集団やなかったもん。みんな『俺が、俺が』やから」。

大リーガーの世界記録を破った19本目の代打本塁打も、そんな中で生まれた。一九七五年八月二七日。ロッテ戦で、早くも一回にお呼びがかかる。スタメンの森本潔が何やら上田ともめて、へそを曲げたらしい。「何があったんかは知らん。俺は起用されたら打つだけや」。敵地の仙台だったこともあり、記念の一発にも花束贈呈どころか場内アナウンスさえなかった。

でも、宿舎ではみんながビールで祝ってくれた。「初めて日本一になった年やった。俺の1本が景気づけになったかな」。野球用品メーカーからバットの無償提供も始まり、「世界一っちゅうのは、やっぱりちゃうなあ」とうれしかった。

ある日、帰ると妻の安枝が「これ、知らん人が『奥さん、世界記録おめでとうございます』って持って来てくれたんよ」。手には、高級ハンドバッグ。添えられた手紙に「森薫」とある。オーナーだ。内助の功をたたえ、秘書に届けさせたようだった。「どないしょ」と問われ、「お前の功労賞や。どうにでもせえ」と笑った。

それから四〇年以上、一度も使わず大事に置いてくれている。心遣いが、うれしい。「ええ時も悪い時も、一緒にやってきたんやもんね」。

簑田の二盗に燃えた

「お前のノート、俺のベンツと交換してくれや」と主力打者に頼まれた時も、「車なら間に合っとるわ」と一笑に付した。

西宮球場への往復には「専属運転手」がいた。近くに住む、若手の簑田浩二だ。「入団前からのセダンに、大事に乗ってたわ」。数分のドライブにカセットテープを持ち込み、助手席で村田英雄や三橋美智也を聴いた。

一九七七年の日本シリーズでは、二人で巨人に一泡吹かせた。後楽園での第四戦。1点を追う九回、二死から代走で盗塁を決めた簑田を二塁に置き、高井は代打で左前打を放つ。本塁はクロスプレーになった。

球審が、手を広げる。同点だ。ここから勇者はつるべ打ち。逆転勝ちで王手をかけると、次戦も快勝し、三年連続日本一を達成した。

土壇場でノーサインでの二盗を決めた度胸に、「絶対、かえしたる」と気合の入った一打だった。「あいつ、アウトやったら一生、俺の送り係やったやろな」と高井は笑う。ベンチで自分は見向きもされないのに、足の殊勲者が「よう走ったぞ」と祝福されているのがうれしかった。

このホームインを機に、入団二年目だった後輩はスター街道を突っ走る。「俺のヒットが、運転のお駄賃になったね」。韋駄天の慎重なハンドルさばきが、時に懐かしい。

代打男は現役中、実は運転免許を持っていなかった。もし運転でけがをすればプレーできなくなる、というプロ根性だった。

引退して、球場近くの教習所へ通った。ハンドルを軽々と回すと、教官が「さすがですなあ」。ベンツには乗らなかった。

「帰り支度を」でV弾

一九七七年からの三シーズンは、代打本塁打の世界記録更新がぱたりと止まる。指名打者、つまりDHとして先発起用されたため。

この制度をパ・リーグが導入したのには、勇者の背番号「25」が大きく関わったとも伝わる。日本の新聞に寄稿した米国人記者が、先んじて制度を採用したメジャーのア・リーグを引き合いに、人気でセに劣るパに一考を求めた。「彼は屈指の候補者」と名指ししたのが高井だった。球宴での代打サヨナラ弾も、目の前で見ていたのだという。「先発で出ればシーズン30本は打つ」というパ担当記者の言葉も紹介していた。

この記事が決め手となったかはいざ知らず、翌七五年にDHが始まった。それでも、二年間はやっぱり代打だった。「チーム事情やし、しゃあない。『世界記録を伸ばしたる』って割り切ってたね」。

いざDHでの起用が始まると、「最初の打席がダメでも取り返せる。気は楽やったわ」。痛む右手首をベンチで氷水に浸しながら、三年間で計54本塁打。このうち二シーズンで打率3割を記録した。

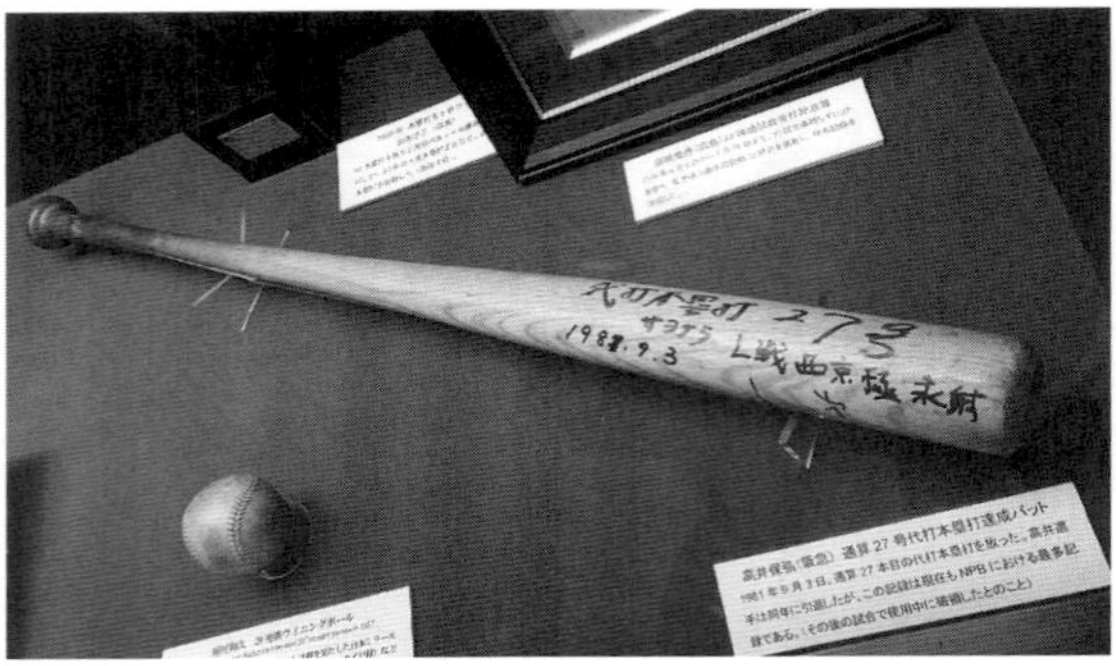

最後の27本目となる代打本塁打を放ったバット。仲間に「帰り支度しとけ」と言い残して打席に向かった（東京の野球殿堂博物館で）

うれしかったのは、この間に年俸が一〇〇〇万円を超えたこと。「当時は一流選手の証しでね。ずっと目標やったよ」。その後はまた代打に戻り、記録更新の一人旅が再開した。

勝負師らしい名文句で、語り草となった一発がある。八一年九月三日の西京極球場で、西武の永射《ながい》保から放ったサヨナラ弾だ。

打席に向かう前、ベンチ裏で一緒に素振りをしていた仲間に告げていた。「お前ら、もう終わってええぞ。帰り支度してバスで待っとれ」。最後の代打アーチ。27本目だった。

期待に応えた「仕事人」

「今日は誰が『仕事人』やろな」。試合中、代打仲間たちと予想しながら出番に備えた。

先陣が仕掛人。仕事人が続き、仕置人がとどめを刺す、と。人気時代劇シリーズになぞらえ、ピリピリした緊張感を楽しんだ頃が懐かしい。

プレッシャーを苦と感じたことはない。夜の店で、マスターやファンに「次の試合で打ったらおごるよ」と期待されると、気合が増した。その度にガツンと快打。西京極で、北海道で……。秋田では、前夜の約束通りのアーチに大喜びした店主が、観客席から手でボトルの形を作って見せた。「グイッと飲み干すポーズで、お返ししたわ」。

そんな親しみやすさこそ、高井がファンに愛された理由だった。

毎秋、シーズン終了後に西宮球場で開かれた感謝祭では、主力をしのぐ人気ぶり。「ブーちゃん、一緒に写真撮ってや」とせがまれ、小さい子を次々と抱っこした。

仮装競争では舞妓さんに扮した。十手にちょんまげのカツラで、岡っ引きになったことも。鼠小僧の福本を「御用だ」と追ったが、「フクめ、本気で逃げよった。追い付けるわけないがな」。愉快な捕物に、球場が爆笑に包まれた。

現役終盤は、数々の球団から移籍の打診を受けた。ありがたかったが、「俺はブレーブスの仕事人やもんね」。迷いなど、なかった。

「ピンチヒッター、高井」のアナウンスに沸く本拠地の歓声を思い出せば、今も武者震いする。

左中間へ最後の一発

幼い頃、故郷の塩田でアルバイトをした。砂を寄せ集める力仕事に、重宝がられた。「小学校の門の前でオッチャンが待ってたわ。逃げられへんねん」と笑う。

海風を受けながら作業をした名残か、風に敏感になった。

西宮球場では、いつも風を見た。左翼から右翼方向へ吹いていれば、「空がぐずついたね」。普段はその逆向き。近くにある甲子園の「浜風」と同じだ。

知らず知らず、打撃は「西宮仕様になったよ」。引っ張った本塁打が多かった。現役最後の1本も、本拠地の左中間へ打ち込んだ。夏の日だったと記憶する。「最上段や。風が運んでくれたんかな」。

この一九八二年を限りに、ユニホームを脱いだ。打力も技術も衰えていない自信があったが、右手首や腰は限界だった。痛みをこらえ、ずっと打席に立ってきた。

休んだのは、走塁で人工芝につまずき、右膝の靭帯を切った時だけだ。焼酎で冷やしながら自宅で静養していると、上田が「出てきてくれ」と電話してきた。歩くのも無理だったが、「ベンチに座っといてくれればええ。お前がおるだけで相手はビビるから」。

最前列でにらみを利かす。「何せ膝が痛いし、いつも以上の怖い顔やったわ」。相手バッテリーがそわそわと視線を送ってくる。ふき出しそうになるのをこらえ、またグッとしかめっ面をした。

引退直後、解説の仕事で球場に赴くと、近鉄の鈴木啓示に「まだまだ打てるやろ。うちへ来て。ええ背番号、空いてまっせ」と頼まれた。

「アホぬかせ」。笑って返したが、300勝左腕は本気だったのかも知れない。高井の最後の特大アーチを、西宮球場のマウンドで見届けた張本人なのだから。

自分の役割 誇らしく

身売りする阪急ブレーブス最後の試合を、西宮球場の観客席で見た。一九八八年一〇月二三日だ。

「高井さん、お世話になりました」と山田久志の妻に声を掛けられ、引退のマウンドへ向から背番号「17」を見つめた。代打サヨナラ弾で勝利投手をプレゼントした若い日に、ベンチ裏の風呂から腰のタオル一枚で飛び出てきた姿がよみがえった。

「一つの時代が終わったなあ」と感慨が込み上げた。

高井はユニホームを脱いだ後、西宮市内で小料理屋を開いた。壁には、代打本塁打と同じ27本のバットを並べた。元々、料理好き。自分でも包丁を握った。「遠征先の楽しみは郷土料理でな。作り方を聞いて勉強してたから」。

店は繁盛したが、体を壊したために畳まざるを得ず、その後は警備会社に勤めた。リーダー役を任され、各現場に配置する警備員の数や顔ぶれを決めた。役立ったのが、投手をじっと観察した現役時代の習性だ。「人は色々や。適性とか性格とか、組み合わせの相性を見て判断したわ」。約一五年、安枝の愛妻弁当を携えて、懸命に働いた。

大地真央ファンだった長女は宝塚歌劇団への入団を果たし、九六年に退団。最後の公演を最前列で見守った。

途中、団員が客席へ下りてくる演出があった。長女の先輩だ。歌いながら、高井の横で止まる。肩にすっと手を置くと、また舞台へ戻っていった。後輩の父に気を使ってくれたのだろう。胸が熱くなった。

スポットライトの中央ではなくとも、長女もしっかりと自分の役割を果たしている。誇らしかった。「俺に似よって」と。

今も届くファンレター

「ブレーブスの高井さんやないですか」と、今も話しかけられることがある。照れくさい。「あれは兄貴でっせ」と笑わせるが、サインには快く応じ、書き添える。「代打　世界一」と。

ファンレターもしょっちゅう届く。昔は雑誌などに選手の住所や電話番号が載っていたから、ずっと残している人が多いのだろうか。

かつて、それで苦労した。

日本シリーズの開幕直前、夜通し無言電話がかかってきたのだ。仲間らも口々に「えっ、お前の家もかい」「うちもや、参るで」。対戦相手のファンの仕業だったのかもしれない。

その時は、大勢で阪急甲東園駅近くの旅館に泊まる羽目になった。西宮球場で戦うのに二駅先へ避難とは、とみんなで苦笑いした。「日本シリーズが国民的行事やった頃やね」と懐かしい。

今、自宅に届く封書には大抵、色紙や野球カードが入っている。サインして送り返してほしい、ということだ。

「おじいちゃんに、高井さんのすごさを聞きました」とか「本で読んで大好きになりました」という手紙が多い。時の流れを感じつつも、「うれしいよ。『ブレーブスの代打男は今も生きとる』ってな」。

中学で野球部に入りますという少年に向けては、色紙に力いっぱい「勇気」と大書した。腹を決めてブルンと振れ。ビシッと投げ込め。そんなメッセージを伝えたくて。

「生きていくにも大事なことや」。恐れを捨てて打席に立った、勇者の顔で言った。

すべて勝利への執念

今もスポーツ紙を開けば、一番にブレーブスの戦いぶりをチェックする。同じ名でもメジャーの方だけれど。「勇者」という響きに、それだけ特別な愛着があった。強敵にひるまず立ち向かう気概を感じていた。

敵の球場へと向かうバスに乗り込む瞬間が、好きだった。「普段は一匹狼みたいなヤツばっかりやのに、『勝つぞ』ってピリッと一つになる感じでね。骨太の集団やったなあ」。

日本シリーズでは、「何が『巨人、大鵬、卵焼き』じゃい」と自分を奮い立たせた。王貞治の「阪急の野球は底知れない」という驚きを伝え聞いた時は、うれしかった。

一九七七年の第三戦だ。中盤の好機で起用され、サインはヒットエンドラン。大振りせずコツンと転がし、スタートを切っていた三塁走者をかえして先制点をもたらした。

プライドもかなぐり捨てた投ゴロが、「どんなホームランよりも誇らしかったわ」。絶対に空振りしない、とベンチに信頼された証しだから。

代打での送りバントやスクイズもいとわなかった。「いつも一球で決めたったわ」。すべてが勝利への執念だった。

大切に保管している現役時代のユニホームに、今も年に一度袖を通す。「日本プロ野球OBクラブ」が全国で催す少年少女野球教室に、講師として参加する五月だ。「やっぱり、心が浮き立つなあ」と笑う。

子どもたちから「それ、どこのユニホームですか」と聞かれるのがうれしい。待ってました、と勢い込む。「無敵の阪急ブレーブスや」。

活躍夢見た時代も宝物

「H」がホークス、「O」はオリオンズ……。他球団の頭文字を表紙に記した「高井ノート」を、大切にする。最後の代打本塁打を放ったバットは、東京ドームの野球殿堂博物館に飾られている。グリップの上に、ヒビが走っている。

「打ち止めの一発になると思わへんかったから、しばらく使い続けてね。近鉄戦で内角に詰まって折れてしもたわ」

寄託の際、野球殿堂入りした面々のレリーフが並ぶ一角を指し、職員に言った。「俺もここへ入れてくれや」。それだけ自負が強い。自分にしかできんことをやり遂げた――と。

球宴に招かれたのは二〇一四年。伝説の本塁打から四〇年の記念だった。西武ドームの観客席でスポットライトを浴びる。巨大画面に代打逆転サヨナラ弾の映像が流れた。

「昨日のことみたいやなあ」。満場の拍手に、心が震えた。

今は夜明け前から、ラジオの歌番組を聞く。右手首をさすりながら、せっせとリクエストはがきを書く。「もう一〇回近く採用されたで。なかなかの高打率やろ?」。

ラジオネームは「草野球」だ。「夕焼けを見ながら野球に明け暮れた高校時代が懐かしいです」と、千昌夫の「夕焼け雲」を流してもらった。

二軍の日々もよみがえる。西日の中、一軍での活躍を夢見て西宮球場から引きあげた。

「あの時代も宝物やな」

記録にも記憶にも残った男は今も、「一生をかけた仕事場や」という球場があった近くで暮らす。何度もアーチを架けた空を、見上げながら。

第７章
スコアラー　金田義倫

●金田義倫（かねだ・よしのり）
1945年生まれ、京都府峰山町出身。府立峰山高を経て64年にブレーブス入団。大型右腕として期待されたが、一軍登板はなく、打撃投手を務める。後にスコアラーに転身し、西本幸雄、上田利治の両指揮官から信頼を寄せられた。

３年連続日本一の祝勝会で、チーフスコアラーの八田正（右）と乾杯する。データの収集や分析に妥協せず、「金八コンビ」と呼ばれた（1977年10月28日、西宮球場で）＝本人提供

裏方の道一筋 誇り胸に

あいつがおらんかったら、ブレーブスはない——。続いては、「代打の神様」にそう称される右腕に登板を願いたい。

金田義倫（七四）。明けても暮れても、投げた。ただそれは、決して勝ち星のつかないマウンドだった。

一軍登板はゼロ。彼は、打撃投手だった。

「米田哲也2世」とも期待されてプロ入りしながら、戦力としては早々に見切りをつけられた。そこから一筋に歩んだ、裏方の道。横手投げを苦にする打撃陣の鍛錬にと、大きな体をかがめて投げた日々もある。

途中でスコアラーに転じた。巨人を倒すためと、監督の西本幸雄が抜擢《ばってき》した。さすが慧眼というべきか、これが天職だった。敵も味方も詳細に分析し、データを戦術に生かした。

誇りを胸に常勝軍団を支えた、縁の下の勇者。「スコアラーのおかげ」と感謝された黄金期の思い出を、胸に大切にしまう。

さあ、スポットライトを当てよう。「僕ほど幸せな男はいない」という野球人生に。

「本当に僕なんかでいいの？」

電話での取材依頼に、なかなかウンと言ってくれない。一九六四年入団の同期生、高井保弘の

「あいつがおらんかったら……」という言葉を伝えると、「ブーちゃんがそんなうれしいことを？ よし、分かりました。西本監督のご供養だと思って」。

神戸市西部、市営地下鉄西神中央《せいしんちゅうおう》駅前の喫茶店で会った。「ここからすぐのニュータウンに住んでてね。もう二〇年かな」。銀縁の眼鏡に、柔らかな物腰。がっしりした一八二センチの体以外は、元プロ野球選手の雰囲気ではない。

こちらのそんな心中を察してか、右腕を見せてくれた。肘が曲がりきらず、指先が肩に届かない。「来る日も来る日も投げたからね。そうねえ、毎日二〇〇球は放ったなあ」。年を取ってからも、草野球で登板すると熱を持ち、右肘だけじっとり寝汗をかいたほどだ。

「これを」と差し出した一枚の紙に、細かく経歴がつづられている。パソコンで作ってきたのだという。

闘将に見込まれた小まめさの一端だろうか。

終戦間際、丹後半島の京都府峰山町で生まれた。現在の京丹後市だ。丹後ちりめんの本場で、あちこちからガチャガチャと機織《はたお》りの音が聞こえた。隣町にある鳴き砂の琴引浜で素潜りをしては魚や貝を取り、府立峰山高校で白球を追った。「機屋で糸をもらって、ほつれたボールをよく縫ったなあ」と懐かしむ。

学生野球資格回復研修を受け、母校のコーチとして投手陣も指導した。夏の京都大会で、西京極で歌う校歌には「胸が熱くなるよねえ」。

思い入れの強い球場だ。西本の胴上げはパ・リーグ初制覇の六七年一〇月一日だった。

それから、思い出がもう一つ。速球投手として鳴らしていた高三の夏、二回戦でマウンドに観客の声が届いた。「おーい、金田。西本さんが来てるぞ。ええピッチング見せろよ」。阪急ブレーブスのスカウトは、度々来ていた。それでも監督自ら足を運んでくれるとは思いもしない。「感激とドキドキで、スタンドに目をやれなかったよ」。気合十分に完投勝ち。甲子園には行けなかったが、入団を決めた。

夢を抱いてのプロ入りだった。それが、いきなり「洗礼」を浴びる。「ビンタでねえ。あれは痛かったなあ」。

野球への情熱 闘将から

峰山高の一〇期上に名捕手、野村克也がいる。

その大先輩を追って南海へ進むものと、周囲からは見られていた。まだドラフトの導入前。ある新聞が勝手に「金田、ホークス入り」と書いたものだから、怒った父がブレーブスの事務所に電話した。「おたくにお世話になる。契約金はいくらでも結構だ」と。

五〇〇万円ほどで入団が決まった。スカウトが「もう少し上げましょうか」と恐縮するほどだった。南海の提示よりずっと低かったものだから、野村からチクリとやられた。「どうせ期待されてへんのや。大学にでも行った方が良かったやろ」。

奮い立った。「いつか認めてもらいたい」と心に誓い、初めてのキャンプに臨んだ。

若手の投手陣が集まり、体から湯気が出るほど走り込んだ日のこと。グラウンドの隅に固まって着替えていると、「コラーッ」と西本が血相変えて飛んできた。「爪の手入れは宿舎でせんかいっ」。

先輩の一人が爪を切る姿が逆鱗に触れたらしい。「連帯責任じゃっ。並べっ」。直立不動で目をつぶる。バシッ、バシッ。片っ端からほおを張られる音が、近づいてきた。

グッと左ほおに力を入れた瞬間、金田は吹っ飛んだ。逆の右側をはたかれたのだ。「監督がまさか左利きとはなあ。教えといてよ、っていうの」。今も苦笑いだ。

その夜、投手コーチが「親指と人さし指、中指はヤスリで研ぐんや」。朝と昼、それから練習後の日に三回だという。「ピンタの代わりに、いいことを学んだぞ」と思った。プロとして、丁寧に体を手入れする意識が高まった。

右ほおの痛みは今も覚えている。「野球への情熱を教わったよ。やっぱり『闘将』だね」。

御神酒徳利で投げた

梶本隆夫、米田哲也の剛球に驚いた。左右の両輪は脂が乗りきっていた。「僕だって少しは速さに自信があったけど、度肝を抜かれたもんね」。

ならばと、金田は投げに投げた。若さあふれるスタミナを見込まれたのか、毎日、打撃投手を任されるようになった。打者に気持ち良く打たせる役だから心中は複雑だが、「こうやってアピールしていこう」と頭を切り替えた。

同じような境遇の右腕がいた。野呂瀬義昭という。同期だが、年は一つ上だ。

連日、交代で三〇分ほどずつ投げる。一分間に六、七球。「多い時は八球くらい投げたね」。それでも平気だった。

二人は、球質が微妙に違っていた。「あっちはきれいなスピンで糸を引くような球。コントロールも抜群でね」。一方の金田はやや荒れ球だった。

それが、西本に気に入られてしまった。不調の打者には「ノロの柔らかい球を打って感覚を戻せ」、好調なら「カネの荒っぽい球で、もっと調子を上げろ」と命じた。

背番号も、相棒が「56」ならこちらは数字が逆の「65」。「御神酒徳利《おみきどっくり》」と呼ばれた。二枚看板の「ヨネカジ」に対して、二人でやっと一人前。とても向こうは張れないが、競い合うように投げた。

後に自分がスコアラーに転身してからも、長く打撃投手を続けた同期生を尊敬した。「いつまでも、僕らは御神酒徳利のつもりでいたからね」。

笑われても左投げ挑戦

一年目の一九六四年シーズンが開幕し、打撃投手で一軍に帯同する日々が始まった。「時々ベンチ入りしても、けが人の付き添いで病院に行くとか、そんな役回りでね」。

試合に出たい焦りを振り払うように、投げ続けた。それでも、月日だけがむなしく過ぎる。「左で投げられんか」と尋ねられたのは、二年目オフの契約更改の席だった。左投手が少ない台所事情こそあったが、耳を疑った。「給料を倍にしてもいい」とまで言われた。

さすがにカチンときた。ただ、交渉相手は球団相談役。野球は素人同然だ。「逆にチャンスかも、って思えてきてね」。

翌日から西宮球場のフェンスに左で投げ込んだ。「何を遊んでるんや」と笑われながら。利き手と逆では全く勝手が違うが、一週間続けた。「さすがにプロで通用するレベルじゃなくて、諦めたけどね」。ただ、それだけ戦力になりたいと必死だった。

しばらくして、秋季キャンプで紅白戦があった。神戸にあった社会人チームのグラウンド。先発を告げられた。

高校時代に担当してくれたスカウトが「おいカネ、頑張るんやぞ」。あまりの真剣な表情に言葉を返せずにいると、「実はな、この試合で活躍できんかったヤツは、まとめてクビなんや」と明かされた。

寝耳に水で、血の気が引いた。どうマウンドに向かったのかも忘れた。「とにかく必死に投げたことしか覚えてないね。二〇歳でクビなんてたまらんよ」。

デスマッチ生き残る

「よく生き残ったもんだよ」。思い出しても冷や汗をかく。

その紅白戦は、翌一九六六年から各球団の支配下登録選手が一斉に一〇人削減されることに伴い、デスマッチの様相になった。

もちろん若手が中心だ。相手の先発は同期生の一人で、「情もあったけど、悠長なこと言ってる場合じゃないしね」。負けられん、の思いだけだった。

何とか5回を2失点にしのぎ、金田は命拾い。一方で5失点の同期生はクビになり、投手陣だけでも二八人のうち一一人がチームを去った。

ところが、一気に人員整理したものだから野手が足りない事態に。六六年は「カネ、外野を試せ」と命じられた。

「7番ライト」で何度か二軍の試合に出た。高校時代は打撃でも鳴らしたが、「プロはレベルが違うもん。お話にならんよ」。変化球にクルクルと空振りした。

とぼとぼ守備に就き、ふと隣を見れば、中堅を守る新人がしきりに打撃フォームを確認している。前年秋に導入されたドラフトで、法政大から入団した大砲候補だった。

「阪急の一位指名第一号」もプロの壁にぶつかり、首をかしげている。と、飛球がそっちへ。「おーい、行ったぞーっ」と叫ぶと、我に返ってバンザイ。ベンチで叱り飛ばされていたが、「僕は妙にすごいと感心したよ。あそこまで真剣に考え込めるんだから」。

後の本塁打王、長池徳二だ。野手転向が実現しなかった金田は、打撃投手に戻って相手を務めた。背番号「3」に向き合うと、特に力が入ったのを覚えている。

決意の下手投げ転向

熱戦となって交代要員が底をつくと、「代走で出すからな」と待機させられた。屈伸をして準備したが、やはり出番はない。

それでも、ずっと一軍に帯同だった。「下のゲームに出る暇もなくてね」。一度だけ「二人で好きに投げろ」と、野呂瀬と二軍戦を任された。どうせ打ち込まれると思われたらしい。一軍で戦力になる夢への未練を、断ち切らせようという魂胆だったのだろうか。

金田が先発で、「七回まですいすい抑えたよ」。後を受けた相棒もピシャリ。自信を持たせたらまずい、とコーチは慌てたのか、「一軍にすぐ合流せい」。打撃練習のお相手役に逆戻りした。

それだけ重宝された証拠だが、便利屋のように扱われる日々に焦りも募った。「せっかくプロに入った以上、檜舞台《ひのき》に立ちたいもんね」。

ところが西本から、下手投げに変えて打撃投手を続けるよう命じられた。三年目の一九六六年シーズン終了後だった。当時、悲願の初優勝が遠かった理由の一つは、打線が変則投手を苦手としたこと。他球団に次々とぶつけられていた。

指揮官の命令は絶対とはいえ、恐る恐る「現役では、もうダメという意味ですか」と問うた。闘将は「もちろん、ものになれば試合でも使うぞ」と答えた。

非情な通告に思えた。それでも、「練習台として力になれるなら」と腹を据える。南海の杉浦忠や皆川睦雄、東京の坂井勝二、近鉄の佐々木宏一郎……。憎きライバルたちになりきってみせる、と。

遠慮捨て、くせ球投げる

一九六六年秋には「監督信任投票事件」が起きている。

約六〇票中、白票と「×」が計一一票あり、西本は辞意を表明した。説得を受けて翻意したが、

「その分、優勝する決意はそれまで以上に強まったろうね」と金田は推し量る。

下手投げ転向を命じられたのは、その直後だった。指揮官の意をくんで、受け入れた部分も大きい。「優勝に必要、と思ってもらえたんだからね」。

一二月一日、西宮球場の雨天練習場に出向いた。野手陣も打ち込みに励んでいる。選手たちの間で「西本道場」と語り継がれることになる、年末年始の猛特訓だ。

「みんなの気持ちが一つになる雰囲気を感じたなあ」。熱気に押され、投げ込んだ。

慣れた上手投げとは違い、重心を落とすのが難しい。腕を完全には下げられず、初めは不自然な横手からになった。球は荒れたが、闘将はじっと見守ってくれた。正捕手の岡村浩二に受けさせてくれる心遣いも、胸にしみた。

六七年のキャンプは、ぎこちないフォームから微妙に曲がるくせ球に、打席で顔をしかめる選手も多かった。「寒いから、バットの芯を外れると手が痛いもんね」。気持ち良く打たせてあげられず、申し訳なかった。

ある夜のミーティングで、西本が言い放つ。「カネの球が嫌やというヤツは、もうバッティングすんなっ」。ほろりときた。

そのキャンプの間、金田は外出しなかった。「みんな、くせ球を打ってくれてるんだもん。僕が飲み歩いたら悪いからね」。遠慮は捨て、腕を振った。

「役に立てた」充実の涙

バチーンとピッチャー返しのライナーを捕った瞬間、気付いた。「今年はみんな、打球の強さが全然違うなあ」と。

一九六七年のキャンプだ。「西本道場」の効果が出てきたらしい。ジーンとしびれた手が、うれしかった。

夕食時の飲酒は禁止だったが、「実は、ヤカンにこっそりビールを入れてたのよ。キンキンに冷えたやつを」。猛練習にみな疲れきっており、飲まなければ食も進まない。中身が熱い茶でないのがばれては大変だから、ヤカンの汗を交代で拭き取った。

なのに、その年の最終日は大瓶が配られた。何と、西本自ら酌をして回っている。どういう風の吹き回しかと思えば、どっかと横に座った。「カネよ、今年ほどキャンプがうまく運んだ年はないで」。かみしめるような口調で言うと、仲居に勧められるままグイッと一杯。「今年は勝てるぞ。わしは確信しとる」。下戸の闘将は真っ赤な顔でカカカと笑った。

予言的中のシーズンになった。ブレーブス打線は、打ちまくる。前年まできりきり舞いさせられていた変則投手たちにも、痛打でお返しした。

投打がかみ合い初優勝。西京極球場で胴上げだ。ファンがなだれ込まないよう、裏方はベンチで見張り役に回った。

「少しは僕も役に立てたかな」。充実感で、宙に舞う指揮官の姿が涙でぼやけた。

西宮へ帰るバスは大騒ぎ。酒屋の前を通る度にビールを買い込んでは、次々と空にした。

勝利の美酒の味が、舌に残る。「最っ高にうまかったね」。

派閥なし チーム一枚岩

悲願の初優勝を果たした後も、雰囲気は緩まない。練習も常に緊張感で満ちていた。

西本はケージの後方で仁王立ち。打撃を見守りながら、「外角へ投げろ」とこちらへ手で指示を送ってきた。

何球か続けているうち、打者に「カネ、今度はインコースや」と頼まれる。でも、後ろからはまた、「外」のサインだ。「あれには参ったなあ」。

指揮官には逆らえず、また外へ。打ち損じた打者がにらんでくると、「わしが投げさせたんやっ」と雷が落ちていた。

「外角も強く引っ張れるように、っていう監督の指導は一貫してたね」。しつこく基本を繰り返したから打線は力がついた、と信じる。

優勝を経験した頃には、かつてあった人間関係のゴタゴタもすっかり消えていた。

金田が入団した頃のキャンプで、あるベテランが不仲のコーチに辛抱しきれず、「あいつ、どついたる」と言い出したことがあった。酒の力で部屋へ乗り込んだが、返り討ちに遭っていた。

そんな昔がうそのように、チームは一枚岩だった。その中心がヨネカジだ。キャンプや遠征では、仲良く若手の部屋へビールをドンと差し入れてくれることもあった。

「米田派も梶本派もない。派閥が一切ないのが、ブレーブスの強みだったと思うよ」

相変わらず、試合での出番はない。それでも、勇者の一員である日々が金田は幸せだった。横手投げを続けた体は、悲鳴を上げ始めたけれど。

酷使の体 ガタがきた

全体練習の前、特打に付き合うのも大切な仕事だった。不調だったり、苦手なコースがあったりという選手を相手に、一時間、ざっと三〇〇球は投げた。

「ご苦労さん。昼寝でもしといてくれ」とコーチにねぎらわれ、ビールを喉に流し込む。しばし横になり、起きるとまた、打撃練習で腕を振った。

「中四日、なんてローテーションじゃない。今日も明日もあさっても、だからね」

少しずつ体にガタがきた。右肘の遊離軟骨だ。

当時はトレーナーも少ないから、体のケアは自分でするしかない。西宮球場前の治療院に日参しては、電気を流してもらった。球団担当の医師がいる大阪大病院まで出向き、痛み止めの注射をした日もある。

右脇腹はさらに深刻だった。横手投げで体を強くひねり続けるうちに、痛めてしまった。「上から投げてた頃には、酷使しない部分の筋肉だったからね」。

それでも、故障を抱えていない選手など誰もいない。

例えば長池は、練習で苦手の内角をひたすら打っていた。弱点を克服するのと引き換えに、徐々に右肘を痛めたのはチーム内で有名な話だった。

「だから、僕たちも痛いだのかゆいだのと言わずに投げたよ。真剣勝負だもん」

当時、西宮球場の隣にはボウリング場があり、寮に住む若手が気分転換をする場だった。「僕は出掛けられなくってね」。肘を大切にしたい。ナインの執念に応えたい、と。

山田の直球に現実悟る

数少ない気晴らしが、高井宅へ出掛けることだった。早くに結婚した同期生は、西宮球場のそばに居を構えていた。

「ウイスキーのボトル一本提げて、よく行ったね」。愛妻の手料理も楽しみで、「家庭っていいなあ、って羨ましく思ったよ」。球場の外をランニングする日は、コーチの目を盗んで水を飲ませてもらったこともあった。

そんな金田にも、結婚を考える人がいた。中学時代の同級生だ。プロ二年目の頃、神戸の大学に通う相手と三宮で偶然再会して以来、付き合っていた。

後に生涯の伴侶となる。でも当時、相手の父は会ってもくれなかった。「明日も分からん野球選手など、言語道断だ」ということらしい。

パ・リーグ優勝に貢献した自負こそあっても、試合に出ていないから、金田には何ともしようがない。「せめて地道に頑張ることで認めてもらおう」と与えられた仕事に向き合った。

一軍で登板する望みも捨てたわけではなかったが、ある新人サブマリンの球に驚く。リーグ三連覇の一九六九年に入ってきた山田久志だ。浮き上がるような直球が、ミットにズバンと突き刺さっていた。同じ変則投法でも、キレ味は桁違い。「投げるのがバカバカしくなったねえ。こりゃ勝負にならんわ、って」。

打撃投手として野球人生を終える現実が、胸に迫り始めた。そこへ、思わぬ転機が訪れる。

宝塚市の西本宅に招かれたのは、シーズン終了後のこと。応接間で、向き合った。

闘将の執念に転身決意

「お前にスコアラーをやってほしいんや」。西本から、単刀直入に切り出された。

敵のデータを分析する裏方だ。一軍ではもう使わんぞ、という引退勧告でもあった。

「いえ、もうやめます。お世話になりました」と答えると、「まあ待て」と制された。一九六七年から、巨人に日本シリーズで三年続けて敗れた悔しさを聞かされた。

王貞治と長嶋茂雄ばかり警戒していたが、脇を固める選手らに活躍を許したこと。

ブレーブス投手陣は配球を研究し尽くされ、打撃陣も徹底的に弱点を突かれたこと。

また、複数の専任スコアラーを置く相手に対し、こちらは一人で、しかも兼任であること。

「野球の質が違う。巨人には情報の量と質で負けたんや」と闘将は歯がみした。「カネ、頼む。力になってくれや」。

日本一への執念に、金田は胸を突かれた。それに、実直にチームに尽くしてきた姿を評価された上での打診だ。光栄なことではあった。

ただ、不安がよぎる。「一軍で試合に出た経験もない男のデータを、一体誰が信じるんです?」。即答だった。「わしや」。

そして「カネ、一緒に野球を勉強しよう」と畳み掛けられた。応えなければ男じゃない、としびれた。

電話を借り、ダイヤルを回す。出たのは、郷里で建設会社を営む父だ。常々、「選手をクビになったら、うちを継げ」と言われていた。

「ピッチャーはクビになったわ」と告げた。「でも、ブレーブスに残るからな」。

投げた後はネット裏へ

裸一貫で会社をおこした父は厳格だった。幼い頃、玄関の履物がそろっていない時などはこっぴどく叱られた。

そのどなり声を、久しぶりに聞いた。電話の向こうで、「ピッチャーでもう先がないなら、戻ってこい」とまくし立てる。

「いや、帰らん。監督が必要としてくれているから」と食い下がった。最後は父が根負けした。「仕方ない。西本監督がそこまで言われるんなら」と。

横でじっと聞いていた闘将は「メシ、食っていけ」。牛肉のバター焼きだった。「奥さんが、分厚いのを何枚も焼いてくれて。うまかったなあ」。金田は、心も胃袋も満たされた。

チーム事情で、しばらくは打撃投手も兼任しろという。「カネ、もう上から投げてもええからな」と言われて、ふき出した。「どこまでも勝手な人だなあ、ってあきれてしまってね」。でも、それもこれも日本一になるため。とことん付き合おうと決めた。

当時は球界を見渡しても、専任スコアラーを置くのは巨人と南海くらいだったという。「データ重視の緻密な野球が浸透する前の時代だからね」。

横手投げが染みついた腕を、よいしょと上げた。対戦相手の先発予想に従い、上からも、また横からも投げた。練習後はシャワーを浴び、バックネット裏に座った。

「ボールをペンに持ち替えてね。慣れないから、初めは変な感じだったなあ」

プレー映像 頭に再生

最初にスコアラーでコンビを組んだのは、根来広光だ。

「ええか、カネ」が口癖の先輩は万年筆でスコアをつけつつ、「鉛筆で書くなよ」。間違えても消せるから、記録や数字の正確性を重んじる意識が甘くなる、という理屈らしい。

金田はボールペン。投手の球種を判別できるよう、様々な記号を駆使した。書き込む位置や大きさを変えれば、コースや高低まで一目瞭然だった。

必要に応じ、打球の強さやバウンドした回数なども書き添えていく。「スコアを見返しただけで、頭の中に試合の全プレーを映像で再生できるようにね」。

試合後のミーティングでは、相手ベンチの戦術の傾向や投手の配球を首脳陣に伝える。根来の報告は詳細だった。勝敗を分けたプレーに潜んでいた伏線まで、的確に指摘する。「僕にとっては先生だったなあ」。一言も聞き漏らすまいと、金田は耳を澄ました。

元捕手ならではの観察眼。何しろ、国鉄時代には４００勝投手、金田正一の剛球をノーサインで捕っていたことで有名だ。

「これが一流のキャッチャーの視点か」。敬服すると同時に、自分が選手として足りなかった部分を痛感した。

それでも西本は、よく「カネの報告が効いたわ」と言ってくれた。育ててやろうという優しさがありがたく、引け目も消えた。

何でも聞け、とも言ってくれたから、裏目に出た采配の狙いまで尋ねた。「わしのミスや」と闘将は笑ったが、周りはヒヤヒヤしたそうだ。根来には、テーブルの下で足を蹴られた。

「早く一人前になるために、貪欲に学びたい。その一心だったね」

悔しさにペン震えた

スコアラーとして初のパ・リーグ制覇を経験したのは、一九七一年だ。金田がシーズン途中に正式に引退し、球団職員となった年でもある。

「初めはガクッと給料が下がってねえ。ビックリしたよ」

何とか義父の許しを受けて結婚し、長女が生まれたばかりだった。給料に上乗せされる打撃投手の手当から、ミルク代を捻出した日々が懐かしい。

同時に、日本シリーズで味わった苦さが去来する。巨人バッテリーを分析した内容から、「足でかき回せる」と踏んでいた。それなのに、二年連続盗塁王の福本豊をはじめ、機動力をほぼ封じ込められた。

1勝ずつで迎えた第三戦。山田が王に浴びた逆転サヨナラ3ランで、帰趨は決した。その夜、宿舎で頭から布団をかぶり、悔しさをかみしめる若きサブマリンが頭に残る。

今年は勝てる、という自信で臨みながら、終わってみれば1勝4敗。バックネット裏で、金田はペンを持つ手が震えた。「腹が立つ、なんて域にも達してなかった。自分が情けなくてね」。ただただ、未熟さを痛感した。「もっと頑張ってみんなの力になろう」と誓った。

そのシリーズ中、記憶に残っている光景がもう一つある。後楽園での打撃練習で、ある主力の頭部に野呂瀬がぶつけたのだ。後にも先にもないことだった。「あのコントロール抜群のノロちゃんが……」と信じられなかった。

「巨人戦は、みんな独特の緊張感にのまれてたんだね」

愛着の「65」闘将に譲る

「カネ、その背番号をわしにくれんか」。突然、西本にそう言われたのは、巨人に四度目の苦杯を喫した一九七一年の秋だった。金田がスコアラーと打撃投手を兼任していた頃。打撃練習には、入団以来の「65」を背負って登板していた。

野呂瀬の「56」と合わせ、「ゴンロク、ロクゴ」で愛着がある。でも、断れない。

似合いの「50」を捨てて験担ぎなのか、闘将はニヤニヤするばかり。「悔しくて、気分を一新したかったのかなあ」。

自分は、「55」を新しくもらった。相棒と仲良く続き番号で打撃投手を務めたが、ほどなく、移籍してきた選手に譲らされる羽目になる。今度は「88」を選んだ。

これでいい目を見た。投げていると、「おーい、ハチハチのカネよ。今日も頑張っとるな」と相手ベンチから野太い声がかかった。

七四年に日ハムの監督に就いた、中西太。同じ背番号だった。「長く投げてきて僕も少しは知られてたから、激励してくれたんだろうね」。元西鉄の大砲の心遣いが胸にしみた。

もう一つは、秋田遠征での思い出だ。「88」という看板の掛かるバーを、街で見つけた。「パパ」と読むらしい。そこで一緒に飲んだ同期の高井が、翌日に本塁打を放った。「験が良かったな」と二人で笑った。

一方で、西本は悲願を果たせず。「僕が譲った背番号で、日本一の胴上げが見たかったなあ」。それにしても、なぜ自分の番号を欲しがったのか。最後まで聞けず、寂しい。

報告書に満ちる闘争心

安打や打点は赤、四死球は青、その他は黒。三色ボールペンでスコアを記録した。手元を見ずとも、必要な色をカチリと押し出せるようになった。グラウンドから一瞬も目を離さないようにと心掛けるうちに、親指が覚えた。

「カネちゃんはペンに目線を送らんなあ」と感心してくれる先輩がいた。八田正。一九六〇年前後に「ミサイル打線」と名をはせた大毎の内野手だった。

ブレーブスに来て引退した後、主に先乗りスコアラーを務めていた。チームを離れ、次のカードで対戦する相手を視察する役目だ。徹夜で作った資料を航空便で送ってくる。それを伊丹空港で受け取るのは、金田の仕事だった。

各選手のプレー内容が詳細に記されていたが、「それ以外の報告内容に味があってねえ」。

例えば、こんな具合だ。

外からはブルペン内部の様子が見えない球場でのこと。さも投げ込んだように、汗を拭いながら出てくる投手がいた。しかし、八田は「投げていない。調整が遅れている様子だ」と指摘していた。軸足の膝が土で汚れていない点を、見逃していなかった。

まだ予告先発のない頃。至る所で、そんな化かし合いだった。

八田は現役時代、ゴムのチューブを足首に巻いてプレーしたという。スパイクで狙ってくる走者のスライディングを、何度もそこで受けたらしい。

修羅場をくぐった男の報告書は、闘争心で満ちていた。「やるか、やられるか。そんな熱とか殺気が伝わってきてねえ」と金田は言う。「僕も、ギラギラして仕事をしたよ」。

指揮官の謝意に感無量

一九七三年シーズンを最後に西本が去っても、ナインの勝利への執着心は衰えなかった。犠打を決めた選手が、ベンチに戻る。一球でもファウルにしようものなら、「最初っからやらんかいっ」。仲間たちの怒号が、バックネット裏まで響いてきた。

新監督の上田利治からも、ミーティングで事細かく報告を求められた。長引くと、ドアの外からコツコツと音がした。
掃除や水仕事を担当する、西宮球場名物の「桑村のおばちゃん」だ。「帰りたくて、ほうきでつつくんだよなあ」。

ベンチに置く資料を、金田はそれまで以上に詳しくした。
登板が予想される投手との過去の対戦データを、打者ごとに記す。球種や球速、コース、ファウルの飛んだ方向……。一球ずつ紙に落とした。
「相手の誰が出てきても、ファイルをめくれば即座に分かるようにね」。高校の機械科で製図も経験していたから、細かい作業はお手の物だった。

チームの黄金期は続き、他球団の同業者から「カネちゃん、勉強させてよ」と一目置かれるまでになった。「恐れ多かったよ。選手の力なのにね」。初の日本一に輝いた七五年、指揮官がインタビューで「スコアラーのおかげです」と言ってくれて、感無量だった。

その翌年まで打撃投手を兼任し、顔も洗えないほど右肘が痛んだ日もある。「我ながらよく投げたわ」。かつての「米田2世」の呼び名に恥じぬ、「ガソリンタンク」だった。

大先輩に認められた夜

日本一に劣らぬほどうれしい記憶が、一九七九年に残っている。初めて先乗りスコアラーを務めた年だった。
大阪球場バックネット裏の記者室。南海―西武戦を視察中、後ろからコンといすを蹴られた。

「おい、カネよ」。

振り返って、仰天した。野村克也が立っている。南海からロッテを経て西武に移籍し、この夜も出場していた。プロテクターやレガースを着けたまま。攻撃中にベンチを抜け出して来たらしい。

「お前、落合をどう攻める？」。唐突な質問に、目が点になった。

後に三冠王となるロッテの新人に、名捕手は才を見たらしい。抑え方を教えろ、という意味だった。我に返って「基本部分だけなら」と応じた金田に、「十分や」とニヤリ。さわりのみ教授すると、「ほほう」とうなずき、また試合へ戻っていった。

現役選手が大っぴらに、他球団の関係者に助言を請うなど異例中の異例だ。気が付くと、報道陣や同業者がみんなこちらを見ていた。球界の頭脳に、教えを授けたスコアラー。そんな畏敬の念が混じるような視線だった。

「恐縮したけど、帰りの電車はずっとニヤニヤだったよ」

野村は京都・峰山高の一〇期上だ。同じ南海に進まず、機嫌を損ねる形になった金田は「いつかプロで認めてもらいたい」とずっと思ってきた。

投手と打者としての対戦はかなわなかったが、違う形で夢が実現した夜。大勢の前で花を持たせてくれた、大先輩の親心が胸にしみた。「野球人として一人前、って合格をもらえた気がしたね」。

寡黙な父　一人で広島に

巨人に負け続けていた頃は、正月に帰省するごとに「何で勝てんのかっ」と父にどやされた。耳が痛いが、「応援してくれてるんだな」と実感できてうれしかった。

そんな父が一度だけ、試合を見に来たことがある。一九八四年一〇月二二日、広島市民球場での日本シリーズ第七戦だった。「連絡もよこさず、一人でね。西宮球場にも来たことがなかったのに、ビックリしたよ」。

バックネット裏の前方に陣取る金田から、少し後ろに座っていた。チームが四度目の覇権を逃した一戦を見届けると、何も言わずに京都へ帰っていった。

昔はブレーブスが巨人と対決する度、近所でけんかしていたらしい。相手は、筋金入りの王、長嶋ファンとして有名な自転車屋の主人だった。

「とうとう阪急が勝った時は大喜びで、自慢されて参ったわ」。最近、けんか相手の二代目が懐かしそうに教えてくれた。金田が初めて聞く話だった。

スコアラー転身の時は「戻ってこい」と猛反対したが、その後は何も言わなかった父。寡黙な明治男が、日本一にはしゃぐ姿が想像できなかった。

八六年に七九歳で逝った。球団の身売りは、その二年後だ。

広島市民球場で、どんな思いで僕の後ろ姿を見ていたんだろう――。時に、聞いてみたくなる。くしくも、「勇者」の名で日本シリーズを戦った最後の大一番だった。

「阪急時代で思い出が止まって、父は幸せだったのかも知れないね」。息子の背を誇りに思ってくれた、と信じている。

娘からの恩返しに涙

スコアラー時代は、妻や二人の子とゆっくり旅行した記憶もない。「遠征で年の半分は家にいないしね。母子家庭みたいで申し訳なかったよ」。

シーズンオフを迎えると同時に、契約更改の資料作りにかからねばならない。選手の全プレーをチームへの貢献度で数値化し、終わったと思えば次はキャンプの準備が待つ。

当時の家族サービスといえば、一九七七年秋に梅田で息子に超合金のおもちゃを買ってやったくらい。日本シリーズ三連覇の記念だった。

逆に八八年夏、娘から大きなプレゼントをもらった。市立西宮高校の二年生だった。全国高校野球選手権の開会式で、女子生徒がプラカード係などを担当することで知られる学校だ。

級友たちと日の丸を持って行進する姿を、金田はアルプス席から目に焼き付けた。球児として自分が届かなかった甲子園の土を踏んでくれて、誇らしい。そのまま、慌ただしく伊丹空港に向かい、遠征先へ飛んだ。機中で涙があふれたのを覚えている。

当時の新聞記事を、ずっと大切にしている。「父の夢を私が実現できた」。孝行娘のコメントは、何度読んでもホロリとくる。「最高の恩返しだよ。うれしくてね」。心の休まる暇もない日々を、父が懸命に生きる背中を見てくれていた――と。

球団の身売り発表は、その二か月ほど後のことだった。

バックネット裏で戦っていた日々が、懐かしい。雨風の中も硬いいすに座りっぱなし。夏場は、白いスコアブックに反射する日差しを目に受けた。

腰痛や乱視との付き合いが続く。勇者だった証しだ。

墓前にペアのぐい飲み

隣の町内まで飛んだ、と語り草の本塁打がある。

一九八八年の西武戦。西宮球場の左翼席を越えた打球は場外へと消え、「そば屋に当たった、っていわれてたよ」。球場は西宮市高松町で、その店は東隣の田代町にあった。

打ったのは、「ブレーブス史上最強の助っ人」ブーマーだ。いつも野呂瀬を打撃投手に指名する。のろせ、とは発音できず「ヘイ、ノローゼ」。金田の同期生は、疲れていても必ず要求に応えていた。

一緒に打撃投手をしていた頃には、よく二人で賭けをした。自分が練習で打たせた選手が、どれだけ試合で活躍したか――。その結果でビールをおごり合う。「僕は負けてばっかりだったけどね」。

年を重ね、用具係の責任者も務めた相棒はバットやボールを管理しつつ、空模様を見る目も磨いていった。例えばキャンプ。雲の流れに目を凝らし、用具の準備が必要か見極める。「ザッときますよ。紅白戦は無理です」。そう告げた通りに雨粒が落ちてきて、首脳陣を驚かせた日もあった。

二〇一四年、七〇歳で逝った。体を壊してからも、見舞いには来ないでくれと言う。弱っていく姿を見せたくなかったのだろう。「カネちゃん、体には気を付けろよ」という電話の声が、遺言になった。

墓前に金田はペアのぐい飲みを並べた。「ノロちゃん、さあ飲もう」。大吟醸を注ぐ。二人で「御神酒徳利」と呼ばれた友に、別れを告げた。

三冠王の一六〇メートル弾が話題になる度、誇らしげだった笑顔が懐かしい。人呼んで、「ブーマーの恋人」。右腕のきれいな球筋が、脳裏に焼き付いている。

クセ記したノート処分

現場を離れ、オリックス球団の職員として広報や宣伝を担うようになったのは一九九一年。身売りから二年が過ぎ、愛称もブルーウェーブに変わった。

スコアラーとして、二一年。「やりきったな、って思いはあったね」。膨大なスコアブックを全部、金田は球団に残した。

他チームの選手のクセを記してきた、多数のノートもあった。ある投手の動作から球種を見抜き、日本シリーズでの攻略につなげた思い出などが満ちる。

「それを基に、ブレーブスの栄光を本にしませんか」となじみのスポーツ紙記者に持ちかけられたこともある。即座に断った。「データやヒントは試合で生かされてなんぼだからね。僕の手柄にしちゃ、選手に失礼だよ」。ノートは全て、処分した。

本拠地が神戸へ移り、同僚に誘われてお好み焼き屋へ出掛けた。ブレーブスを愛した女性が、三宮で営んでいるのだという。

カウンターだけの狭い店だった。「元気なおばちゃんが、鉄板でじゅうじゅう焼いててね」。その威勢の良い声に、何だか聞き覚えがあった。

あっ、と気付いた。「おばちゃん、一発、『松永ーっ』って言ってみて」。頼むと、女性は照れながら喉を披露してくれた。「松永ーっ」。

思った通り。いつも西宮球場の二階席から響いていた、松永浩美への声援だ。練習生から一流打者へとはい上がった苦労人を、女性は一人で店を切り盛りする励みにしていたという。のれんを下ろすまで、金田は足を運んだ。鉄板の煙に、西宮球場の勇者たちが揺れた。

西宮には特別な愛着

現在の西神住宅団地に転居したのは、オリックスが神戸へ移転してからのこと。新しい本拠地は、すぐそばだった。それまでずっと住んでいた西宮市には、特別な愛着がある。

時に訪れても、西宮ガーデンズへは足が向かない。「西宮球場がなくて、寂しいしね」。

かつて、球場の隣に寮があった。入団時からそこで暮らし、結婚して阪急甲東園駅に近いアパートへ。家族が増えて手狭になった頃、西へ数キロの甲陽園《こうようえん》駅そばに分譲マンションを見つけた。

契約を迷っていると、コーチの梶本に「すぐ買えっ」とせかされた。勝手に占い師に相談し、その方角には吉兆が見えると聞いたらしい。通算２５４勝の大投手が占いなんて、とおかしかったが、上田まで加わって「休みをやるから、すぐ引っ越せっ」。

いつも分厚い本を読みふけり、理詰めで物事を考える指揮官が「カネ、巨人に勝つためや」とまで言う。その迫力に気おされ、ローンを組んで新居に入った。

直後の日本シリーズで、勇者は初めて宿敵を倒す。ひょんなことで、勝負師の執念に感心した一九七六年の思い出だ。

一度だけ、金田が思わず上田の作戦に口を出したことがある。越権行為だが、「まあ、今回だけは思う通りにやらせてくれ」ととがめもしない。翌日、「生意気なことを言いました」とわびると、「ええんや。これからも頼むで」と静かに笑っていた。

夫婦で自宅へ招いてくれたのは、その直後のこと。先の一件については触れもせず、楽しい酒を飲ませてくれた。

いつだったか、贈り物をもらった。革製の書類カバンに、高級万年筆とボールペン。スコアラーの仕事への思いやりにあふれ、じんときた。

「使ってくれよ」と言われたのを忘れない。ずっと愛用してきた。監督の命は絶対だから――。

「看板」に強烈な誇り

「はい、ブレーブスです」

その名が消滅した後も、オリックスの球団事務所で電話を取る時によく間違えた。根っから勇者の血が染みついた自分が、おかしかった。

だからこそ、近鉄との統合は複雑だった。嫌いだから、などという薄っぺらい理由ではない。

「むしろ、心から尊敬してたもん」。

昔は敵地で近鉄ファンにバスを取り囲まれ、物を次々ぶつけられた。車内で「カーテン閉めえっ」と声が飛ぶ。ガラスが散乱してけがをしては大変だ。それでも、カーテンを開けたまま外をにらみつける猛者もいた。殺気に満ちた戦いができるライバル。互いへの尊敬の念は、火花を散らし合った関係だからこそ、だ。

「カネ、バファローズの名を使うんは勘弁してくれや」と近鉄OBからも懇願された。気持ちは、痛いほど分かった。「阪急も近鉄も、『看板』に特別な愛情があったからね」。

もう一つ、名前への誇りを強く意識した思い出がある。

本場のファン獲得術を学んでくるよう、オリックスから米国視察に派遣され、クーパーズタウンの野球殿堂博物館を訪れた時だった。本塁打性の大飛球を、フェンスによじ登ってもぎ捕る日本人外野手の映像が、繰り返し流れていた。その度に、来館者たちは「ワオーッ」と大歓声だ。

一九八一年の西宮球場。山森雅文だった。ユニホームに「Ｂｒａｖｅｓ」の文字。金田は胸が熱くなった。そこにいる人たちに教えたかった。「このスーパーキャッチを、私は目の前で見てたんです」と。

恩人「いつも見てたぞ」

オリックスを退職したのは二〇〇七年だ。機関誌の作成に携わり、スカウトやトレーナー、マネジャーらに持ち回りで記事を書かせたのが印象深い。陰でチームに尽くす仲間の奮闘を、ファンに伝えたいと考えたのがきっかけだった。

それぞれの職務に改めて誇りを持ってくれれば、とも考えた。我が身を振り返っても、見守られている安心感が裏方仕事の支えになったから。

特に、天保《てんぽ》義夫から受けた恩義を忘れない。入団当時の二軍投手コーチは、「ポールアンドポール、行けっ」。両翼のポール間ダッシュだ。更にノックも組み合わせて延々と走らされた。「地獄だったよ」。初めは、打撃投手になぜと思いもしたが、「手投げになってるぞ」という無言の忠告だと気付いた。

打ちごろの球を小手先だけで投げ続けていては、肩や肘を痛めてしまう。「僕の体を長持ちさせてやろう、って足腰をほぐしてくれてたんだね」。

金田がスコアラーを始めた頃は、大勢の前で褒めてくれた。「カネの顔で、チームの状態がすぐ分かるよ。ええ時はニコニコだ」。投手として大成させられなかった弟子に、申し訳なさも感じてくれていたのだろう。

小さな体で跳び上がって若手をビンタし、大ベテランであろうと手を抜けば「お前らがしゃんとせんと、みながまねをするだろっ」と叱り飛ばしていた。

しかし、一リーグ時代の昔は巨人にめっぽう強かった右腕も、病には勝てなかった。一九九九年に逝った。

ひつぎを担いだ金田の肘は、完全には曲がらない。でも、「天保さんのおかげで、この程度で

入団直後、18歳の頃。一軍での登板は無かったが、裏方としてチームの黄金期を支えた日々を思うと「誇らしさで胸がいっぱいだね」(1964年、西宮球場で)＝本人提供

済んだんだよ」。下半身も使って、投げたから。

病床でかけてくれた言葉が胸に残る。「ブレーブスに貢献したな。いつも見てたぞ」。

「何事にも全力で」貫いた

西宮球場で撮った、ユニホーム姿の写真がある。入団記念の一枚だった。

翌一九六五年、遠征先にふらりと中西哲郎が来た。京都・峰山高野球部の監督だ。芽が出ない教え子を激励してくれるのかと思えば、「西本監督にお会いしたい」と言う。初対面ながら、旅館の一室で長く話し込んでいた二人が印象深い。

数年前、九〇歳を超えた中西を訪ねると、「あの日のことは、忘れもせんよ」と半世紀前の記憶をたどってくれた。「大監督に持論をぶたせてもらったわ。『人間としての基礎を大切に、と生徒を育ててます』って」。

礼儀を重んじること。どんな時も腐らず、何事にも全力で取り組むこと。金田も高校時代にたたき込まれた教えだった。

そんな恩師の思い出話を聞きながら、ハッとした。よみがえったのは「カネ、ええ人にお前は教わったんやな」と感心していた西本の姿だ。あの指導者に薫陶を受けたのなら間違いない、と僕を見込んでくれたのかも知れない。日の当たらない裏方仕事でも、きっとおろそかにはせんはずだ、と。

若き日の白黒写真を眺め、「僕の顔、夢と希望に満ちてるね」と金田は笑う。二軍で三試合。プロでの登板記録は、これが全て。でも、誇らしい。何万球、打撃練習で腕を振ったろう。何千試合、スコアラー席で記録したろう。常に前向きに務めたつもりだ。

母校の野球部でコーチもした。気付けば、自分も後輩部員たちに「何事にも全力で」と説いていた。

空から闘将は見てくれているだろうか。カネよ、わしの目に狂いはなかったわ――と。

第8章

応援のトランペット　松本誠次

●松本誠次（まつもと・せいじ）

1960年生まれ。吹奏楽部の強豪、西宮市立今津中学校を経て「阪急商業学園」（廃校）へ。阪急百貨店に入社後、ブレーブスを応援するラッパ隊の一員として球場に通い詰めた。現在は「西宮阪急」の紳士服売り場で働きながら、百貨店の吹奏楽団でトランペットのパートリーダーを務める。

応援で吹き鳴らしたトランペットは、今も現役。「ラッパ隊」のおそろいだったジャンパーも宝物だ（西宮市の「西宮阪急」で）

誇り高き奏者たち

〽晴れたる青空　我らのブレーブス――

ラッキーセブンに歌う応援歌は、西宮球場を埋めたファンの特権だった。高らかに前奏が流れると、常勝軍団への愛に胸が震える。

攻撃時のコンバットマーチは、勇ましく、そして流麗だった。沸き起こる手拍子。ナインはカーンと快打で応えた。

一二球団で最高と誉れ高かった演奏の担い手は、阪急百貨店の吹奏楽団。いつも全国コンクール上位に君臨する精鋭たちだった。

球団の身売りとともに「日本一」の音色が球場から消えて、もう三〇年。「演奏していたメンバーで今も売り場に残るのは、僕だけになりました」と語るトランペッターがいる。

松本誠次（五八）。日本シリーズでも「愛器」を吹き鳴らした。

次なる物語は、今も熱きハーモニーを胸に秘める百貨店マンを「コンサートマスター」に迎えたい。さあ、晴れたる空に響かせてもらおう。勇者たちを躍らせた、進軍のラッパを――。

高い天井から、やわらかな照明が降り注ぐ。化粧品や宝飾品、しゃれた雑貨や和洋の菓子。広い売り場巡りを楽しむ客たちの顔は、どれも笑みに満ちている。

西宮ガーデンズ内にある「西宮阪急」。その一階で、待ち合わせた。

「こんにちは」。時間通りに松本は現れた。細身のジャケット。華やかな店に、渋いたたずまいが似合う。ここには二〇〇九年から勤務しているという。

「あの頃のことは、今でもつい昨日の話みたいですね。ふと思いますよ。『昔はここに球場があったんやな』って」。涼しげな笑顔で、フロアを見渡した。

吹奏楽の祭典で行進する「阪急少年音楽隊」。大半が阪急百貨店に就職し、ブレーブスの応援演奏に加わったメンバーも。1960年代の撮影と思われる（西宮球場で）

　バックヤードの一室へ通してくれた。テーブルに置いたトランペットが、鈍く銀色に光る。メッキが所々はがれている。「汗でね。長く使ってきましたから」。細い指で、そっとなでた。

　百貨店の高校生楽団「阪急少年音楽隊」を経て、一九七〇年代後半から球場へ応援に行った。薄暗いスロープを上がり、内野の二階がブラスバンドの指定席だった。グラウンドの土が風に舞い、楽器に降り注いだ日もある。

「暑い日は金属が伸びて音が低くなるんです。逆に寒いと、縮んで高くなって。微妙に調整しながら吹きましたね」。仕事柄だろう、ソフトな語り口で屋外演奏ならではの思い出をたどる。

　全ての曲目を指が覚えている。選手ごとのマーチは「吹きながら各自で編曲して、自然にハーモニーになりました」。息はピッタリだった。

「最近、特に思い出すのはね……」と、口ずさむ。

〽カープ　カープ　カープ広島　広島カープ――

八四年だった。赤ヘルの応援歌を、日本シリーズのエール交換で演奏した。時は移ろい、その市民球団は人気、実力ともに充実の春を謳歌する。片や勇者は伝説のかなただ。

「寂しさは癒えませんね。絶対に埋まりませんわ、心の穴は」

トランペットにトロンボーン。時にチューバやドラムも加わった。それぞれの売り場からはせ参じ、そろいの赤いジャンパーに身を包んだ。「気合が入りましたね。『さあ、戦うで』って」。楽器は戦友だった。

松本が吹き始めたのは、西宮市南部の今津地区で過ごした子ども時代だった。「地元にブレーブスってチームがあることも知らんかったなあ」。そんな球団を応援する運命は、ある熱血教師との出会いによって導かれた。


「お前は吹奏楽部や」

「得津《とくつ》先生が『すぐ来い』やって」

同級生の吹奏楽部員が、体育館まで松本を呼びに来た。西宮市立今津中一年の秋。剣道部に入って、半年が過ぎた頃だった。

音楽準備室では、口ひげにサングラス、小太りの音楽教師が額に青筋を立てて仁王立ちしていた。その横では、三年生の兄がトランペットを手にうなだれている。

瞬時に松本は悟った。「ああ、ついにバレてしもたか」。部員の弟、妹も強制入部――。そんな吹奏楽部の不文律に反したことが、だ。「お前が来たら、やりにくい」と部の中心メンバーだった兄に言われ、弟であることを隠し通してきたのに。

ゴン、と降ってきたゲンコツに続き、差し出されたのはトランペット。小学校の音楽隊で吹いていたことも、既に知られているらしい。恐る恐る音階を鳴らすと、「吹けるやないか。今日から、お前はうちの部や」。そのまま剣道のはかま姿で練習に加わらされた。

竹刀の素振りに明け暮れた半年間を経て、その日は初めて面を着けられることになっていた。

「でも、文句なんて言われへんのです」。

何しろ、相手は得津武史。今津中をスパルタで鍛え上げ、生涯で一五度の全国最優秀に導いた猛練習の日々が始まった。「ブラスバンドの鬼」の名は津々浦々に鳴り響いていた。

その後、部の事情でホルンに転向させられても、従うほかなかった。「同じ楽器でも、ピストンを押す指は逆の左手に変わる。『右バッターが『左で打て』って言われる感じかなあ。理不尽やけど、必死でしたよ」。

えっ、校舎が西宮球場？

休みは盆と正月だけ。顧問の得津は、鉄拳も辞さない。「先生も必死、僕らも必死。食らいついていきました」。全国コンクール金賞にも貢献し、もっとうまくなりたいという思いが強まった。

その恩師の勧めもあり、松本は進学先に「阪急商業学園」を選んだ。全国的にも珍しい、阪急百貨店の企業内高校。全員が吹奏楽部で活動する男子校だった。

今津中OBも多い。神戸まつりや、川西市の多田神社で行われる「源氏まつり」でパレードする姿に憧れていた。

大阪で入試を受け、一学年二〇人足らずの狭き門を無事に突破した。ところが、初めて訪れたキャンパスに面食らう。「校舎が西宮球場やったんです」。

内野スタンドを支える建物の五、六階部分に教室と職員室があった。少年野球をかじった程度で、西宮にあるプロの球場は甲子園だけと思い込んでいた。「球場で机を並べて勉強やなんて、僕らだけでしょうね」。

百貨店員を養成するための学校だから、規律や上下関係が厳しい。七三分けの髪に、士官帽。学生服の襟はピシッと閉めた。

喫茶店もダメ。今津の駅前で買い食いする姿を見られた日は、大目玉を食った。「行くぞ」と、先輩が西宮北口駅前の中華料理店に誘ってくれるのが、唯一の息抜きだった。

そんな学園生活の励みは、登校すると聞こえてきた打球音。打撃投手を相手に、朝一番から選手が打ち込んでいる。「これがプロか」となった。

狭い教室 育んだ一体感

常勝ブレーブスの祖が西本幸雄なら、「阪急少年音楽隊」として活動する阪急商業学園にも

「闘将」がいた。

　隊長で、学園長でもある鈴木竹男。指導は厳しいが、生徒の出す日記に返事を欠かさなかった。演奏会への緊張で不眠を明かす松本のノートに、「牛乳をぬくめて飲め」。立ち通しの練習に疲労を訴えると、血流改善に逆立ちを、とつづってくれた。「まあ、基本は『根性や』でしたけどね」と松本は苦笑する。

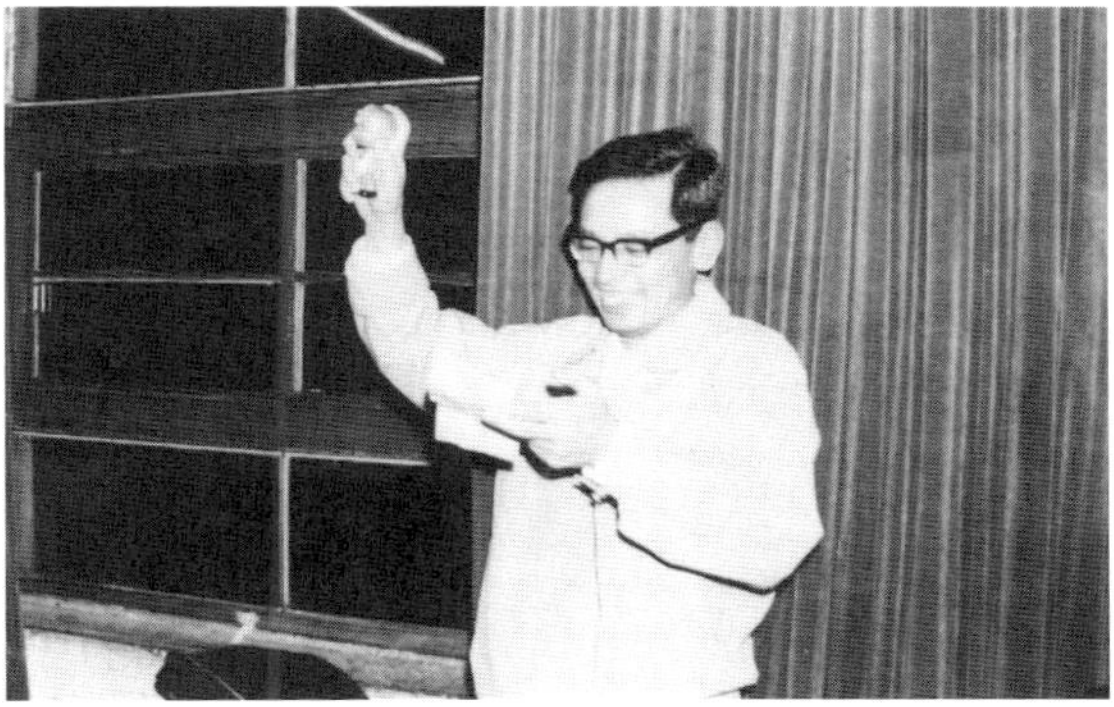
右田和広が残していた鈴木竹男の写真。「阪急少年音楽隊」が練習していた西宮球場の教室で撮った一枚だ（1969年）

　黒縁眼鏡の鈴木の写真を、別の教え子が残している。一九六九年のクリスマス会での一枚だ。いつも合奏練習をしていた西宮球場の教室で、プレゼントを手にほほ笑んでいる。

「隊長の後ろに写ってる木枠の窓から、西宮北口一帯の住宅街が望めたんですよ」。そう懐かしむのは右田和広（六五）。松本の七期上に当たるトランペットで、写真は一年生の頃のものだという。「この分厚いカーテンを、閉めきって吹くんです。せめてもの防音でね」。

　盆暮れには三年生が周辺を一軒ずつ回った。「大きな音でご迷惑かけます」。頭を下げ、せっけんを渡した。「贈り物なら阪急百貨店で」と、ちゃっかり中元や歳暮の宣伝も忘れなかった。

右田は、連日マーチングを披露した七〇年の大阪万博が胸に残る。阪急少年音楽隊は、それほど評価が高かった。阪急百貨店に就職後はブレーブスの応援演奏にも加わった。「狭くて汚い教室時代からの仲間たちです。音で心を重ねましたよ」。

音色に息づく一体感。「一二球団で最高」のハーモニーには、こんな秘密があった。

盗塁王　廊下で「頑張れ」

阪急商業学園の門をたたくのは、楽器の腕に覚えのある生徒ばかり。それでも、規律や練習の厳しさに挫折していく者も少なくなかった。

初めは一九人だった松本の代は、二人中退している。「一つ上は九人まで減りましたね」。

中学時代に続いてホルンを希望したが、適性を見てトランペットに転向させられた。

マーチングは、西宮球場の隣にあった第二球場で練習する。ナイターがない日の放課後は、がらんとした本球場のスタンドを使えた。「まず、いすを雑巾がけするんです」。昼間はグラウンドが一面の仮設バンクで競輪が開かれている。客がこぼした酒や食べ物の汁で、表面がベタベタだった。

拭いたら足を乗せ、床に手をついて腕立て伏せ。「あれはきつかったなあ」。スロープの通路も筋トレに使う。傾斜が腹筋運動にもってこいだった。

パート別に、スタンドのあちこちで集まる。トランペットの定位置は一塁側内野席だった。グラウンドに向けて吹く瞬間は「スカッとしましたね」。パァーンと音が外野へ飛んでいった。

校舎の廊下は球場につながっている。通路や食堂で、選手と会うのが楽しみだった。

太ももがパンパンの小柄な選手を、同級生は「福本豊やぞ。最高の１番バッターや」と憧れの目で見た。世界の盗塁王は「お前ら元気か。頑張れよ」と笑いかけてくれた。

「みんな気さくでね。自然と大ファンになりました」

指が震えた頂上決戦

練習に励む選手の声や打球音は、授業中の教室まで届いた。

心で念じた。「ナイターで打ってや、マルカーノ」。通路や食堂で会う度、通訳のバルボンと一緒に「ベサメ・ムーチョ、吹いて」と笑う陽気な助っ人が大好きだった。

足立光宏、山口高志の両右腕も、無口でまた格好いい。

「絶対、日本一になってくれ」と願う理由が松本にはあった。阪急百貨店の記念セールに、音色で花を添えたい。入学の前年、球団は日本シリーズを初制覇しており、既にセールでの演奏を経験した先輩たちから聞かされる自慢話が、羨ましくてたまらなかった。

その一九七五年の熱狂が、百貨店の社史に残る。「阪急少年音楽隊のファンファーレで上田監督以下ナインが姿を見せ、梅田駅構内をパレード。五〇〇〇人が見守った」と。

ブレーブスのために、僕もファンファーレを吹くんや――。頭の中は、それでいっぱいだった。

そして、チームは七六年もパ・リーグを制し、巨人との頂上決戦に駒を進める。その大舞台でも演奏することになった。みんなでスタンドへ。宙を舞う色とりどりの紙テープ。大観衆の三三七拍子。「いつもと全然ちゃうやん。ほんまに西宮球場やろか」。胸が高鳴る。チェンジで勇者たちが守備位置に就く間が、出番だ。米国のプロスポーツの試合で演奏されていた曲を選び、次々と披露した。

「手拍子に負けんよう、思いっ切り吹きました。興奮で指が震えましたよ」

「どやっ」と勝ちどき

「これが日本シリーズか」。勝った試合の後は、応援歌を二コーラス。高らかな前奏で空を震わせる。西宮球場に地響きのような歓声が湧いた。

〽勝利を目指して鍛えし技を　この日も示さん――

大合唱の勝ちどきを演奏でリードし、「誇らしくてね。『どやっ』て感じでしたよ」。一体となる観客席にじんときた。

勇者は初めて巨人を倒し、V2を達成した。阪急百貨店の記念セールで開幕のファンファーレを吹くと、くす玉が割れた。「球場がそのまま移ってきたような大騒ぎやったなあ」。一九七六年の興奮を、松本は忘れない。

阪急商業学園の三年生となった七八年には、応援テーマ「若い阪急」のレコーディングにも参加した。公募で詞がつき、「ヤング阪急」の名でも愛された。

〽阪急は強いぞ　みんなみんな　若いんだ――

メロディーを手掛けたのは宝塚歌劇の作曲家。関西学院大のグリークラブが歌い、宝塚市にあった宝塚映画製作所の古いスタジオで録音した。

後に球場での応援演奏が本格的に始まってからは、売り出し中の選手らの共通マーチとしてこの曲を使った。自分専用の曲で打席に立てるのは、主力だけの特権。力を認められた証しだった。

「はよ大物になって、『ヤング阪急』を卒業してや」。チャンスをつかもうとする若手に、松本はそう願いながら音を飛ばした。自分だけの曲が初めて披露されると、その選手が胸を張ってグラウンドから見上げてくれるのがうれしかった。

「応援冥利に尽きましたね」

「西宮球場に帰れる」

阪急商業学園の卒業生は、阪急百貨店に入社する。松本は一九七九年の春だった。「西宮球場の校舎を離れるのはつらかったなあ」。

食堂部に配属され、梅田本店の食堂街へ。主に、カレーで有名な大食堂でウェーターをした。昼夜の食事時や休日は大混雑で、「目が回るとはこのことか」。息つく間もなく、七〇〇席の大フロアを走り回る。

夜は週二回、社内の吹奏楽団で練習だ。六〇人の団員は学園の先輩ばかり。「球場の教室そのものや」と懐かしかった。トランペットを吹けば、疲れも忘れた。

秋の全日本吹奏楽コンクールが近づいた頃、思いがけない連絡を受ける。

百貨店でブレーブス応援団部を結成する、と。吹奏楽団のラッパ隊に加え、チアリーダーも募るという。「また西宮球場に帰れる」と胸が躍った。

それまでにも先輩有志が交代で足を運び、応援歌を吹いていた。でも、急な残業もあるし、京都の店舗などで働く者もいる。試合に間に合わないこともあった。そこで、演奏メンバーを常時確保し、業務の一環として派遣する本格的な態勢を敷くらしい。

前年の日本シリーズでヤクルトに苦杯を喫し、勇者はV奪還を目指していた。ただ、吹奏楽団もコンクールでの金賞奪還を期しており、「練習に専念したいのに」と渋る先輩もいた。

日替わりでの球場行きを選ぶこともできたが、松本は常時派遣の「レギュラー組」を志願する。

「ブレーブスが大好きですから」。

社達で「仕事を終えよ」

「社命でブレーブスを応援できるなんて最高や」。心の浮き立つ日々が、入社半年の一九七九年秋に始まった。

出向くのは本拠の西宮球場と、比較的近い京都の西京極球場。デーゲームだと、さすがに職場を抜けられない。中元商戦の繁忙期も、職務優先だった。

「楽しみでね。『社達』の来る瞬間が」。ナイターに備え、食堂部の上司あてに社内通達の文書が届く。松本は午後四時までに仕事を終えよ、と役員名で記されていた。

大忙しの夕食時を前に、大食堂を離れる申し訳なさもある。でも、同僚も勇者のファンが多い。

「頑張ってや」と送り出され、電車に飛び乗った。

通常はトランペットとトロンボーンが三人ずつの「ラッパ隊」。婦人服や食料品、進物、家庭用品……。様々な売り場の担当者による編成だった。

物流部門で検品や出荷作業を担う者もいれば、本店屋上のペットショップで働く者もいた。「クワガタや金魚も売ってました。あ、それから伝書鳩も」。

西宮球場二階席の一、二列目に陣取る。コンバットマーチを奏でると、「打席からニコッて選手が見上げてくれて」。かっとばせ、と思いを込めた。

屋外だけに、音の分散には要注意だ。一つ一つの音にメリハリをつけようと心掛け、三本のピストンを操った。

「コツがあったんですよ。正面のレフトスタンドへ向けて、真っすぐ音を飛ばすんです」。きれいに跳ね返って、反響してくれた。

「我らラッパ隊」の意地

全日本コンクールで三年ぶりの金賞返り咲きに加われたことで、心に区切りもついた松本は吹奏楽団をやめた。入社一年目の一九七九年末だ。

掛け持ちしていた軽音楽部に、専念し始めた。「ずっとジャズに興味があったんです」。

ブレーブスの応援は、やめない。年齢に違いはあれど、同じ阪急少年音楽隊で鍛えられた仲間たちとの演奏は息ピッタリで、心底楽しかった。

思い切り吹く球場での癖が染みつくと、音の繊細さを忘れかねないが、「吹奏楽団をやめて、その心配も消えました」。気兼ねなしのフルボリュームだった。

スタンドでも、上下関係の厳しさは学生時代のまま。ある後輩は巨人ファンだったのに、先輩たちに命じられ、西宮球場でいつも吹いている。「あいつ、腹では『何で好きでもない球団の応援せなアカンねん』って思ってたやろなあ」と今もおかしい。

試合中に水を飲むのは厳禁だった。バテるから、と許してもらえない時代だ。「まるっきり体育会系なんですよ」。

喉はカラカラ。七回くらいから唇が熱を持つ。試合後のビールを思い浮かべながら、リップクリームでしのいだ。唇がバテたら、腹に力を入れて根性で吹け――。そうたたき込まれていた。どんな時も、演奏の質は落としたくない。我ら阪急のラッパ隊、と意地がある。

ただ、加藤秀司の打席はヒヤヒヤだ。右へ左へファウルで逃げる。その間もマーチは休めないから、「はよ、前へ飛ばしてくれえ」。唇がジーン。「そういう時に限って、最後はあっさり三振やったりね。ガックリきたなあ」。

ヤジに学んだプロ根性

「新しい楽譜は、試合前のスタンドで渡されるんです」。簡単にその場で練習しただけで、本番でパッと合わせた。雨や寒さには指がかじかむ。夏場の試合中はダウンする者もいた。「誰か倒れたら、その分は全員で音量を上げてカバーしてましたね」。

風の強い日は楽譜が飛ぶ。砂やほこりで目が痛かった。

それでも緊張は切らせない。本塁打が出れば、球団の応援歌。安打や凡退など試合の状況が移り変わる度、局面に応じた曲へと瞬時に切り替えた。

「強いチームにふさわしい演奏をせなアカン」がメンバーの合言葉だった。「ブレーブスに負けず僕らもプロやないと、って思ってました」。

さすがに少し息がずれる時もある。すると、すかさず一階のスタンドから「おーい、合《お》うてへんぞ。酒が足らへんのか」とちゃちゃが入った。

私設応援団「八二会」を率いる今坂喜好だ。背中に勇者のワッペンが付いた、赤い陣羽織の人気者。ラッパ隊の演奏も、下から仕切っていた。打席の選手にだみ声を飛ばした後、パッと楽器を構えるジェスチャー。「吹け」の合図だ。ジャーンと二階から応えた。

チアリーダーのダンスまで、名物団長はヤジの種にした。「アカンなあ。みな表情が硬い。笑顔や笑顔。ほれ、えっ、がっ、お」。

ファンも選手もふき出す。「何が何でも楽しませたる、っていう根性はプロそのものでしたね」。

西宮球場名物、ヤジとラッパの共演。一緒に盛り上げる絆を感じていた。

即興で編曲「連係」自在

勇者のコンバットマーチは緩やかな曲調が多く、西宮の上品な雰囲気に合った。「即興で遊んで、『編曲』するんが僕らの腕の見せ所やったんです」。

トランペットもトロンボーンも、一人一人が自在に原曲を崩す。隣が高く吹けば、こっちは低く返す……と遊び心たっぷりの連係プレー。自然と絶妙なハーモニーになった。

曲の多くは阪急商業学園の教師らが書いていたという。例えばブーマーのものは、松本も「計算実務」の授業で教わった恩師の作だった。

そんな思い入れもあり、背番号「44」の打席では勝手にソロで「前奏」を入れた。師弟の「合作」に仕立てたわけだ。

♪パッパカ　パッパパ……

勢いがついて曲が始まる。それに合わせ、二メートルの怪人は右打席で肩をいからせる。「打てっ、ブーマー」。松本は、音に心を宿らせた。

その助っ人が三冠王を取った一九八四年、勇者は六季ぶりで日本シリーズに進出する。ラッパ隊の一団は会社から出張扱いを受け、敵地の広島へ乗り込んだ。

そろいの赤いジャンパーで市民球場に陣取った。ブレーブスの応援は、内野席のほんの一角だ。座席も通路もぎゅうぎゅう詰め。「前の背中に楽器が当たってね」。顔を横に傾けて、窮屈に構えた。

試合前のエール交換で、相手の応援歌を吹き鳴らした。

〽カープ　カープ――

どんな曲でも、一発で吹けた。「さあ、正々堂々と戦おうや、と思いを送ったんです」。

広島の「熱」よみがえる

広島の秋空に披露した、カープの応援歌。「よっしゃ、ラッパで先取点や」と指が躍った。すると、野太い合唱が返ってきた。

〽頑張れ　阪急応援団――

選手は寝とけ。そんな相手スタンドからのカウンターパンチに、一本取られた形だ。「ごっつい一体感やな。負けられへんぞ」と松本は腹を据えた。

勇者の快打や美技に、誇らしさで音も弾んだ。「うるさいのう」と怒号を浴びても、ひるまず胸を張って吹いた。

宿舎はすぐ近くだが、トラブルを避けるため、往復はバスだった。警備員に見守られながら乗り降りした。

上司からは厳命されていた。外出は必要最低限に。外出先で野球の話は禁止。話す時は標準語で、と。でも、夜のお好み焼き屋で仲間と酒も入り、つい関西弁がポロリ。「ええ試合やったなあ」「明日も一気やで。優勝や」。

その時だ。カツーンと、店主がヘラで鉄板をたたいた。「兄さんら、やめんさいや。ここはカープの街じゃけ」。ブレーブスが逆王手をかけた日の思い出だ。

慌ててかき込んだ広島焼きの味は覚えていないが、「カッと熱い日本シリーズ独特の興奮は忘れません。僕らも戦いの場におるんや、って」。

そんな一九八四年の熱が、最近は特によみがえる。赤一色で染まる広島の街に、「カープ女子なんておらんかった頃と、熱狂ぶりは同じやな」と。一途にチームを愛し、選手と戦える幸せが、羨ましい。

雌雄を決する頂上決戦は、ラッパ隊にも晴れ舞台だった。もう一度、吹きたかった。

百人力の音色で勇気を

四度目の日本一こそ逃したが、一九八四年のパ・リーグ優勝セールは活気があった。阪急百貨店は人、人、人。「片っ端から反物がなくなるんや」。呉服売り場で働くラッパ隊の先輩は、目を丸くしていた。どの売り場も「店が元気になるなあ。毎年優勝してほしいわ」と同僚が走り回る。

食品部に異動し、地下の食料品街で鮮魚を担当していた松本も、大忙し。飛ぶように魚が売れてうれしかった。

反面、複雑な思いもあった。「これだけの人がブレーブスの応援に来てくれたらええのに」と。普段、西宮球場は選手同士のヤジが聞こえるほど空席だらけ。飛んできたファウルボールは記念品と交換してもらえたが、攻守交代でトランペットを休める時まで待ってから拾い上げた。奪い合う客も、いなかったから。

その分、勇者を百人力のマーチで奮い立たせたかった。リードを許す試合では、ラッキーセブンの応援歌にいつもより荒々しさを加えた。「さあ逆転や」とムチを入れるためだ。

「ここに僕らがおるぞ」の気概は強かった。「信じてましたからね。『ラッパでブレーブスをまた日本一にするんや』って」。

百貨店の社員野球では、こうはいかない。売り場ごとにチームがあり、河川敷の対抗試合に演奏で駆り出された。「いけ、ディナーズ」と食堂部を応援するが、音が乗らなかった。「勝手がちゃうわ」と苦笑い。「西宮球場ではアドレナリンが出てたんかなあ」。

兄と共演「最後」の夏

尼崎市にある園田学園の校舎を借り、阪急百貨店が新入社員研修をした時期がある。演奏やチアリーディングを披露しに赴き、応援団部に勧誘した。「選手に会えるよ」と。実際、キャンプでは勇者たちと触れ合えた。仲間で休みを合わせて高知へ飛び、球団の宿舎へ。バレンタインのチョコレートを贈るため、チアリーダーが若手を呼び出した。するとと、呼んでもいないのに福本までニヤニヤとロビーに現れた。「すんません、ふくもっさんのチョコは無いです」と謝ると、「なっ、なんやてぇ。一番大事な人に」。お約束で大げさにずっこける姿に、全員ふき出した。

「お前ら出入り禁止や。帰れ帰れっ」。怒ったふりをしながら、世界の盗塁王はまたニヤニヤ。大ベテランになっても、気さくさは昔のままだった。

ラッパ隊にとっても、キャンプは勝負の場。紅白戦が吹き始めになる。「さあ、今年も頑張ろ」と気合が入った。

目標にしてきたトランペッターがいる。今津中の吹奏楽部でエースを務めた二つ上の兄、浩昭。

高校時代からキャバレーで演奏のアルバイトをしていたほどで、音大を中退してプロに。有名劇団や歌手の公演で活躍するなど、業界ではよく知られた存在だ。

一度、西宮球場の演奏に加勢してくれたことがある。「やっぱり音のパワーが全然ちゃうわ」と横で感心していると、ブーマーが特大の場外弾をガツン。

「あのホームランは兄貴の音の力で飛んだ、と信じてます」。一九八八年夏の兄弟共演が懐かしい。勇者を応援した最後のシーズンだ。「一〇・一九」が、迫った。

夢絶たれた「一〇・一九」

ブーマーの場外弾を一緒に見た兄は、実は阪神ファンだった。日本一の一九八五年には、甲子園でもトランペットを響かせたようだ。

「六甲おろし、思いっきり吹いたったわ」。そんな自慢話を松本は羨ましく聞き、「気持ちを高めましたね。『僕も日本一の応援歌を吹くで』って」。

でも、夢は突然絶たれる。

「おい松本っ、球団が身売りするってホンマか」。百貨店の食料品売り場で先輩に問われ、つくだ煮を陳列する手が止まった。意味が理解できないまま、社員食堂のテレビへ急ぐ。球団譲渡のニュースが流れていた。

八八年一〇月一九日だ。ただ、立ち尽くした。うそやろ、と。

四日後の最終戦は、西宮球場で吹いたはずだ。でも、記憶がすっかり抜け落ちている。

数日たって梅田で応援団部の「解団式」があった。ラッパ隊で応援歌を吹き鳴らした。「涙、涙でね。ブレーブスを奪わんといてくれ、って」。選手も何人か来てくれた。惜別の音色に、みんな泣いた。

心に穴が開いたまま、売り場で笑顔を作るのがつらかった。引き続き応援に行ってもいい、と会社は言うが、とてもそんな気にはなれなかった。

ブレーブスを忘れられたらどれだけ楽やろ——。今もそう思う。「一〇・一九」が巡る度、指を折る。「あれから、随分たったなあ」と。

ひたすらに、懐かしい。西宮球場の土ぼこりを落とすため、風呂でせっせとトランペットを洗った日々が。

ブレービーよ いつまでも

同僚にオリックスの試合へ誘われても、断り続けた。「もう違うユニホームのチームやから」と。でも、阪神大震災の起きた一九九五年は、応援に行きたい思いに駆られた。

西宮市の自宅で家具の下敷きになり、肩を骨折した。「神戸阪急」の外商部にいた頃だ。無事だったトランペットを何度も手に取った。でも、「やっぱり『阪急ブレーブス』に愛着が強くってね」。踏ん切りがつかず、テレビ観戦した。

ブルーウェーブのマスコット「ネッピー」が画面に映る。大きなお尻で踊る姿に、ブレーブス時代の「ブレービー」の面影を見た。「昔と同じやな」。

姿と名前は変わっても、人形の中に入って演じているのはずっと島野修。元巨人のドラフト一位右腕も華々しい活躍はできず、勇者で引退した。以来、着ぐるみ一筋だった。

「勝っても負けても、スタンドを一つに盛り上げてくれたなあ」。演奏に合わせて楽しく踊り、歓声と手拍子を呼んでくれた。西宮球場で共に応援した日々は色あせない。

グリーンスタジアム神戸に向かう島野と、三宮への通勤電車で度々会った。被災者を沸かすネッピーは、松本を見つけるとほほ笑んでくれた。

心でマーチを贈り返した。「頑張れ、ブレービー」。胸の中では変わらず、西宮球場のアイドルのままだったから。

五九歳の訃報に触れたのは二〇一〇年。松本は今も、ラッパ隊の赤いジャンパーを大切にする。胸のワッペンは笑顔のブレービーだ。

「いつも応援されてる気がします」。勇者たれ——と。

無人のスタンドに応援歌

毎日のように通っていた西宮北口へ、出向く機会はなくなった。それが、思いがけない連絡が入る。「西宮球場で最後のコンサートをやろう」と。

百貨店員を養成する母校の阪急商業学園が、進路の多様化で「廃校」になる二〇〇四年春が近づいた頃だった。卒業生や在校生で、盛大に演奏をする計画らしい。

学び舎だった球場も、取り壊しを待つばかりだった。球団の移転後も競輪や様々なイベントに使われてきたが、二年前に営業を終えていた。

迎えた演奏当日。駅から歩く。構内の地下道を抜け、球場を目指した学生時代やラッパ隊の日々が、胸に去来した。

「昔は、ホームに選手のパネルがあったなあ」。山田久志や福本、マルカーノ……。ずらりと並んだ等身大パネルは顔部分がくり抜かれ、ファンが顔を入れて勇者になりきっていた。何もかも、懐かしい。

グラウンドに一五〇人が集まった。「体育の授業で、ここで野球したよなあ」「そうそう。工事用のヘルメットをブレーブスの色に塗ってな」。楽器を手に思い出話が弾む。

学園長だった鈴木竹男が、サッと指揮棒を構えた。

「前奏を吹いた瞬間、血が沸騰しましたね」。何百回も吹いた、ブレーブス応援歌だ。最強軍団へのレクイエムが、無人のスタンドやベンチに響いた。

選手たちの雄姿をまぶたに浮かべ、松本は音を飛ばした。母校でありラッパ隊の決戦場でもあった球場と、お別れだ。「ありがとう。さよなら」。

「六甲おろし」も吹いた

西宮市内に暮らすが、球場の解体工事を松本は見に行かなかった。思い出は胸にあるから。

誇りも忘れない。「昔はスタンドでいっつも考えてましたね。『他のチームのラッパができんことをしたるんや』って」。

追い求めたのは、音色の質の高さだけではなかった。

引退する西武の田淵幸一が最後に来た日は、「粋に花道を」と惜別の曲を贈った。

〽六甲颪《おろし》に　颯爽と――

球場全体に拍手が響き、元阪神の大打者は笑顔で帽子を振った。一九八四年九月だ。

選手の登場曲も、一工夫。「山口さんちのツトム君」で現れる山口高志は、かわいい曲と裏腹に剛球をズドン。高井保弘ら代打の仕事人たちは「必殺」のファンファーレに快打を飛ばす。盛り上がりは最高潮に達した。

死球やラフプレーで乱闘が起きると、ドラムをドコドコ鳴らして勇者たちに加勢した。相手への敬意も、楽しさも満載の演出をしたかった。「全てブレーブスへの愛ゆえ、です」。

熱意の強さが、ちょっぴり空回りした思い出もある。ある年の高知キャンプでのこと。練習するナインにマーチを吹いた。気持ちが乗り、つい音量が増す。監督の上田利治がマイクで飛ばす指示や叱咤を、かき消してしまった。

「おーい、ラッパのみんなー」と指揮官の声がかかる。「いつもありがとうな。ちと休憩しよか」。

選手と一緒にふき出した。

「熱い熱い日々でしたね。今も僕を支えてくれてます」

「今中魂」迫力の音色

今も少し体調を崩すような時は、ちらつく顔がある。

何ぃ、風邪やとぉ？　このドアホッ。楽器吹いたら治るわっ――。

今津中の吹奏楽部で師事した得津武史だ。ラッパ隊の頃もその教えを守り、少々の熱でもスタンドへ。気合だけで吹ききり、ゲームセットと同時に「先生の大うそつきめ」とフラフラ倒れ込んだ。

軍隊帰りの「ブラスバンドの鬼」が逝ったのは、一九八二年一一月。土砂降りの中、遺言通り「軍艦マーチ」の大合奏で出棺を見送った教え子たちの姿は、今も語り継がれる。

松本は仕事で通夜にしか出られなかった。申し訳なさもあり、その分、ラッパ隊で全力を尽くした。「恥ずかしい音は出されへん。先生にどやされてまう」と。

それは、職場でも同じ。食料品街でも鮮魚を手始めに、干物などの「塩干《えんかん》」、青果、弁当、洋菓子……と担当が変わる度、一から勉強のし直しだった。

焦りが募ると、かつて今津の定食屋へ連れて行ってくれた恩師を頭に浮かべた。「腹いっぱい食えよ」という声に、うまかったオムライス。猛練習に耐えた中学時代の思い出に奮い立ち、また働いた。

そして、西宮球場へ。天まで届け、と音を飛ばした。赤いジャンパーの背中には「Ｂｒａｖｅｓ　阪急百貨店」の文字。「先生、聞いてくれ。軍艦マーチに負けへんで」。

勇者たちを躍らせた、迫力の音色。音の強さで勝負するんや、とたたき込まれた「今中魂」が宿っていた。

盗塁王「覚えてるよ」

赤い応援用ジャンパーを支給されたのは、ラッパ隊でも「レギュラー組」だけ。松本をはじめ、常に球場へ行く四人だ。交代で駆け付ける面々は、貸与品を使い回していた。

「だから、僕は会社に返さずに済んだんです。思い出だらけやし」。長くたんすに眠っていたが、一〇年ほど前に日の目を見た。合併で「阪急阪神百貨店」が誕生した頃だ。

合併相手にブレーブスが大好きだったという外商部員がいた。「何で阪神に入ってん」とおかしかったが、その仲間たちを交えて語り合うことになった。一〇人ほどが自慢の勇者グッズを手に集まった。福本豊の知人が経営していることで知られる、西宮市のバーだ。

ユニホームはもちろん、直筆サインの色紙やボール、昔の雑誌……。そんな筋金入りのファンたちが、ラッパ隊のジャンパーにうなる。「ああ、西宮球場のにおいや」と、頬ずりせんばかりに懐かしんでくれた。

そこへ突然、世界の盗塁王が現れたものだから、グラスを落としそうなほど驚いた。店からの連絡で駆け付けてくれたようだ。「僕、ラッパです」と松本は声が裏返った。「うん。覚えてるよ」。

ぐっときた。ジャンパーの胸にペンを走らせてくれた。昔は「いつでも頼めるわ」と思っていたのに、初めてもらった勇者のサインだ。

「ホンマに世話になったなあ」。ニカッと感謝され、松本の指がうずいた。あのマーチを、また吹きたくて。

〽走れフクモト　１０００盗塁　走れフクモトォ――

西宮球場　ずっとここに

「西宮阪急」への異動は二〇〇九年秋だった。西宮ガーデンズにある。「ホンマにここに球場があったんやろか」と巨大な商業施設を見上げた。

戸惑いも抱えつつ、思い出の地で働き始めた頃のこと。大阪・早稲田摂陵高校ブラスバンドの演奏会に招かれた。なくなった阪急商業学園の運営を引き継いでいる。

「ブレーブスの応援歌をご披露しますので」と連絡をくれた吹奏楽の教師は、母校の一〇期後輩だが、実際に試合のスタンドで吹いた経験はない。

応援歌で心掛ける点は。そう助言を求められ、松本は即答した。「歯切れ良く。そして堂々と、や」。

当日は、五〇人ほどの阪急少年音楽隊ＯＢが二階席を埋めた。勇壮な前奏が始まった瞬間、松本はラッパ隊の赤いジャンパーを着込んだ。

〽晴れたる青空　我らのブレーブス――

二階席は大合唱。腹の底から歌って、泣いて、スッとした。

それからしばらくして、西宮阪急の楽器経験者でバンドを組んだ。一一年秋には開店三年記念として、店の入り口前でミニ演奏会を開いた。

最後の一曲に、やっぱり応援歌を選んだ。聴衆の中で、大きな球団旗が揺れていた。インターネットでの告知を見て、ユニホーム姿で駆け付けてくれたファンだった。スタンドで振っていた旗だろう。随分と年季が入っていた。「勇気をもらって吹きました。歯切れ良く。そして堂々と、ね」。

松本は今、日々感じる。「西宮球場は、ずっとここで生きてるんや」と。僕は、勇者たちのいた地で働いている、と。

ラッパ隊の灯 消すまい

今日も、西宮北口駅から歩く。「もえたつ緑」とブレーブスの応援歌にうたわれた、街並みを楽しみながら。

西宮球場には、苦い思い出も残っている。

阪急商業学園の三年生で出場した吹奏楽の祭典で、ソロを任された。一九七八年だ。マウンド横で堂々と吹いたが、最後の音が外れてしまった。「ショックで寝込みましたよ」。

時が過ぎ、二〇〇五年四月。元学園長の鈴木竹男が逝った。病室に見舞うと、混濁した意識の中で「松本よ、ソロは……うまいこと吹けたか」。

ハッとした。とっさに「はいっ先生、大丈夫ですっ」。涙があふれた。僕の痛恨のミスを、先生はずっと一緒に背負ってきてくれてたんか、と。

音にかける心構えを、伝えていけ――。そんな使命を師から託されたと感じる。

今は、百貨店の吹奏楽団へも復帰した。一時は減っていた団員も、増えてきた。「復活させたいなあ。また全国コンクールを目指しますよ」。

ラッパ隊の誇りも強い。

九年間、球場に日参した四人の「レギュラー組」も、退職したり亡くなったり。「あの頃は楽しかったなあ」と言い残して逝った先輩もいる。店頭に残るのは、西宮阪急四階の紳士服売り場に立つ松本だけ。勇者の灯を消すまい、とずっと吹いていくつもりだ。

一六年一一月には、開店八年イベントの一環として店内の特設舞台でソロ演奏した。応援歌も吹いた。口ずさんでくれる人もいて、音に心を乗せた。「ブレーブスを忘れんといてくれ」と。

銀色のボディーに西宮球場の歓声が染みついたトランペットは、米国の名手セバリンセンのモデル。ラッパ隊で吹き始めたばかりの二〇歳の頃に、ボーナスをはたいて買った。ほぼ四〇年来のパートナーは「僕の体の一部ですね」。

その収納ケースで、チェーンのさびたキーホルダーが揺れる。スタンドで拾ったファウルボールと引き換えに、もらった記念品だ。表面に刻まれたブレービーの笑顔に、胸が熱くなる。

仕事から帰ると、ラジオを野球中継に合わせる。解説する福本の声にホッとひと息。「ブレーブスはみんな、ずっと僕の英雄や」。心でコンバットマーチを贈り続けている。

番外編③ 久保田運動具店

繊細な要求 全力で応え

勇を鼓して飛び込んだロッカールームは、選手たちの熱気に満ちていた。奥には梶本隆夫、米田哲也の両エースら重鎮がどっかり。道具を売り込もうにも「圧倒される思いでした」。父が創業した野球用品メーカー「久保田運動具店」の新米営業マンとして、会長の久保田啓夫（七三）は一九七一年秋に西宮球場へ通い始めた。

南海や近鉄、西鉄は自社製品を愛用してくれる選手も多かったが、ブレーブスはある国内大手が一手に受注していた。「若さに任せて勝負をかけたんです。うちは社員も少ないし、『開拓者精神や』ってね」と振り返る。

生まれも育ちも西宮市の阪急沿線。幼い頃からスタンドで応援した愛着あるチームで、自社のグラブやスパイクを使ってほしかった。

品質には自信がある。ならば他社にできないサービスの追求をと、選手の要望に応える時間の短縮に取り組んだ。

代表例がバットだ。使い具合に注文がつけば、通常は遠方の製造工場へ送り返すから、微調整に数日を要す。「うちは即座にやろう」と考えた。

そこで、ろくろ状に高速でバットを回す「削り機」を特注で製作し、大阪の本社に置いた。刃の交換だけで、先端を瞬時にくり抜いたり、グリップエンドを整えたり。ヤスリで、握りも細くできる。

新品を試し打ちした4番の長池徳二に「一〇グラム軽くできる？」と問われた日は、会社へ戻って作業をし、球場へとんぼ返り。ナイターに間に合わせた。

「右手部分をひと皮薄くしてや」といぶし銀の大熊忠義に頼まれた時は、「削り過ぎて『ふた皮』にならんように」と神経を使い、ヤスリを当てた。

西宮球場に通った日々を懐かしむ久保田啓夫。本社にある「バット削り機」は今も現役だ（大阪市北区で）

選手がプレーに全力を注げるよう、繊細な要求に徹底して応えたかった。試合直前に福本豊のグラブの革ひもが切れ、スパイク用のひもで応急処置した日もある。

自社ブランド「スラッガー」のバットを使う選手がスタメンに並んだ試合を忘れない。「1番から9番までズラッとうちのバットですよ。誇らしくてねえ」。

いつしか、練習球の大量注文を受けるまでになった。選手や球団との信頼関係を思い起こせば、胸が熱くなる。

ただ、そこに至れたのは監督の西本幸雄が橋渡ししてくれたからこそ、という。「久保田の息子やな」と居並ぶナインの前でほほ笑みかけてくれたのは、球場に出入りし始めたばかりの頃だった。アマ球界で鳴らした父と、社会人時代に相まみえた経験があったらしい。その縁で手を差し伸べてくれたのか。

今も感謝を胸に、「朝礼で『失敗を恐れず挑め』って話すんです」。闘将や勇者らと絆を築いた開拓者精神だ。

バット削り機は四〇年を経ても元気に働く。若い社員が作業をし、飛び出していく姿にかつての自分を重ねる。営業マンとして七年間、ブレーブスと過ごした。

「黄金期に触れた、僕の青春時代です」

第９章
いぶし銀のつなぎ役　大熊忠義

●大熊忠義（おおくま・ただよし）

1943年、満州（現中国東北部）生まれ。大阪府羽曳野市で育つ。浪商高３年の夏、全国高校野球選手権で優勝。近畿大を中退して64年に入団し、72年から福本豊と１、２番コンビを組む。左翼での堅い守備でも、75年からの３年連続日本一に貢献した。81年に引退。美声でも知られ、レコードも出した。

福本とのコンビで輝いた。「チームが勝つためや」と黒子に徹し、黄金期を支えた（一九七六年）＝『阪急ブレーブス五十年史』より

フク生かし俺も生きる

名は体を表す、という。

一九七〇年代、黄金期を謳歌したブレーブスの2番打者。「忠義」という名だった。

四球で出た福本豊と、右打席から目で会話した。走る気満々なら「行け、フク」。盗塁王のスタートが少しでも遅れたら、カットで救う。二盗の後は右へ転がし、三塁に進めた。

そこで犠飛が出れば、一丁上がり。勇者のお家芸「ノーヒットでの先制点」は、自己犠牲の精神に身を固めたつなぎ役がいればこそ、だった。

「ファウルやセカンドゴロならなんぼでも打つ」と豪語した大熊忠義（七六）。まばゆさはなくとも、ピリッとした仕事で渋く銀色の輝きを放つ。最強軍団に欠かせぬ小兵だった。

ここからは、名前通りにチームに尽くした忠臣を主役に迎える。つないでくれ、とは言わない。気持ち良く振り回してもらおう。

「2番・レフト、大熊。背番号12」――。

ハイキングの人々でごった返す、阪急箕面駅前。紅葉の名所として知られる箕面大滝まで続く歩道を、その人は軽快な足取りで下りてきた。

「大にぎわいやなあ」。少しふっくらした感じだが、ランニング好きで知られた現役時代から、健脚は衰えていないらしい。

長く大阪府箕面市に住む。起伏に富む往復六キロ近い滝道を、昔はよく同い年の4番長池徳二と走り込んだ。「自主トレでね。スポーツ新聞に『名湯で湯治』なんて人気球団の選手の記事が載ってたら、何くそ、って」。

沿道の土産物店には、ずっとブレーブスの帽子姿で名物のもみじ天ぷらを揚げる高齢の店主がいるという。「そのオッチャン、全く俺に気付いてくれへんのよ。一回くらい『あっ、大熊や』って言うてほしいけど、ま、地味な男やからしゃあないね」。

いやらしい。ねちっこい。かつて、くせ者ぶりをこんな言葉で評されたのがうそのような、カラッとした笑顔だ。

高校時代は名門、浪商で甲子園を制し、プロでは通算1073安打を記録した。ブンブン振り回していた頃もあるが、福本という新星の出現を機にスタイルを変えた。

「1000本くらい、なんぼでもおる。でも、フクとコンビを組めた者は他におらん」。世界記録へと駆ける後輩を支えた誇りに、勝るものはない。

「最高の1、2番」と称されるに至った秘訣は――。

「そら、やっぱりファウルやろね。キャンプから、ボールの内側をたたいてカットする練習ばっかりしてたわ」。質問に対しては、「右打ちの職人」も真っすぐ打ち返してくる。

「フクを生かすことだけ考えたわ。二人だけの合図も作ってね。で、自分も生きたんや」。プロ入り後に始めた外野守備も一流だった。常に、求められる場や役割に適応していった。

裏方稼業を貫いた支えは、野球ができることの幸福感だった。黄金期の一員に名を連ねるまでを、「偶然を重ねた奇跡みたいな人生やった」と振り返る。
戦中の中国東北部に生まれた。名を授けてくれた父は、戦地から戻らなかったと聞く。西宮球場へと続く数奇な運命は、母との帰還に始まった。

母に抱かれ海渡った

「命からがら帰ってきたんよ」。物心ついた頃から、母に何度もそう聞かされた。大陸で終戦を迎え、待ち望んだ引き揚げ船に乗り込んだ話だった。百日咳《ひゃくにちぜき》などの大流行で、幼子は日本までもたないと伝わっていたらしい。

現地で「子どもは置いていけ。育ててやるから」と持ち掛けられた母は、迷いながら大熊と、赤ん坊だった二つ違いの妹を抱いて海を渡る。すし詰めの船中で、子どもたちが次々と息絶えるのを、実際に目にしたという。

もちろん大熊の記憶にはないが、母の涙顔に思った。「もし、僕が中国に残されてたら。船で病気にかかってたら……」。家族と生きられること、命があることに、ただ感謝した。

「そら、貧しかったよ。でも、そんなこと何ともあれへんかったわ」

父は帰らない。三人で暮らしたのは、親類のいた大阪府羽曳野市だ。小学生の頃は雨の日も風の日も四時に起き、丘陵地のブドウ畑を縫って朝刊配達の自転車をこいだ。

一〇〇軒ほど回るのだが、「たまに何部か余るねんなあ。『みな配ったはずやのに』ってベソかいたよ」。母に似て小柄とはいえ、足腰が鍛えられた。長距離を走るのが苦にならなくなった。

それが後に身を助けることになる。

野球を始めたのもこの頃だった。地域に孤児を世話する施設があり、そこのチームに加えてもらった。「ルールも知らんかったけど、楽しかったわ」。プロ選手など夢にも思わなかった。

浪商入学も「つなぎ」

中学の野球部では捕手をした。「他にする者がおらんのやもん」という理由だ。

野球より伝書鳩に入れ込んだ。アルバイトをしては友達と競うように買い、気付けば三五羽に。懸命に建てた飼育小屋は「自分の家より立派やったね」。

遠方までみんなで自転車をこぎ、空へ放す。ちゃんと戻って来るのがかわいかった。たまに、よそから付いて来る鳩もいる。それを業者に売り、餌代にした。

甲子園など考えることもない。「卒業したら旋盤工になるつもりやったしね」。それが、同じ野球部から浪商にスカウトされていた内野手が、家業を継ぐために断ったという。

「ほな、自分が代わりに」と軽い思いで申し出た。「お前じゃ通用せん」とあきれ顔の顧問も、最後は折れた。実は、一つ下に有望なバッテリーがいて、そろって浪商入りするのが既定路線だった。「ええか、来年あの二人が入るまで絶対やめるなよ。お前はそれまでのつなぎやからな」とクギを刺された。

今思えば、「あれが『つなぎ人生』の第一歩やね」とおかしい。

講堂での入学式が忘れられない。「野球部に入る者はここに残れ」といわれた。新入生三五〇人のうち、二七〇人が残った。

一年生は連日、球拾いに二〇キロ競走。次々と退部していく。「これはついてるぞ」と大熊は思った。走るのは全く苦にならない。ほぼ毎日、トップだった。

始発に揺られてグラウンド整備に向かい、帰宅するのは日付が変わる頃だった。「つらいはずないやん。辛抱強さだけが取り柄やのに」。

バルボンが「下手やなあ」

走ってばかりの日々に「ライバルはどんどん減るわ、野球がまずいのもバレんで済むわ、大助かりやったね」と笑う。

勉強だけは苦労した。一年生のうちは試験で平均点を取らないと練習を外される。「クラスのヤツに食堂でうどんやカレーをおごって、カンニングさせてもろたわ」。

徐々に球を握れるようになってからも、脱落者は後を絶たない。最後まで残った同期生は四〇人。入部時の七分の一ほどだ。それだけ過酷だった。

母校の中学から予定通りにスカウトされてきた後輩バッテリーも、一週間で辞めた。「つなぎのはずの俺が残ったのにね。分からんもんやで」とおかしい。

人知れず、三年間続けたのが近所の銭湯での素振りだ。深夜まで閉めず、大熊の帰りを待ってくれていた。脱衣所の大鏡を前に一人、裸でバットを振り込んだ。

後に東映に進む一つ下の剛腕、尾崎行雄ら仲間にも恵まれ、最後の夏には全国制覇。夢を見ているようだった。

誇らしい記憶がもう一つ。浪商では、ベンチ入り選手だけが持てる白いバッグがあった。それを提げて商店街を歩くと、「よその野球部がサーッと道を空けてくれてね」。名門の「2番サード」に対する畏敬のまなざし。ただ、当時は打撃も守備もがむしゃらなだけで、粗削りだった。

近大を中退してブレーブスに入った一九六四年、名手ロベルト・バルボンから「あんた下手やなあ、素質ないわ」。ゴロにグラブが上から出ている、と。

「これでも甲子園優勝でっせ」と口をとがらせると、「そら、尾崎の後ろは仕事ないわな」。あれよあれよと飛び込んだ、プロの世界。生きる道探しが、始まる。

一軍合流「行きません」

高校時代から自分に注目してくれていたという。それがブレーブス入団の決め手だ。まだドラフト制度の導入前。「何で阪急やのん」と母は言ったが。

家は近鉄沿線だし、長く近鉄百貨店の食料品売り場で働いていたから。胸の名札を見た客から「浪商のサード、あんたの息子かいな」と聞かれ、「ええ、そうなんですわ」と答えるのが楽しみだったらしい。

入団から数年は西宮北口駅の北側で、夫婦と子二人の家に下宿させてもらった。「すぐそばが商店街でね。活気があったわ」と懐かしい。

朝は二軍戦。時に一軍のナイターにもお呼びがかかった。でも、パッとしない。近大時代に何本か本塁打を打ったくせが抜けず、アッパー気味に振っていた。公称一七一センチ。本当はもっと小さい。「チビがでっかいのを狙うな」と説かれたが、素直には聞き入れられない。

一軍では、出番は大勢が決した後の代打や代走くらい。用具係もいない頃で、ボールやバットを運んでばかりいた。「ふてくされてたわ。若かったね」。

くすぶったまま、時が過ぎていく。尼崎市の園田競馬場に通い詰めた頃もある。

ある日、すぐ一軍に合流するよう電話で告げられた。入団時から気にかけてくれたコーチの関口清治だった。「行きません。どうせ出られへんし」と答えると、「監督命令じゃっ」。

負傷した左翼手、ゴードン・ウインディの穴埋めだという。五年目の一九六八年。これが、思わぬ転機になる。

「一足飛びはないぞ」

日生球場での近鉄戦から合流すると、いきなり1番に入った。ただし、偵察メンバー。相手の先発が右腕なら即、代打を送られてしまう。

登板したのは左の鈴木啓示だった。コーチの関口が飛んできた。「クマ、お前に二打席くれるらしいぞ」。監督の西本幸雄がそう話しているのだという。「チャンスや。最低でも六回振れるから、ゴツンと強く打てよ」。

その言葉で、大熊の心に火がついた。一打席目。コンパクトに振り抜くと、打球は左翼スタンドへ。先頭打者本塁打だ。

「下げんとってくれよ」と願った通り、三打席目ももらえた。食らいついて、クリーンヒット。3打数2安打で試合も勝ち、そのまま一軍帯同が決まった。

その夜、闘将に諭された。「わしやコーチの目は節穴やない。誰から見ても『コイツしかおらん』っちゅう選手になれ。文句言う暇があれば練習せえ。何事も一足飛びはないぞ」。

ぶるっと震えた。「監督、じっと見てくれてたんやな」と。

当時の勇者は、パ・リーグで敵無しとなりつつあった。居並ぶ実力者の陰で、腐っている選手も少なからずいた。

それを見透かしたように、指揮官はよく発破をかけていた。「よそのチームなら出られるなんて思ってるヤツは、どこへ行ってもアカンのじゃ」。その意味が、初めて分かった。

「他の者が寝てる間に」とバットを振るようになった。コイツしかおらん――。そう頼られる選手になりたくて。

外野の奥深さ知る

ウインディ不在の間に、40打席ほどで5割近く打ったと記憶する。「ボテボテのも内野の間を抜けてね。一生懸命やってたら、運も味方するんやなあ」。

そのまま1番での起用が続いた。この一九六八年、ブレーブスはパ・リーグ連覇を果たす。初めてチームの一員になった実感が湧いた。

ただ、巨人に敗れた日本シリーズと合わせ、盗塁死が14あった。成功より多い。「後からフクが入ってきて良かったわ」と頭をかく。

外野守備にも真剣に取り組んだ。競輪場にも使う西宮球場は、グラウンドに特設バンクを置く影響で芝生が荒れるから、最初は慣れなかった。でも、三塁を守っていた頃には送球を観客席に放り込んだこともある。「あの時はすぐ夜行切符を渡されたなあ。二軍に戻ったら『お帰り』って言われたわ」。内野ではメシは食えん、と分かっていた。

「フェンスまで一七歩ある。でかいフライには、後ろ向きに一四歩走ってから振り向け」「センターの守備位置をよう見とけ。それを基準に、両翼は動くんや」

コーチたちのそんな助言を受けながら、ノックの雨を浴びた。「外野も奥が深いんやな」と面白さに気付いていった。

武庫川河川敷も走り込む。同期の高井保弘に「阪急陸上部」とあきれられたほどだ。主砲の長池と特打ちに励んだ。「こいつと同じくらい給料もろたる」とライバル意識があった。ふと見ると、4番打者は内角球に腰を引かないよう、打席に敷いたムシロの隙間にスパイクの歯を入れ、足を固定している。

自分もやってみた。「ボールの内側に右肘を放り込むような感覚やったわ」。後の2番転向の際、これが生きた。

幻のインタビュー

「ちっこいヤツやな」。ドラフト七位で一九六九年に入ってきた新人の第一印象だ。自分より、更に小さい。でも、足では負けたことがないという。走る姿を見ると、それもうなずけた。「ビューンやもん。漫画みたいやったわ」。福本との出会いだった。

最初からコンビを組んだわけではない。この後輩が1番を務め始めた頃、大熊は主に6番で、七一年には3割7厘を記録した。プロでの最高打率だ。

そして、巨人との日本シリーズ。1勝1敗の第三戦で、先制の二塁打を放った。先発の山田久志は絶好調。1―0のまま終盤に入ると、ベンチで広報担当に「インタビュー、ヤマの後はお前やぞ」と耳打ちされた。「ええか、クマ。相手を刺激することだけは言うたらアカンぞ」と。

九回。話す内容を左翼で考えた。カーンという快音で、我に返る。王貞治の逆転サヨナラ3ランだった。その後は、記憶がない。

幻のヒーローインタビューを、思う。たまたま失投を打てただけです――。そう言って、少し胸を張りたかった。

「巨人戦は何から何までよそ行きやったんやね。うちの野球をできてへんかったわ」

また日本一を逃し、阪本敏三が移籍していった。王の前を打つ長嶋茂雄のゴロに届かず、安打にしたためともいわれる。あれを捕ってたら試合終了やったのに、と西本は腹に据えかねたらしい。東映に去った遊撃手の打順が空いた。

「おいクマ」。闘将に問われた。「お前、2番をやれるか」。

パ・リーグ優勝を決め、グラウンドを行進する選手たち。大熊（背番号12）も笑顔で監督の西本幸雄に続いた（1972年９月26日、西宮球場で）＝『阪急ブレーブス五十年史』より

「2番の辛抱料」で昇給

「やれます」。西本に即答した。２番なら高校時代にも経験がある。「何とかしたろやないか」と勢い込んだ。

そして一九七二年シーズンが開幕した。三戦で２本塁打と好調だったが、どうも勝手が違う。自分の前で福本が塁に出ると、どう打とうか考え過ぎてしまう。「６番の頃は、何も悩まんと打ってたからね」。

元々、無心で振るタイプ。ダリル・スペンサーに倣い、仲間がこぞって相手投手のクセを探し始めた頃も、球種を見抜くと「しめたっ」と力み過ぎ、自分には逆効果だった。

同期の高井は観察眼を研ぎ澄ましていたが、「そらブーちゃんは一打席の代打男やし、クセを見る真剣味が俺とは全然ちゃうもん。向き不向きがあるってことや」。

結局、シーズン途中で打順は６番に逆戻り。球団が足に一億円の保険をかけた背番号「７」が、シーズン１０６盗塁という当時の世界記録を樹立した年だ。

その快挙を支えられたとは言い難い。調子は戻らぬまま、打率は2割3分1厘。前年から7分以上も下がった。「軽い気持ちで2番なんか引き受けんかったら良かったかなあ」とふがいなかった。

しかし、大幅減俸を覚悟して臨んだ契約更改で、金額の提示に目を見張る。一〇〇〇万円から六〇〇万円上がっている。このうち二〇〇万円が昇給分だという。「ほな、残りは何でっか」と尋ねると、「2番の『辛抱料』やがな。ようやってくれたな」とねぎらわれた。「うれしかったなあ」。何も考えず黒子に徹する、と自分の道を見つけた瞬間だ。

背番号「7」にお灸

キャンプでファウル打ちを始めた。腕を畳んでバットを出し、球の内側をたたく。ギリギリまで引きつけ、わざと空を切る練習も。「先輩、前に打たへんのなら代わってくださいよ」と若手は不満げだ。「これが俺の練習や」と言い返す。「他の者には遊んでるように見えたかもね。ボールがケージから出んのやから」。

試合で、ほぼ狙ったままにカットでき始めた。右目で一塁上の福本、左目で投手を見る。盗塁を狙う一歩目が「ばっちりや」と思えば見逃すか、捕手を邪魔する空振り。「ちょっと遅れたかな」という時はカツンと逃げた。

ある日、いつものようにファウルを打った試合の後、背番号「7」が寄ってきた。「あの時のスタート、抜群やったですよ」と口をとがらせる。

思わずどなった。「お前のスタートは何百回も見てる。タイミングは俺が一番知ってるわっ」。お灸を据えたろ、と自ら6番に下がった。2番の代役はウイリアムス。気ままにカーンと打つから、アシストを失った盗塁王は走れなくなった。

「クマさん、すんませんでした」。頭を下げられ、ニヤリ。コンビ復活で、またファウルや空振りを繰り返した。自分のカウントが悪くなろうとお構いなしだ。「そら、勝つためやもん」。二盗が決まると、進塁打で仕上げをする。技術には絶対の自信がある。1球で右方向へ転がした。ベンチに戻って、「さあ、点が入るで」と三塁上の福本を見るのが好きだった。

応援に来た浪商時代の仲間から言われたことがある。「お前を見てても、全然おもろないわ」と。最高のほめ言葉だった。

チャにイケ 仕事師集団

心おきなく2番で自分を犠牲にできたのは、「そら、俺の後ろがしっかりしてたからや」。

次打者は加藤秀司。「打点がかかる場面のチャは目の色がちゃうよ」。名字が同じコメディアンにちなむ愛称だ。

きっちり外野へ打ち上げ、福本を本塁に迎え入れる。厳しいコースを突いたのに、と相手投手は首をかしげるばかりだった。「あの外野フライは職人技やったなあ」。

西宮球場の食堂で、この左打者がリンゴをむき始めたことがある。薄く、細く、皮をつないだままナイフを器用に滑らせていく。試合への集中力を高める術だったのか。とうとう皮を途切れさせることなく、丸ごとむききった。見守った仲間と、大熊もほーっとため息。「この繊細さがバットコントロールの秘密なんやな」と思い知らされた。

「イケ」こと長池は、対照的に武骨だった。強引に引っ張った内野ゴロで逸機、という場面も少なくはなかった。

そんな時は「また『長池定食』、一丁上がりやで」「いつも変わらぬ安心の味やな」。ベンチは盛り上がるが、そんな冗談こそ信頼の証しだった。ツボにはまれば4番の仕事。一振りで、この試合もいただきという雰囲気にしてくれた。

仕事師たちの集団、ブレーブス。「みんな余裕しゃくしゃくやったなあ。『点くらいいつでも取りまっせ』って」。

フクだけやない。チャやイケが、俺を生かしてくれたんや――。そう信じている。

ほれぼれペロの魔法使い

左前へ抜けようか、という当たりを放った岡村浩二が、一塁で刺されて戻ってきた。悔しそうだ。安打を1本損したから、ではなかった。「あいつ、ズボンでボールを拭いてから投げよった。いくら俺が鈍足やからって」と顔をゆがめている。

刺したのは東映の遊撃手、大橋穣。芸術的な守備と鉄砲肩で名高いその名手が、一九七二年にブレーブスへ移籍してきた。

左翼線や左中間深くへ飛んできた打球に大熊が追い付くと、すぐ手前まで中継に駆け寄って来る。「こない近くまで……。何や恥ずかしいなあ」とポイッと渡せば、大橋はそれをビューンと二塁へ大遠投。打者は、一塁を蹴ったところで急ブレーキをかけた。

愛称ペロ。捕球の時も送球の時も舌を出すから。敵の頃は憎らしかったそのクセが、味方となっては頼もしい。

遠征で、よく同部屋になった。延々とグラブにオイルを塗り込んでいた。「ペロ、そない磨けば、お前みたいにボールが勝手に入ってくるんかい」とのぞき込むと、やっぱりチロリと舌を出している。ずっこけた。

磨いたグラブは床の間に立て、うっとりと眺めている。「あいつ、抱いて寝そうな勢いやったわ」。一方でバットはほったらかしだ。特打ちの指示を「結構です」と断り、西本を驚かせていた日もある。

それでも、つやつやのグラブで貢献する。難しい打球をさばく姿に、大熊は「いつも目の前で見て、ほれぼれしたなあ」。さしずめ「ペロの魔法使い」。勇者に欠かせぬ守備の職人だった。

無失策記録　興味なし

打席では一塁上の福本を右目で見たが、「守りの時は逆やったね」。中堅で大胆に立ち位置を変える後輩を、左目でとらえる。それを基に、左翼でのポジショニングを考えた。

間を抜かれたと思っても、背番号「7」は正面に回り込んでいた。「フク、何でそこにおんの」と驚くと、笑っていた。「勘も抜群やし、配球やバッターをよう観察してる。その上、あの足やから全部捕ってしもたわ」。

ならば自分には何ができるか、と思案して大熊が目をつけたのがクッションボールだ。当たる角度や強さによって、西宮球場の外野フェンスで打球がどうはね返るか研究した。

その方向へ先回りして処理すれば、中継の大橋に返すだけ。鉄砲肩で、走者の余計な進塁を防いでくれた。「フクにペロに、二人の『ゆたか』にえらい救われたなあ」。

普段は目立たぬ大熊が報道陣に突然囲まれたのは、一九七六年のシーズン序盤のこと。ぬれた芝で滑ったゴロを、足に当てた試合だったと記憶する。

外野手としての連続守備機会無失策が、途切れたと聞かされた。足かけ四年。５９１まで伸びていたという。「そんなん初めて知ったわ。記録に興味持って守ってへんしね」。

右翼のウイリアムスを加えて鉄壁とうたわれた勇者の外野陣。背中がこそばゆかった。「俺よりうまいヤツなんて、なんぼでもおったもん」。捕球も送球もやることをやっただけ。「まあ、それが誇りといえば誇りかな」。

ひたすらフェンス登り

若い頃、スペンサーから高級ウイスキーを贈られたことがある。先輩たちも食事をおごってくれた。道具を運んでいたお礼だったが、「クマにはええもん食わすかいがないわ」と笑われた。食べても太れないからだ。

せめて背が低い分をカバーしたろ……と特注したのが、少し大きめのグラブだった。外野フェンスに駆け登る練習にも、ひたすら取り組んだ。

ある日、本塁打性の一打に一直線。ピョンと上部にうまく足をかけた。捕れると確信した瞬間、「あらっ?」。足元のフェンスがゆっくり傾き始めたかと思うと、そのまま倒れた。体はラッキーゾーンにドスン。「真上をボールが通っていったわ。捕れたのになあ」。

西宮球場では競輪の仮設バンクを置く度に、フェンスを撤去していた。設置し直した際の固定が、不十分だったらしい。相手の南海ファンは「おい見てみ、クマがオリから出てきよったぞ」「お前もボールと一緒にホームランかい」と大喜びしていた。

打ったのは藤原満。近大の三期下は「先輩、かわいい後輩の貴重な一発を捕ろうとしたバチでっせ」と得意顔だ。

言い返した。「じゃかましわっ。あんなギリギリにしか打てんお前が悪いんじゃっ」。

後にコーチになっても、若手にフェンスを駆け登る練習を繰り返させた。競馬好きの仲間からは、「クマノヘイノボラシ」とからかわれながら。

それでも一九八一年、「奇跡のキャッチ」をした山森雅文は、門下生の一人だ。うれしかった。「何が武器になるか分からん。あらゆる準備をするのがプロちゃうかな」。

「仕掛けよか」目で会話

「次、走るで。クマさん」の時もあれば、「行かへんよ。打ってや」のこともある。その都度、

「ええスタート切れよ」とか「おっしゃ、一丁かましたろか」と応じる。

塁上で肩やももにスッと触れるのが、福本からの合図だった。大熊はバットを構える前、その先をキュッとこねて返事していた。

いつ頃からか、目だけで会話できるようになった。「さあ、仕掛けよか」と思いが通じ合えば、ヒットエンドランだ。背番号「７」がスタート。二塁カバーに入る野手の逆を、ゴロで狙い打つ。一、三塁とチャンス拡大で、マウンドを挟んでニッと見つめ合った。仲間たちに「おい、お前ら二人で野球すなよ」とからかわれながら。

「フクを生かすために、絶対休まへん」と誓っていた。練習でランニングをする時は、拳に親指を入れてグッと握った。「体に芯が通ったように力が入ったわ」。けがをしないためのおまじないでもあった。

試合前のロッカーで、盗塁王の太い足に血管が脈打っているのを見ると、「今日も気合満々やな」と頼もしかった。

不思議だったのは、そんな相棒があまり三盗を試みなかったこと。「好きやない」と公言していた。牽制のクセは大半の投手で研究済みだから、いつでも狙えたはずだ。

「そればっかりは、あいつの考えが分からんかったわ」

三塁へはクマさんが送ってくれる――。そんな信頼の証しだったのなら、うれしい。

円熟コンビ　巨人倒す

「関東モンに負けっ放しじゃカッコつかんぞ」と燃えた浪商時代が、日本シリーズではよみがえった。巨人の1番は、赤い手袋の柴田勲。大熊が高二の夏から甲子園で三季続けて対戦し、最後にやっと倒した法政二高の元エースだ。

その俊足巧打の外野手に、福本が闘志を燃やしている。「こっちの方が盗塁は多いのに」。でも、新聞やテレビの扱いはずっと小さかった。

「それなら俺は倍、走ったるわ」と普段からチームを引っ張る姿を見てきたから、「フクこそ最高のトップバッターや」と証明してやりたかった。そのために、頂上決戦で自分がすべきことは一つ。相手の2番より働いてみせる——。

土井正三だ。短く持ったバットで粘り、走塁もうまい。「昔はとにかく厄介でね」。同じ脇役として目標にしてきた。

ただ、もうV9時代とは違った。一九七六年から、勇者はついに二年続けて宿敵を倒した。大暴れの背番号「7」に続き、大熊も右打ちに犠打、エンドランと小技、小技の大仕事。土井のお株を奪ってみせた。

因縁の柴田にも少しやり返せた気がして、スッとした。「お前が赤の手袋なら、フクは黄金の足じゃい」と。

報道陣に「クマさんが生かしてくれたから」と相棒が持ち上げてくれて、自分も「あいつが前でよう出よるから、やりがいがあったわ」と応えた。

黄金の足に、いぶし銀。名コンビが、それぞれの輝きを引き出した。

「ツチノコ」福本に取られた

小技だけ、ではなかった。

大量リードしたロッテ戦のこと。「ぶつけろっ」。腹いせで死球を促すヤジが相手ベンチから響き、「何やとっ」。カッときて右打席を飛び出し、声のした方へ突進した。

「すまんっ、大熊」と慌てて飛び出てきたのは監督の金田正一だった。「お前は元気があって立派だなあ。うちがブレーブスに勝てんわけだよ」。

元400勝投手に「今回だけでっせ」とたんかを切って矛を収め、打席へ戻った。

乱闘がもたらした、思わぬ産物もある。日ハム戦だった。

死球に怒った相手の外国人が、こちらの投手を追い回す。「待たんかいっ」。左翼から駆け付けた勢いのまま、大熊は体当たり。ただ、倒れた巨体に見舞ったキックが余計だった。「あいたたたーっ」。右足親指を骨折し、退場する羽目になったのだ。

「名誉の負傷や」と次戦からも出場したが、痛くて打席で振り切れない。見かねて南海の藤原が「先輩、これ使って」。近大の後輩から差し出されたのは、重くてずんぐり太い愛用のバットだった。

腕の力で勢いをつけると、強く球をはじき返した。「おっクマさん、それよろしいやん」。目ざとく福本が取り上げていった。

愛称「ツチノコバット」。背番号「7」の代名詞となる一本との出会いだ。軽く一キロを超すが、強靭な足腰でガツーン。「鬼に金棒。いや、フクにツチノコやな。けがの功名やで」。カカカと大熊は笑う。

あふれる闘志こそ、一番の武器だった。

頭に死球も「休めん」

「痛いのかゆいの言うてたら、チャンスは逃げるぞ」。後輩たちにそう伝えてきた。ライバルのけがでレギュラーをつかんだ経験が、そう言わせた。「若いヤツらに負けられへん」と自分への励みにしていた面もある。

だが、一九七八年の序盤に村田兆治から死球を受けた。

剛速球が食い込んできた後は、覚えていない。当時は耳当てのないヘルメット。こめかみ辺りにまともに食らったらしい。

大熊は救急車の中でたばこを吹かしていた——。そんなうわさがファンの間では広まったという。「ほんまかいな。それも俺らしくておもろいな」と笑うが、実際は完全に気を失っていた。後に仲間たちからは「死んだと思ったわ」と聞いたほどだった。

西宮市内の病院で目覚めると、ロッテのエースが青ざめて立っている。謝罪された。

「大丈夫や」と答えようとするのに、口が開かない。頭を引っ張られているような感覚だ。それもそのはず。左側頭部をギュッと一二針も縫っていたのだから。

翌日、「寝てられへん」と退院を願い出て驚かれた。四年連続日本一のかかる年だ。「医者に拝み倒して、五針ほど抜かせたわ」。傷口はスキー用のヘアバンドでカバーした。

ベンチで数試合を過ごし、打席に立った。でも、無意識に腰を引いてしまうのが情けない。

「内側のボールを右へ転がすのが俺の持ち味やったのになあ」。

恨んだことはない。真剣勝負の世界。内をえぐるマサカリ投法の右腕に、踏み込んでいった勲章だから。

「それに、便利になったしね」とニヤリ。「監督やコーチに『こら聞いてんのか、クマッ』て叱られたら、『はっ？　何でっか』って後遺症のふりでとぼけたもんや」。

コーチ兼任　勝手にサイン

「辛抱せえよ」と、監督の上田利治が死球の影響を心配してくれるのはありがたかった。

でも、ベンチで過ごす時間は焦るばかり。「選手は試合に出てなんぼやからね」。

代わりに出場機会を得た簑田浩二が、右へ左へ快打を飛ばす。「よう打ちよるわ」と見ていると、当たり損ねまで間を抜けていった。

「俺もこんな感じやったんやろな」。負傷したウィンディの代役を務めた頃を思い出し、「試合に出るっちゅうのは、こういう運の巡り合わせなんやな」と寂しかった。

「2番レフト」は簑田に奪われ、「コーチをやってくれ」と指揮官から引退を勧められた。一九七八年秋。三五歳だった。

世代交代は理解できる。でも、「まだやれます」。勇者を背負ってきた意地もあった。兼任を受け入れてもらい、翌シーズンからは少しずつ三塁コーチも務め始めた。

ベンチからのサインを、打者や走者に伝達する。客観的に流れや采配を眺め、野球の奥深さに改めて気付いた。「なんせ、2番の頃はフクと二人で勝手に野球をやってたようなもんやからね」。

ベンチからの指示が遅い時は困った。上田が、データを記録した資料を読み込んでいるからだ。その間にも打者や走者はこちらへ視線を送ってくる。「もう待たせられへんわ」と、自分の判断でエンドランのサインを出したことがある。「それがズバリと当たってなあ」。

意気揚々とベンチに帰ると、「こらクマッ、勝手にサイン出すな」。叱られて首をすくめた。知らんがな、と。

大胆な作戦　蚊のしわざ

コーチスボックスにいると、福本の出塁に胸が躍った。自分が打席にいる時は、塁間を駆ける姿を堪能できなかったから。

力強い第一歩、爆発的な加速、そして流麗なスライディング。ただ、技術だけではない。「あいつ、いつもセーフを確信して走ってたわ」。相手投手を研究し、牽制のクセを見抜く姿を見てきたから、「どんな時もチーム第一の男や」と信頼できる。

かと思えば、勝手に走って刺される若手もいる。かつては自分も「行けそうやったから」と西本に口答えして、「ドアホッ、誰でもそう思うんじゃっ」と叱り飛ばされたことがあった。そんな時代を思い出しながら、「プレーには裏付けとか根拠が大切なんやぞ」と指導に腐心した。

三塁コーチとして、ベンチの意図を理解した上で打者や走者に作戦を伝えようと努めた。でも、驚く場面もあった。

思い出すのは西京極球場での一戦だ。パッと上田が左膝に触れるのを見て、「ええっ、ホンマかい」と目を疑った。「一体、何や。えらい大胆な勝負手やで」。

それでも、指示は絶対だ。何か狙いがあるはずと思い直し、サインを送った。一塁走者も首をかしげながら、次の投球でドスドスとスタート。楽々と二塁で刺された。「ベースの四、五メートル手前でアウトやったなあ」。何しろ、走ったのは捕手の中沢伸二だ。

ベンチで「おいクマ、何で走らせたんや」と問われた。「えっ監督、膝を触りましたやんか」と答えると、「アホッ、あれは蚊をたたいただけや」。

さしもの勇者も、蚊には勝てない。「それからやね。西京極のベンチに蚊取り線香を置くようになったんは」。

闘将への恩 最後の出場

現役を終えたのは一九八一年。一〇月四日、日生球場での消化試合に、大熊はシーズン唯一となる出場を果たした。

大差をつけられた終盤から外野守備に就いた。この日だけは、絶対に出たい理由があった。「自分の引退とは関係ないよ」。西本が、近鉄の監督を退く日だったから。

近鉄の選手たちと入り混じり、勇退する西本を胴上げするブレーブスナイン。大熊もこの輪に加わった（1981年10月4日、日生球場で）

試合後、両軍入り交じって胴上げが始まる。宙を舞う背に、ブレーブス時代の闘将から受けた恩がよみがえった。「誰から見ても『コイツしかおらん』っちゅう選手になれ」と言われたこと。振る力をつけろ、と竹竿を持たされて素振りした日もある。遠征先で五時に朝帰りして見つかった日は、「監督っちゅう仕事は、寝られへんのかな」と思った。

一八年間も現役を務められたのも、2番を託してくれて、生きる道を示してくれたおかげだ。「少しは近づけたやろか。『コイツしか』っちゅう選手に」。恩師が勇退する日に、選手生活を終えられる幸せに胸が熱くなった。

この近鉄戦には、ドラマチックな巡り合わせがあった。シーズン中に一度中止になったゲームが、日程調整を経て最終戦に組み直されていたのだ。「不思議な偶然のおかげで、最後を送れて良かったわ」。

コーチ専任となった翌年のオープン戦で、大熊は打席に立たせてもらった。高知での阪神戦だったと記憶する。捕手が「真っすぐですよ」と教えてくれた。

もう右打ちもカットも必要ない。フルスイング。で、当たり損ね。「あちゃっ」。ボテボテの二ゴロ、いや投ゴロだったか。花束を贈られて苦笑いした。

「転がすのが体に染みついてたね。スタンドに放り込むつもりやったのになあ」。小技の大熊。自分らしい花道だった、と思う。

フク走るまで「打つな」

目の前で、福本が滑り込む。当時の世界新記録となる通算９３９個目のスチールは、一九八三年六月三日、西武球場での三盗だった。

「おめでとう」。三塁コーチとして、かつての相棒をいの一番に祝福できてうれしい。差し出した手を、背番号「７」はグッと握り返してきた。

「最高やったわ。フクの偉業達成を誰よりも近いとこで見たんやしね」

ただ、ファン思いの男だから、西宮で決めると思っていた。それに「三盗は好きやない」と公言していたはずだ。

実はこの場面で、「走らんぞ」と相手の遊撃手に宣言していたらしい。それなのに何度も牽制でベースに入られたものだから、ついカッときた――という。大熊はそれをずっと後に伝え聞き、「あいつらしいなあ」と感じた。「その根性が、ちっこい体で超一流になった理由やもん」。

現役時代、大熊も時には走った。微妙なタイミングでのアウトに抗議すると、「たまに走ってゴネるな。福本は文句言わんぞ」と審判に突っぱねられた。「あれを言われると、引き下がるしかなかったわ」と笑う。

互いに引退した後も、交流は続く。毎秋、西宮市にあるバーでファンの集いを開く福本が、何度かトークショーのゲストに招いてくれた。

「つなぎ役を貫き通せた理由は」という会場からの質問に、「そら、フクが走るまで『打つな』って皆さんがヤジるからやんか」と大熊は口をとがらせた。ドッと沸いた。世界の盗塁王も横で笑っている。

「最高の1、2番」コンビを組んだ日々がよみがえった。

「今はないブレーブスを愛し続けてくれる人らがおる。そんな一本気なファンに支えられたから、俺も一本気にプレーできたんやろなあ」。

脇役一筋　誇らしく

移動の新幹線に、主力が何人か乗っていない。現役時代、その程度のことでは驚かなかった。

「そろいのジャケットやネクタイが煩わしいし、みんな団体行動が嫌いやったしね」。移動先では、ちゃんと全員が顔をそろえていた。

大熊も、遠征先から戻るチームを一人でよく離れた。用具運搬用のバスに潜り込み、ボールやバットに囲まれて夜通し走る。運転手と話し込んだり、無線のやり取りに聞き入ったりするドライブが、気楽だった。

「不思議やったよ。こんだけバラバラの個性派集団がよう勝つわ、ってね」。試合になると結束する仲間が頼もしかった。その一員として戦えた頃を、今でも奇跡のように感じる。「野球に『たられば』は無い。けど、俺の人生は『たられば』ばっかりやから」。

かつては肉親捜しで訪日した中国残留孤児のニュースに触れる度、考えた。母が戦後、中国から船で連れ帰ってくれていなかったら――。ありがたみをかみしめ、一人でも多くが肉親と巡り合えるよう祈った。

鬼籍に入った母は、父について言い残した。シベリアで果てたらしい、と。

毎年の野球教室で、その父を思う。バルボンや最多勝右腕の山沖之彦らと出向く先は、大阪市内の児童養護施設だ。事故で両親を失った子もいる。「強く生きろよ」と願う。

甲子園球場にある「甲子園歴史館」には、高校時代のユニホームを寄託した。

ここにも、運命の導きを感じる。中学時代のチームメートが浪商からの誘いを辞退していなければ――。代わりに自分が入学することはなく、「予定通り中卒で就職してたやろね」。

ブレーブスへと続く糸を手繰り寄せた強運は、生きている。数年前、相次いで肺がんと脳梗塞が見つかったが、早期だったため大事には至らなかった。

元気に大阪府八尾市のグラウンドへ通う。一〇年以上続ける中学生チームの指導だ。

「諦めたらアカンぞ。道はあるぞ」。小柄な選手にそう説く時、梅田のコンコースを歩いた日本一記念パレードが胸をよぎる。山田や福本への歓声に混じり、「大熊ーっ」の声も聞こえた。

照れくさくて小さく手を振ったが、本当は思い切り応えたかった。脇役一筋でも、見てくれている人がいる実感が誇らしくて。

ファウルに空振り、そして右打ち。「性に合ってたんやろなあ。つなぎ役が、ね」。忠義を貫いた常勝軍団での日々を、静かにかみしめる。

最も印象に残る試合は？　記者からの最後の問いに、いぶし銀の男はニカッ。「全部の打席でセカンドゴロやった日があってね。その試合は忘れへんね」。

番外編④　梶本憲史

聖地に古里の風

憧れのマウンドで投げたのは、一九五七年の三月だったと記憶する。ブレーブス入団二年目。毎春、シーズン開幕前に行われていた阪神との定期戦だった。

「バッターが遠くに見えましたね。これが甲子園か、って」。梶本憲史《けんじ》（八一。本名・靖郎《やすお》）。それからちょうど六〇年が巡った二〇一七年春、母校の後輩たちが聖地でプレーした。選抜高校野球大会に、二一世紀枠で初出場した岐阜県立多治見高校だ。

自身が球児の頃は、夢のまた夢だった大舞台。「この年になって、最高のプレゼントをもらいました」。

「ブレーブスの梶本」といえば、快速球左腕として野球殿堂入りも果たした二つ上の隆夫。自身は制球が身上の右投げだった。多治見工の兄を追わず、東京の大学を夢見て進学校を選んだ。

部員は全部で一五人ほど。当初は内野手だったが、肩の強さを買われて投手を始めた。一

日本シリーズ３連覇の祝勝会で兄の隆夫（中央右）とほほ笑む。「兄貴の顔に泥を塗りたくないという思いは常にありました」（1977年、西宮球場で）＝本人提供

試合で3点以上取られた記憶はないが、何しろ貧打線だった。「仕方ないですよ。グラウンドが狭くて、トスバッティングくらいしかできなかったから」。三年夏の岐阜大会も、初戦で完封負け。1失点完投は報われなかった。

でも、小所帯で工夫した練習を忘れない。成績が悪いと部活参加は禁止だから、授業を真剣に聞いたのもいい思い出だ。

兄に続いて勇者からスカウトされ、進学はやめた。早くに父が病死して以来、ミシン販売店を営んで育ててくれた母に恩返ししようと考えたという。

初めてのキャンプ中、高校から連絡があった。「頑張ってるか」と問われるのかと思えば、「卒業式には絶対出ろよ」。船や列車を乗り継ぎ、高知から帰った。３５０勝した米田哲也をはじめ、同期入団にそんな者は誰もいない。恥ずかしさの反面、厳格な母校が誇らしかった。

故障も重なり、六三年に引退する。通算254勝の兄に対し、プロ八年間で3勝2敗だった。しかし、大阪・新阪急ホテルの開業と同時に就職すると、営業で手腕を発揮し、常務まで上り詰めた。元プロ野球選手という経歴を、決して売り物にはしなかった。

営業先で「持ち帰って検討します」と言ったことは一度もない。「相手の目をじいっと見て、自分で答えを出しましたよ」。それはマウンドと同じだった。「初めは誰も知らないホテルだから、必死でね。弱小高校のエースとして鍛えられた根性かな」。球団OB会の監事を任される実直さが、笑顔ににじむ。


「楽しめなんて言わない。勝て、ですよ」。勇者の顔に戻り、兵庫・報徳学園との一戦に駆け付けた甲子園。結果は大敗だったが、「小さな町と狭いグラウンドから大舞台の土を踏んだ後輩たちが誇らしかったですね」。

孫のようなナインが、古里の風を運んで来てくれた。二〇〇六年に逝った兄を思った。野球ではとてもかなわなかったが、ビジネスマンとして奮闘する姿を見てくれていたのだろう、「ヤス、お前に敬意を表する」とほめてくれた。亡くなる一年ほど前のことだった。

カラオケで「故郷《ふるさと》」を歌っては涙ぐんでいたのを忘れない。一緒に川面へ石を投げ、距離を競った幼い日々の思い出は永遠だ。

「兄貴もきっと喜んでますよ。『郷里の球児たちよ、あっぱれ』と」

第10章
ブレービー　島野修

●島野修（しまの・おさむ）

1950年生まれ、横浜市出身。神奈川・武相高２年と３年の夏にエースとして全国高校野球選手権で活躍し、ドラフト１位で巨人入団。76年にブレーブスへ移籍し、78年に引退した。プロ通算１勝４敗。81年からブレービーの演技者に。オリックスの「ネッピー」も含め18年間、活躍した。2010年５月８日、脳出血で死去した。

出番の合間に着ぐるみの頭部を取り、一息つく。ブレービー目当てに球場へ来るファンも多かった（一九八四年、西宮球場で）

アイドル　輝いた人生

西宮球場のアイドルは、いつも笑っていた。

大きなお尻を振ってグラウンド狭しと駆け回り、軽やかなステップで踊ってみせる。スタンドに飛び込めば、つぶらな瞳の周りに子どもたちの輪ができた。

決戦の場に咲いた花、ブレービー。ここからは、その着ぐるみに命を吹き込んだ男の素顔を見つめたい。

島野修。いの一番の指名を受けて入団した巨人を追われ、移籍してきたブレーブスでは一軍登板ゼロ。プロ1勝の元投手が輝きを放った場所は、引退後のグラウンドだった。

球界マスコットの草分け的存在となって、光と影に彩られた人生を五九歳で閉じた右腕は、ずっと愛され続ける。

「巨人のドラフト一位」。そんな栄光の過去とプライドを黄金色の体に包み、ヤジや嘲笑を浴びても盛り上げ役を貫いた勇者の物語を、ゆかりの人々の証言で紡ぐ。

「兄貴は幸せな人生だったと思いますよ。子どもたちに夢を与える仕事でしたしね」。電話の向こうで思い出をたどる声。島野の弟、弘幸（六三）だ。

マスコット演技者は名前や顔を公表しないのが一般的だが、阪急球団は一九八一年のブレービー誕生当初から、「正体」を明らかにした。

島野の経歴で話題性を高める狙いでは、とうがった見方もされた。それでも、「兄貴は気にしなかったんじゃないですか。野球に携わる喜びの方が勝ったはずです」。

幼い頃は遠い存在だったそうだ。五人兄弟で、弘幸は三男。元バレーボール選手の父は会社員で、横浜市の下町にある家では薬店を営んでいた。

店に出る母を、兄弟でよく手伝った。「僕も、メンコやベーゴマで遊ぶ合間に店番をしたなあ」。裕福ではなかったが、家族で肩を寄せ合った。

小さな平屋で、長男の修だけ狭い部屋をもらい、机がポツンとあった。六つも離れていたから、一緒に遊んだ記憶はない。でも、軟式野球の強豪だった地元中学でエースを張る姿に憧れた。「ひとっ走りしてくる」と言い残して夜に出て行き、汗だくで帰って来た。銭湯では、湯の抵抗の中でひたすら右手首を鍛えていた。

私学の雄、武相高へ進んでからは、「僕が起きる前に朝練へ行って、寝た後に帰宅してましたね」。顔を合わせると「俺がプロで稼いで、家を助ける」。普段は物静かなのに、きっぱりした口調が印象的だった。

そんな兄が二年夏の神奈川大会で投げるのを、横浜公園平和野球場で見た。今、横浜スタジアムのある場所だ。快速球で三振、三振、また三振。あれよあれよの優勝だった。家族そろって甲子園へ駆け付ける余裕はなく、兄弟は応援に行く順番をくじで決めた。

運良く新幹線に乗れた弘幸は、「夢の超特急は速いし、揺れないし、ビックリでね」。一方で、満員のスタンドは揺れたと思うほどの大歓声。好投手として、そして聖地のアイドルとして注目された兄は二回戦で敗れるが、初戦は福井の若狭高を完封してみせた。

一九六七年だ。「もうそんな昔のことなんですね」。マウンドの姿をまぶしく見つめた日が懐かしい。絶対プロでスターになる、と。

「巨人の一位」重圧と闘い

友達と遊んで、帰宅が遅くなった夜と記憶している。

小学校六年生だった弘幸は、自宅周辺にできた黒塗りの車列に驚いた。報道陣だった。

一九六八年一一月。修がドラフト指名を受けた日だ。武相高三年の夏も甲子園で注目されたから、「プロには行くだろうと思ってましたけど、腰が抜けそうでしたね。一位、しかも巨人だもん」。

契約金は両親に全部渡したと話す顔が、誇らしげだった。家族七人、近所の中華料理店でささやかに祝ったのを覚えている。

ただ、入団後の兄には苦難の道が待っていた。故障がちで二軍生活が続く。「高校で肩や肘を酷使したツケでしょうね」。

そう言う弘幸も中学で野球部に入るが、ミスする度に「兄弟で全然違うなあ」と比較されて悔しかった。周りの声を振り払うには、泥にまみれるほかない。一〇〇人も部員がいる中で外野のレギュラーをつかみ、自分も武相高の門をたたいた。

兄はオフに帰って来ても、「甲子園へ行くには運も必要だから。一生懸命やってれば、それでいいよ」と静かに笑うだけ。他に野球の話はしなかった。

「ずっと必死に闘ってたんでしょうね。『巨人の一位』っていうプレッシャーと」

そんな姿に、「島野の弟」と見られることを気にする自分がちっぽけに思えた。聖地へは届かずとも、厳しい練習に耐えた日々は今も誇りだ。

プロで使ったグラブをもらった思い出は、消えない。

懐を突けない優しさ

「勝負に徹しきれなかったんだろうね。優し過ぎたから」

プロで島野が大成しなかった理由を、車谷隆夫（六九）が推し量る。武相高の同期だ。

快速球右腕の名は中学時代から神奈川県内に鳴り響いていたが、実際に投球を目にして驚いた。

「ズドーンでね。それに、カーブもとんでもなく曲がって」。車谷も入部早々、遊撃のレギュラーをつかんだほどの名手だったが、「同じ高校で良かったわ」とホッとした。

練習後は先輩らの「説教」が待っていた。延々と「お前ら、たるんでるぞ」「声が出てないんだよ」。理不尽な小言を、直立不動で聞く。当時はそれが部の伝統だった。特に島野は力がある分、目をつけられていた。それでも、上級生になっても後輩を叱らなかった。いつもニコニコして、声を荒らげるのを見た記憶もない。

ただ、その柔和さが投球にも顔を出す。「あいつ、グッと懐を突けないんですよ。『当てちゃいけない』って」。勝負球は常に外角。車谷の守備位置から見て、捕手の姿が右打者に隠れたことがなかった。

大抵なら、それでも抑えられた。しかし、全国の舞台は訳が違う。

三年夏の甲子園。広島の広陵と初戦で相まみえた。優勝候補同士の一戦は「東西横綱の激突」と注目されたが、1点差負け。二死から走者を背負い、長打でかえされるという同じパターンでの2失点。いずれも、厳しさを欠く球だった。

「外はバッターの腕が伸びて、ボールに力が一番伝わるでしょ」。打球は、あっという間に外野を越えていったという。

顔隠して吹っ切れた

「島野は泣いてなかったなあ」。最後の甲子園で敗れた日を、車谷はそう記憶する。既に次の舞台を見据えているようにも映った。

そのエースが巨人から指名を受けた後、チームメートたちは家に招かれ、母親の手料理を振る舞われた。入部時に一三〇人いた同期生は、最後は一三人だった。

二軍で投げる姿を、車谷は時に見に行った。「頑張ってましたけど……」。ずっぽりと下に染まってる感じだったなあ」。懐を突けない投球は、変わらなかった。一緒に飲みに行った夜もある。「コーチに『横から投げてみろ』って言われちゃったよ」。作り笑いが、寂しく映った。

鳴かず飛ばずの七年間を経てブレーブスへ移籍した右腕とは、連絡を取り合う機会も減っていった。引退後、マスコットの演技者を務め始めたと聞いて驚く一方、「島野らしいかも知れないな」とも感じた。

「ピッチャーとしては優しさが邪魔したけど、顔を隠すことで吹っ切れる部分があったんじゃないかと思うんですよ」

自身は社会人で六年間プレーした後、神奈川県湯河原町へ帰って家業を継いだ。テレビに映るブレービーを目にする度、「頑張ってんだなあ、あいつも」と奮い立ったという。

仕事の傍ら四〇歳から二〇年間、県野球連盟で審判員をした。年間一〇〇試合も草野球をさばき、日によっては五試合ということも。高校の神奈川大会決勝で塁審を務め、誇らしかった。

「野球への恩返しですよ。島野もきっと、同じ気持ちだったでしょう」。

電車で二時間かけて登校した日々の名残か、「今でも、すぐどこでも寝られるんだよね」と車谷は笑う。

共に戦った甲子園の土は、今も大切に持っている。

「うちでは無理や」

お手並み拝見。移籍してきた島野に、勇者たちはそんな目を注いだ。「そら『コイツが巨人の一位かい』って興味津々やったわ」というのは、代打本塁打27本の高井保弘（七四）だ。

一、二球見ただけで「こら、うちでは無理やな」と分かった。肩や肘の故障もたたってか、ボールがお辞儀していた。二年連続日本一を目指す一九七六年。投手陣が充実し、黄金期にあったブレーブスで活躍の場があるとは思えなかった。

「まあ、それが勝負の世界やもん。しゃあないわな」

高井の予想は当たった。一軍登板もなく三年で戦力外になった右腕は、打撃投手に転身した。しかし、球筋が定まらない。ワンバウンドや、バックネット直撃の大暴投も。「代われっ」とコーチにどなられていた。

「気が優しいんやなあ。ストライクを投げなアカンって自分を追い込んで、完全に投げ方を忘れてしもてたわ」と、「代打の神様」は振り返る。見かねて、バットの届く範囲の投球は全て手を出してやった。ヒットエンドランの練習だと思えば、苦にはならなかった。

「高井さん、本当に救われました」と律義に頭を下げてきたのは、しばらく後のことだった。

ブレービーに転身後は、西宮球場でのアーチにベンチ前で迎えてくれた。「脱がしたる」と頭をつかむと、慌てて逃げた。ワハハッと観客が沸く。

高井が最後に代打本塁打を放った八一年。島野がマスコット人生を歩み始めた年だ。

悔しさ 表に出さず

二軍生活が島野と重なる選手に、夏目隆司（六三）がいる。

静岡・三ヶ日高出身の右腕を記憶にとどめるブレーブスファンが、どれほどいるだろう。黄金期の一九七七年、二二歳での入団だった。「たまたま新聞を見て、テストがあるって知ったんです」と笑う。

五つ上の島野は「優しくて気さくな人」と映った。巨人の一位だった過去をこちらはいやでも意識するが、誰にも壁を作らず、「いつも笑顔で話しかけてくれました」。球には勢いが見られなかった。それでも腐らず、投げ込みや走り込みをしている。

引退後に打撃投手で苦労している姿には、「何でここまで」と感じた。アマでの実績もない夏目には想像するのも難しかったが、「思い通りにいかず、悔しさもあったでしょうね。でも、表には出さなかったなあ」。

自分はといえば、肘の故障で五年目にクビが決まった。打撃投手への転向を打診されたが、断った。迷いを断ち切るように、「選手で先がないなら残る意味はないから」と。

球団からの花道なのか、最後に一軍へ呼んでもらった。既にシーズン最終盤。消化試合だった。客もまばらなナイターの西宮球場は、ブルペンで捕手のミットが光って見づらかった。「ずっと太陽の下でプレーしてたから、目が照明に慣れてなくてね」。一軍と二軍の壁を、痛感した。八一年秋のことだ。

グラウンドを駆け回っていたはずのブレービーの姿は、記憶に残っていない。「僕はしがみつけなかったんですよ。野球にね」。

過去なんて関係ない

「おい、いくぞ」。西宮球場のブルペンで準備を急がされた夏目は、緊張しながら肩をつくった。それでも結局、出番はなし。一軍登板ゼロで五年間のプロ生活を終えた。サバサバしていた。

静岡へ帰り、ミカン農家の父を手伝い始めた。ビシッと外角低めに直球を決める夢を見るようになったのは、それから間もなくのことだ。「未練ですよ。燃え尽きたつもりだったのにね」。プロに身を置けただけの日常に、どこかで満足していた自分に気付く。すっぱり見切りをつけたはずの世界に、郷愁が募った。島野が頭によぎる日もあった。期待された分だけ、心に折り合いをつけるのは俺なんかの何倍も難しかったろうな――と。

でも、マスコットとしての活躍を見聞きするうち、理解できるようになった。「過去なんて関係ないんだ」。今ある場所で全力を尽くす大切さを、ブレービーに教えられた気がした。

西宮球場へは、もう戻れない。でも、ブレーブスへの思いを財産に歩いていけばいい、と前を向けるようになった。

自分の代で、ミカンからイチゴ栽培に切り替えた。台風に温室をなぎ倒されたこともある。でも、へこたれない。還暦を過ぎ、短い間でも野球を仕事にできた人生を幸せだとかみしめている。

二軍生活を共にしただけ。特別な付き合いがあったわけでもない。でも、「島野さんから多くのことを学びましたよ」。今日もイチゴに向き合う。俺も勇者だった、と。

「天職」との出会い

打撃投手を一年でやめ、チームを去る島野を選手たちは惜しんだ。一九七九年だ。

「あいつは宴会部長やったからなあ。気の優しさと、楽しさがあるヤツやった」と高井が振り返る。球団の納会で、パンツ一丁になって歌う姿を忘れない。おはこは山本リンダだった。

〽ウララ　ウララ……

恍惚の表情で腰をくねらせる。勇者たちは腹を抱えて笑い転げた。

V旅行のハワイでは、舞台のショーに飛び入り参加。フェリーで船長の帽子を横取りし、大勢の乗客を前に踊ったのは四国遠征だったか。

投手としてはワンマンショーを演じられなかったが、この陽気さゆえに「天職」を得る。喫茶兼スナックを芦屋市内で営業していたところへ、球団関係者が訪ねてきたのは八〇年秋だった。

ブレーブスに誕生するマスコットの演技者を任せたい——。そんな打診だった。

一度は返事を保留した島野は、数日後に西宮球場へ出向く。一階の選手食堂で待ち受けている男がいた。「大阪読売広告社」の栗原恒宣（六四）だ。

「断りに来るのを、球団側は察してたんです」と明かす。翻意させるために用意していたビデオを、一緒に見た。

大リーグの球場でファンを沸かす、マスコットたちの姿を編集した映像だった。約一五分間。

「食い入るように見てたなあ、島野さん。みるみる目の色が変わりましたよ」。

ビデオで意識一変

厳しめの判定をした審判に土をかけるわ、相手チームの選手を追い掛け回すわ。

西宮球場の食堂で見たビデオでは、メジャーのマスコットが躍動していた。パドレスを応援する、鶏に似た着ぐるみなどは主役級の歓声を浴びている。

「マスコットへの意識が、島野さんの中で一変した瞬間だと思います」。同席していた栗原が懐かしむ。同志社大のラグビー部時代は右フランカーとして「7」を背負った。でも、野球は詳しくない。「恥ずかしながら、彼がどんな人かも全く知りませんでしたからね」。

当時は社会人三年目。勤め先の大阪読売広告社は阪急グループを顧客に、電鉄や梅田の三番街、宝塚ファミリーランドのPRを手掛けていた。

自身もこれらに携わり、ブレーブスの「観客動員プロジェクト」にも関わった。日本一を重ねるのに球場が埋まらず、勝てば客は来るはずという目算が行き詰まっていた頃だ。

策は次々と打った。情報紙の創刊、ファンクラブ創設、試合を盛り上げる球場での電子オルガン演奏……。「実は僕、そのオルガンの子と結婚したんですけど」と元ラガーマンは舌を出す。

ブレービーもプロジェクトの一環だった。元々は、大リーグを視察した球団社長の発案だったという。

マスコットのいる国内球団は少なかったが、社長は「選手らがみな『あいつなら絶対やれる』って推薦する男がおるんや」。それが、島野だった。

本人は、積極的に経歴を明かさない。巨人の元ドラフト一位だと周りから聞かされて栗原が驚いていると、ほほ笑んだ。「大丈夫。気持ちはちゃんと固まってますから」と。

デビューで沸かせた

栗原は、島野に謝らねばならないことがあるという。

「半信半疑だったんですよ。どうせ長くは続かないんじゃないの、って」。だから、演技者を公表することには反対だった。「キャラクターに『色』が付いて、次の人へ交代する時にそれが邪魔になってしまうんじゃないか」と。

そんな心配をよそに、島野は東京へ向かう。数え切れないほどの案からマスコットのデザインが固まり、公募で愛称も決まった頃。劇団で武者修行をし、着ぐるみ姿での動作を基本からたたき込まれたのだった。

そして、一九八一年四月一一日の日ハム戦でデビューする。大きな頭部からは周囲を見渡せない。試合の動きや球場の雰囲気に臨機応変に対応できるよう、中に無線が仕込まれた。

役者の卵が矢継ぎ早に指示を送り、演出を補助する。「はい、ずっこけて」「ここで歓声をあおって」。無線の感度が悪いため、ワンテンポ遅れるのはご愛嬌。倒れたり、跳ねて手拍子したり。一軍の選手としては一度もプレーできなかった西宮球場で、スタンドがワッと沸き、「ブレービーッ」と子どもたちの声が飛んだ。

「代打の神様」高井が「何じゃ、これは」と思ったように、戸惑う選手も最初はいたようだが、ファンの心をつかむのに時間はかからなかった。

「プロだぞ、この人は」。栗原は胸が熱くなった。プライドが足かせになるのでは、と案じた自分を恥じた。

演出の助言が必要だったのは、初めだけ。無線はすぐ取り外された。島野は、どんどんブレービーになっていく。

「汗だく道化」の覚悟

「彼にプライドを捨てさせたのは、この僕ですよ」。隈千俊《くまちとし》（八五）がいたずらっぽく笑う。千葉に拠点を置くぬいぐるみ劇団「こぐま座」の座長。一九七〇年の大阪万博では、着ぐるみ姿で来場者をもてなし、ステージで楽器演奏もした大ベテランだ。ブレービーでデビューする前、島野が指導を仰いだ人でもある。

パンダだったか、ゴリラだったか。当時は東京にあった稽古場で、着ぐるみで臨んだ初練習に「重い」「何も見えない」と困惑していた島野を覚えている。

その夜、近所のすし屋で食事を共にした。傍らに置いた大きなボストンバッグの中身を尋ねると、グラブを取り出した。現役時代のものらしい。

それから、一つの硬球。ウィニングボールだという。いとおしげに眺めている。プロで唯一の勝ち星だったんです、と。

思わず、隈は言った。「それを、僕に預けてくれませんか」。えっ、と驚いた顔に続ける。「そういう思い出を引きずっているようでは、この世界ではうまくいきません」。

更に、言葉を継いだ。「自分より年下の選手が、どんどんスターになっていく。あなたは汗だくの道化役です。その意識から、出発しませんか」。

酒の勢いだった——。隈はそう振り返って笑うが、自身の長い経験から確信があった。中途半端な気持ちで始めても長続きしない、と。覚悟を固めさせたかった。

しばしの沈黙を経て、「お願いします」。島野はグラブとボールを差し出してきた。

翌日の練習で、一気に動きが良くなった。確信したという。「やれる。この人なら」。

マスコットの開拓者

島野がこぐま座で練習したのは、座長の隈がブレービーの着ぐるみ製作に関わったのが縁だった。当時の大リーグで多かった、鳥を模した姿に着想を得たデザイン。「ダチョウの羽もたくさん使ったんですよ」。

阪急球団が製作を依頼したきっかけは、日ハムの「ギョロタン」も手掛けた実績にあった。ブレービーより一年早い一九八〇年に登場したパ・リーグ初のマスコットだ。ギョロ目で、黄色い丸顔の周囲をたてがみが覆い、ライオンや太陽にも見える。「大沢親分ですよ、あれは」と笑う。当時の監督、大沢啓二のイメージでデザインしたらしい。

隈は大阪万博で、後に伴侶となるフランス系カナダ人のコンパニオンと知り合った。結婚のあいさつで訪ねた相手の家族から大リーグ観戦に誘われ、モントリオールの球場でマスコットを目にした。「これは楽しい」。帰国後、知人を通じて日ハム球団に導入を打診したのだった。

ギョロタンは、こぐま座の三人が順に演じていた。慣れた団員でも、一人で球場を毎日駆け回るのは体力的に困難だと判断したから。

それを、島野は単独でやるという。驚いたが、デビュー後の雄姿を球場で見て、納得した。「うまい」。両手を上げて肩を揺すり、お尻を振る。独特の味が、動きににじみ出ていた。

何よりも、試合の流れをつかみ、歓声を引き出すタイミングが絶妙だった。野球を熟知するプロならではの技だった。

「あなたがブレービーを作るんです」という激励に、うなずいた顔がよみがえった。こぐま座での三日間の特訓を終え、送り出した時だった。

「島野ブレービー」。敬愛を込め、隈は愛弟子をそう呼ぶ。「彼は球界のマスコットブームを築いた開拓者です」。

後ろまで見えた?

後ろが見えるようになったら一人前。着ぐるみ界には、そんな教えがあるらしい。「それくらいになってほしい」と、隈は島野に求めた。

もちろん自分の背後が見えることなどないが、「あらゆる方向に情熱を向けよ、というのが真意です」と説明する。

思い出すのは、ブレーブスの遠征に帯同して愛弟子が後楽園にやって来た日のこと。「巨人のドラフト一位が、いい格好だな」。日ハムの応援席からヤジが飛んだ。間髪入れず、ブレービーはグラウンドからそちら側へ顔を向け、手を振った。

ワーッと子どもたちが手を振り返す。悔しさをこらえ、瞬時に相手チームのファンまでとりこにした姿が師にはまぶしく、感慨深かった。

「僕は正しかった」。誇りを捨てなさい、と一度は預けさせた現役時代のウィニングボールを「あなたはもう大丈夫」と返していたから。

こぐま座には度々、阪急球団からブレービーの修復依頼があった。西宮球場のスタンドを練り歩く度、子どもたちに囲まれ、胴体の毛や、尻尾の羽を抜かれるのだという。

「ぽっちゃりが魅力なのに、やせちゃ大変だ」。尻尾は高価なダチョウの羽。一本一本整えながら、隈はうれしかった。

先に逝った島野を、思う。彼にはきっと、後ろが見えるんだろうな――。そう感じて胸が熱くなった日々が、懐かしい。

「おもろかった」に奮う

微妙な判定で、ブレーブスの選手がアウトになる。

「ほれシマッ」。監督の上田利治にけしかけられ、ベンチ脇からブレービーは一直線。審判に食ってかかる身ぶりで、球場を沸かせた。

「抗議する間、審判に小声で『すまん』って謝ってたそうですよ」。大阪読売広告社で観客動員プロジェクトに関わった栗原が明かす。

真剣勝負の場で、どこまでおどけていいのか。初めはそんな葛藤もあったのだろうが、勇気の湧く出来事が西宮球場前の居酒屋であった。

一人酒のテーブルに、離れた席から「ブレービー、おもろかったなあ」と男の子の弾んだ声が聞こえてきたという。「また連れて来てや」とせがまれ、「よっしゃよっしゃ、また来よな」と応える父親――。

そのやり取りを、栗原は島野から何度も聞かされた。「あの子を抱き締めたかったよ。『僕がブレービーだよ』って」と。それを機に、ファンを喜ばすアイデアを次々と体現していった。特注の巨大グラブで選手に交じってノックを受け、トンネル。トンボを抱えてギターを弾くふりをする整備員と並び、踊って見せるのも得意だった。そして、ミニバイクでグラウンドをぐるぐる。「球場のどこにいるお客さんにも、僕を見てほしいから」と話していたという。

「巨人の一位　今ピエロ」。そう書きたてるスポーツ紙もあった。気にしない。

試合前は観客席へ。子どもたちの差し出す色紙に、ペンを走らせた。トサカ3本の「自画像」だ。栗原がほほ笑む。「最後の一人まで、絶対やめなかったなあ。全員を抱き締めたかったんでしょうね」。

大きな腹に綿と意地

終電の時間が迫る梅田で、会社帰りの栗原は島野とばったり顔を合わせたことがある。西宮球場で試合のない日だった。

照れたように「バイトの帰りだよ」と言った。大阪府高槻市のレストランで働いている、と。

ブレービーでの報酬は一試合三万円。球団とは当初、そういう契約だったらしい。

華やかなのは、球場だけ。でも栗原は、ある会社で講演した島野の姿を覚えている。

「ドラフト一位のプライドを、僕はもう捨てました。演じるやりがいを感じてます」。きっぱりとそう語っていた。マスコットとして最初のシーズンを終えた、一九八一年秋のことだ。

「勝ち星も、防御率も記録されない。それでも、『俺が西宮球場を盛り上げる』という気概が支えだったんでしょうね」と胸中を推し量る。

繊維強化プラスチックで作った「初代」の顔部分が、一年で壊れるほどの激務。綿で膨らませ、毛で覆われた胴体は、チームが遠征に出ている間にクリーニングに出した。

「いつも汗びっしょりでしたから。毛布をそのまま着ているような姿ですもんね」

二季目からは、着ぐるみの上にユニホームをまとうことになった。隠れる部分の毛や綿を間引いてはどうか、と持ち掛けたが、即答された。「今のままでやらせてほしい」と。

一緒に飲みに行ってマイクを握ると、島野は「みちのくひとり旅」を歌っていた。孤独はあったろう。

グッと胸を張り、愛嬌たっぷりに闊歩するブレービー。突き出した大きな腹には、綿と意地が詰まっていた。

飲んでも愚痴はなし

甲子園球場から西へすぐ。商店街の一角に、「美松《みまつ》」という居酒屋があった。

ある日。店先に赤ちょうちんを提げていた主人の大谷範明（六八）は「近くに風呂屋、ありますか」と尋ねられた。

場所を教えてやると、その男はしばらくして、さっぱり汗を流した様子で帰って来た。カウンターの端で一人、グラスを傾けている。「どっかで見た顔やな、と思いましたわ」。

一九八一年の夏。ブレービーとしてデビューして間もない、島野との出会いだった。以降、毎夜のように来た。打ち解けるにつれ、マスコットを始めた経緯や、芦屋でやっていた喫茶兼スナックをやめ、近くに一人で越してきた身の上を明かしてくれた。

西宮球場でナイターがある日は、午後一〇時を回った頃に顔を出す。「ひと試合で三キロもやせるよ。これで戻るけどね」とビールを流し込んだ。

いつだったか、大谷や店の常連客らを部屋へ招いてくれた。狭い台所と、ひと間の古い文化住宅に生活感はなく、家賃は二万円弱だという。「どくだみ荘だよ」と笑っていた。

定休日の夜、大谷は妻の美佐子(六九)や娘たちと西宮球場へ行った。「平日やし、客も少なくてね」。南海や近鉄のファンからブレービーに飛ぶヤジが、スタンドに響く。耳を塞ぎたいような思いにもなった。

「でも、本人はなんぼ飲んでも愚痴りませんでしたわ。『やめたい』なんて聞いたこともあれへん」

島と星　一字違いの縁

酔いが回ると、島野は「野球からは離れられなかったなあ」とこぼした。その口癖が、大谷の胸に残る。同い年だからか、ウマが合った。「バッテリーも組んだしね」。草野球での話だ。

週二日、西宮の早朝リーグに参戦した。会社員から商店主まで、店の常連客らと組んだ一五人の寄せ集めチームを、島野は「ふぁうるちっぷ」と名付けた。

「僕に、ミットまでプレゼントしてくれましたわ」。ブレーブスの強打者で、捕手だった石嶺和彦のお古だった。

六時プレーボール。二日酔いでも島野は先発するが、やはり気の優しさか。スッと甘い球。打ち返して大喜びする相手選手に、マウンドで頭をかいていた。

そんな日は、夜の美松で「どうせ俺は『星』と『島』を間違われた男だから」と冗談めかした。一九六八年のドラフトで、「星と島の間違いじゃないのか」と言ったのは、明治大から中日に進む星野仙一だった。意中の巨人に指名されたのが自分ではなく、高校生の島野だと聞き、一字違いの姓をもとに漏らしたセリフはあまりに有名だ。

そんな因縁を逆手に取った自虐的なジョークだろうと、草野球仲間が沸いた。本人も笑っていたが、どこか寂しげだったと大谷は記憶する。

「ずっと心に引っ掛かってたんやろね。『俺は俺や』って。悔しかったんやろね」

プロでの実績は、星野とは比べるべくもない。それでも西宮球場へ行けば、ブレービーの姿に向こう意気が見えた。

俺にしかできないことがある。野球から逃げん――と。

チーム名 自分と重ね

「がんばれブレービー」

仲間たちと作った大きな横断幕を、西宮球場のスタンドに掲げた日がよみがえる。

「チラッとこっちを見るんです。喜んでたんやね」。大谷が遠い目をする。阪急神戸線の夙川《しゅくがわ》駅から、線路伝いに東へ徒歩一五分。西宮市越水町《こしみずちょう》に居酒屋「美松」はある。

特攻隊の生き残りだった父の代から甲子園球場近くで営んだ以前の店舗は、隣のビルから出た火事の影響で一部が使えなくなった。一九八五年頃のこと。しばらくして今の場所に土地を買い、移ってきた。

球団の身売りや本拠地の移転後も、島野は来てくれた。「阪神大震災から二週間で店を開けたのが、自慢でしたわ」と大谷は言う。でも、客足は徐々に鈍り、一度はのれんを下ろした。

企業の保養所で妻の美佐子と住み込みの料理人をするなど、懸命に働いた。娘二人を大学や専門学校まで通わせ、ローンも完済。そうして二〇一二年、美松を一三年ぶりに再開した。

二〇人も入れば満員の店に、今夜も夫婦で灯をともす。甲子園時代のにぎわいはなくとも、「ブレービーの愛した店」は続いていく。

島野に聞きそびれたことがある。仲間たちとの野球チームを「ふぁうるちっぷ」と名付けた理由だ。

「自分と重ねたんかな。三振するにしても、ただではせん。食らいつく。そんな生き方やったもんね」。ずっと厨房に立ちたい、と大谷は願う。「この仕事が好きやから。修ちゃんみたいに食らいつくわ」。今も、あの笑顔がふらりと来そうな気がして。

「メルヘン、見せるよ」

ブレービー演者の「代役」をした経験を持つ男がいる。

阪急電鉄の社員だった奥谷昇（七一）。関連各社のＰＲやイベント主催を手掛ける事業部に所属していた。球団のファン獲得策にも広く関わり、西宮球場へ通い詰めるうち島野と親しくなった。

ある日、「奥ちゃん、メルヘンを見せるよ」とブレービーの頭部をかぶらされた。夕暮れ時の二軍戦だった。全身を着ぐるみで包み、スタンドへ行ってみる。すぐ周りを囲まれ、身動きが取れなくなった。

くちばしから外をのぞいて、じんときた。「子どもたちのキラキラした目が見えてねえ」。

一九八〇年代半ば頃のことだ。代わりを務めたのは、その一度だけ。短時間で汗だく、クタクタになったから。元高校球児で、体力には自信のあった奥谷も「大変な仕事やなあ」と感心するばかりだった。

でも、勇者のアイドルは休みなし。オフにスケート場で開かれたサイン会では、頼みもしないのに「滑ろうか？」。着ぐるみのままスケート靴を履き、子どもたちと氷上へ飛び出していった。

高知キャンプの休日には、児童養護施設を慰問する福本豊に付いていく。子どもたちは大はしゃぎで、「世界の盗塁王」を上回るほどの人気だった。

「中途半端にドラフト指名されたばっかりに、こんな人生だよ」。島野はそう笑っていたが、照れ隠しだったと知っている。

「メルヘン、見えたわ」と報告すると、うれしそうにうなずいていた日を忘れない。

ヤカンの茶 ラッパ飲み

一〇キロ以上の着ぐるみ姿で駆け回る島野に、「付き人」が配されることになった。マスコットとして二シーズン目を迎える一九八二年だった。やって来たのは黒田隆司（六〇）。球団の関連先でアルバイトをしていたのが縁だった。

当時は京都にある大学の四年生で、「就職活動しながら西宮球場へ、でしたね」。

一塁側のベンチ脇。ウナギの寝床のような薄暗い通路が、ブレービーの待機場所だ。ブレーブスが攻撃中なら手前のグラウンド側に立ち、観客にトサカを見せる。ホームランでは祝福に、チェンジやラッキーセブンではダンスに駆け出した。

守備の間は、通路の一番奥まで引っ込み、パイプいすにどっかり。頭部を外し、肩で息をしながら滝のような汗を拭いていた。

三リットルほど入るアルミ製のヤカンから、喉を鳴らして茶をラッパ飲みしていたという。「試合前に、僕が入れとくんです。氷をびっしり詰めて」と黒田が懐かしむ。「夏場なんて、ヤカンがすぐ空になりましたね」。

休憩中も、試合状況を逐一知らせるよう頼まれた。相手打者が遊ゴロなら、通路の奥に向けて指を六本示し、下へ振る。中飛なら八本を上へ――。その度に、うなずき返してきた。

「気持ちを切らしたくないから、って。いつも選手と一緒に戦ってる感じでしたね」

島野の人間的な魅力に、黒田は取り込まれていく。就職の内定をくれた会社を辞退し、卒業後も付き人のバイトを続けた。

「同期」大投手に夢重ね

黒田は以前、現役終盤の島野が投げる姿を見たことがあった。大阪球場の二軍戦だった。後に付き人になるとは思いもせず、「巨人の元一位や」と意識したのを覚えている。

一緒に働き始めると、そんな感覚はすぐ消えた。気さくに思い出話をしてくれた。

ブレーブスに移ってきて開幕一軍をつかみかけていた、という。「でも、けが人が復帰して、ギリギリで降格を命じられてね。あれがラストチャンスだったなあ」と笑っていた。

そんな人柄だから、選手にも慕われる。試合中、山沖之彦が一塁側ベンチ脇の通路にふらりと来たことがあった。一九八二年シーズン終盤のこと。「二桁負けちゃいました」と頭をかく7勝15敗の新人右腕に、「来年は、勝ちと負けが逆になるよ」と即答していた。

その予言通り、翌年は15勝8敗。ゾクッとした、と黒田は言う。「あれぞ、プロの目ですね」。

祈るように「勝て、勝て」とつぶやいていた日も印象深い。

山田久志の通算200勝がかかった、八二年四月二九日のロッテ戦だ。偉業達成の瞬間、飛び出したブレーブスは高々とサブマリンの腕を掲げた。

共に、六八年ドラフトでプロ入りした二人。阪急と巨人。チームは違えど、同じ一位指名という縁があった。

「200か。すごいよなあ」。そう言って我がことのように喜ぶ顔を、覚えている。大投手となった「同期」に、自らの夢を重ねていたのでは――。黒田には、今もそう思えてならない。

「俺も認められたかな」

四〇度近い熱で、島野が脂汗をにじませている日があった。試合中、ナインが守備の間は通路で壁にもたれ、荒い息だった。「どんなに体調が悪い日でも、絶対休まへん。ただただ、尊敬しました」と黒田が振り返る。

よく口にしていた言葉を思い出す。「西宮球場をいっぱいにしたいんだよ」。その使命感が支えだったのだろう。

スタンドでは、人混みの中で子どもに着ぐるみを思い切りたたかれることもあった。「アカンよ」という黒田を手で制し、ブレービーはお尻を振ってその子をバタバタ追いかける。つかまえると、頭をなでた。どっと笑いが起き、一瞬で場が和んだ。

オフに宝塚ファミリーランドで舞台に出れば、親子連れに延々とサインをした。「あの子らがみんなブレーブスのファンになってほしいなあ」。そう笑っていたという。

うれしそうだったのは、チームのホーム用ユニホームが新調された一九八四年。左袖に初めて入ったブレービーのワッペンを、じっと見つめていた。「少しは俺も認められたかな」と。

黒田も休むことなく付き人を五年間務め、その後は大阪でサラリーマンをしてきた。「コツコツだけが取り柄ですけど。誇りをもって働く意味を、島野さんに教わりましたから」。

宝物がある。若手選手に頼み込み、もらった八四年のユニホーム。「島野さんが見てくれてるんです」。左袖で、ブレービーが笑っている。

グラウンドから「僕だよ」

トランペットが空気を震わせる。ブレーブスの応援歌だ。

西宮ガーデンズ内の「西宮阪急」で二〇一六年秋、開店八年を記念して開かれたミニ演奏会。かつてラッパ隊で勇者を応援した百貨店員が、披露した。

「そうそう、これよ。懐かしいなあ」。聴衆の中で島野の妻、佐知子（五四）が目を潤ませていた。傍らに、小さな女の子。夫が亡くなった翌年に生まれた孫だという。

「この子に教えたいんですけどね。『ここに昔、おじいちゃんが働いてた球場があったんよ』って。分からんやろけどね」

出会った頃を、今も昨日のことのように思い出す。

佐知子は生まれも育ちも西宮という生粋の「宮っ子」。母と食事に行った自宅近くの居酒屋「美松」で、島野と知り合った。一九八六年だった。

「細い指でね。ピアニストみたいやわ、って思いました」。どんな仕事をしているかも聞かないまま、西宮球場でのデートに誘われた。スタンド最前列に座らされ、「少し待ってて」とどこかへ消えた。しばらくすると、大きなマスコットが踊るようにグラウンドへ現れた。

近づいてきて、ネット越しに「ほらほら、僕だよ」。えっ、と驚いた。くちばしからのぞくと中で笑っている。飾らぬ性格に引き込まれた。

翌年に結婚した。「クビと言われるまで続けるよ」と、いそいそと球場へ出掛けていく。本塁打を放ったブーマーが、佐知子に向けてブレービー人形を投げてくれた日も。「ブレービー、家におるのにね」。

ハイタッチにも心遣い

結婚披露宴のキャンドルサービスで、新婦はブレービーと腕を組んで登場した。突然、「おい待てっ、そいつは偽物だ」。叫び声とともに、背後からモーニングの島野が現れた。「本物はここだっ」。

着ぐるみを拝借していたのは、球団職員。招待客が沸いた。阪急電鉄の事業部員、奥谷が考えた余興は大成功だった。

こうして楽しく始まった新婚生活だが、「靴下や下着の場所も分からん人でね」と佐知子が笑う。ただ、一五も年上なのに偉ぶらない。愚痴も言わない。

西宮球場へ行けば、相手ファンに「島野、野球の神さんが泣くぞ」とヤジられている。酔っ払いに客席から酒を浴びせられる姿には、涙がこぼれた。

それでも本人は「プライドは人前で出すものじゃない」と静かに笑っていた。「だって、1勝きりのピッチャーだもん」。

結婚を機に阪急グループの子会社に正社員として採用され、西宮市の国道171号沿いにあったレストランに勤め始めていた。蝶ネクタイを着け、ホールで注文を取り、笑顔で料理を運ぶ。

「島ちゃんに会いたい、って客が多いわ。ブレービー以上の人気やで」。奥谷が家へ遊びに来ては、そう教えてくれた。

夕方にはナイターへと直行する夫が、心構えを語っていた日がある。選手とハイタッチする際は自分から手をたたきにいかない、と。「絶対、けがさせちゃいけないからね」。

プライドの満ちる顔だった。

球団売却 帰らぬ夜

その夜、島野は帰宅しなかった。球団の売却が発表された、一九八八年一〇月一九日だ。

翌朝戻ると、「心配ないよ」と笑った。飲み疲れた顔が忘れられない。

「悔しかったやろと思うんです。『客が入らんかったのが身売りの原因や』とも騒がれて、責任も感じたでしょうし」。オリックスからマスコットを続けてほしいと打診された日は「迷惑かけるけど、これからも頼むね」と話していたという。

神戸移転と同時に、チーム名が「ブルーウェーブ」となったのは九一年。栄光のブレーブスと共に、ブレービーは消えた。

姿も一新し、「ネッピー」へと生まれ変わっても、休まないのは同じだった。試合はもちろん、オフも元日からファンとのイベントへ出掛けていく。選手の野球教室へ、サイン会へ。各地を飛び回った。

慣れ親しんだ阪急グループにそのまま社員として残る道もあったが、「野球が好きでたまらん人でしたからね」と佐知子は言う。「それに、何より意地があったはずです」。長男も授かり、一度だけ家で声を荒らげた日があった。「家族のために働いてるんだぞ」と。直後、我に返ったように頭を下げた。「いや、自分のためだね。ごめんな」。

けんかの原因は忘れたが、「とにかく支えようと誓いました。『この人は闘ってるんや』と思って」。他球団で、アクロバチックなアクションをするマスコットが現れ始めた頃だった。

一一七五試合　無休の「完投」

「バック転なんかしなくても、俺の楽しませ方がある」

いつになく強い口調が、記憶に残っている。「ブレービーの頃から、個性第一で道を切り開いてきた自負が強かったんでしょう」と佐知子は推し量る。

派手さではなく、貫いたのは愛らしさ、親しみやすさ。そして、必ず球場にいること。

バギーでグラウンドを走っていて転倒し、肋骨を三本折ったこともある。「息をするのも痛い」と顔をゆがめながら、痛み止めの座薬を入れ、コルセットで固めて出掛けた。「医者の制止も聞かへんかったなあ。『ファンが待ってるから』って」。

ブレービーとして一〇年。ネッピーで八年。無休で一一七五試合を「完投」した。

ひっそり病と闘い始めたのは、二〇〇一年頃から。選手時代からの不規則な生活が影響したのか。糖尿だった。合併症が進み、入退院を繰り返した。人工透析も週三度。ただ、つらいとは絶対言わなかった。

「苦しい、しんどいってぶちまけてほしかった。『弱音を吐いちゃブレービーの名が廃る』って思ったんかなあ」

ロベルト・バルボンが家を訪ねて来た日がある。オリックス職員として、共に野球教室で各地を飛び歩いた仲だ。「元気か、シマ」。懐かしい声に、楽しく話し込んでいたという。車いすに頼り、もう目もほぼ光を失っていたけれど。

それから一週間ほどして、島野は旅立った。一〇年の五月八日だ。

佐知子に言い残していた。「家族だけで送ってくれればいいから。俺はとっくに引退した、ただの人だからね」。

母校の坂道 闘病誓う

マスコットを引退した島野に、佐知子は母校へと連れて行ってもらったことがある。

武相高校は、横浜市の高台にあった。校門に続く坂道。「昔はここを必死で走ったんだよ。苦しかったけど、やめなかったよ」と幼い長男に教えていた。これから続く闘病生活へ、心を奮い立たせていたのか。人生、上り坂。在りし日の夫がいとおしい。

今も時に、好物だった横浜名物の「シウマイ」を提げて訪ねてくれる元野球部員がいる。高山伸紀（六〇）。OB会長だ。「僕らはみな、島野さんに憧れて入学したようなもんですよ」と九期違いの先輩を慕う。

島野が床に伏していた頃は、よく西宮市の自宅へ見舞った。理事を務める「マスターズ甲子園」の本部が神戸にあるから。

野球部の帽子を贈った日、「武相のにおいがするなあ」と目を細めていたのを思い出す。元高校球児たちが同窓会チームを組み、地方予選から聖地を目指す「マスターズ」。仕事も忙しいが、高山はずっと関わっていくつもりだ。「先輩が残してくれた、大舞台との縁を切らないためにもね」。その右腕の代以来、母校は出場から遠ざかって久しい。

でも、オールドファンがみな「島野はすごいピッチャーだったね」と思い出してくれる。「ブレービーに転身して、野球界に大変な功績を残した。だからこそ、多くの人の記憶に刻まれているんですよね」とかみしめる。

高二だった島野が聖地のマウンドに立ってから半世紀が過ぎた。高山は、母校のOBチーム監督を務めている。マスターズでの甲子園出場が夢だ。「いつか、OBみんなで島野さんに会いに来ますよ。胸にBUSOのユニホームでね」。

グラスに浮かぶ思い出

七回忌の二〇一六年春。かつて島野と共に働いた面々が、顔を合わせた。それぞれの思い出話を肴に、酒を酌み交わした。

大阪読売広告社にいた栗原は、高知キャンプの記憶をたどった。山口高志と街へ出た夜のこと。剛球右腕は「これからひと月、よろしくな」となじみの店に一五分だけ滞在し、あいさつ代わりに高級ボトルを入れる。同じことを繰り返しながら、立て続けに四軒回った。

最後の店。島野は「高志の名前で」とボトルキープの支払いを申し出た。「おごられっ放しは、プライドが許さなかったんでしょうね」と栗原はしみじみ振り返った。

ストライクが入らない打撃投手時代の苦悩を本人から聞いていたのは、阪急電鉄の事業部にいた奥谷。「一〇円玉くらいの円形脱毛症を隠して投げてたそうやわ。真面目な島ちゃんらしいよなあ」。

また、付き人だった黒田はロッテ戦を懐かしんだ。ベンチ脇から相手バッテリーを見つめていた島野が「おい黒ちゃん、見ろよ。ノーサインで投げてるぞ」と気付いたという。

剛球とフォークの村田兆治に、球種も分からないのに体ごと壁にして止める袴田英利。「ブレービーの頭を着けたまま『これぞプロだよ』って興奮して。野球少年みたいにね」。

昔話が、尽きない。時を忘れて酔いしれた。

三人は今、それぞれの道を歩む。それでも、ブレーブスとブレービーで結ばれた縁が切れることはない。

そっと献杯した。球界最高のマスコットをグラスに浮かべて。

勝利球　ひつぎに納めず

黒ずんだ硬球が残る。

かすれた文字で、「初勝利　1971・9・29　対広島戦」。プロで唯一の勝利。島野の遺品となったウィニングボールだ。

島野が残した、プロ人生唯一のウィニングボール。佐知子が大切に持っている

ひつぎに納めるべきか、妻の佐知子は迷った。

でも、やめた。「きっぱりプライドを捨てて、あの人はマスコットとして一途に生きたんですもんね」。

あと少しで迎えるはずだった還暦を、祝ってあげたかった。

それからしばらくして、ブレービーとの再会を果たした。民放が制作する追悼番組のロケだった。誰もいない、神戸の球場。グラウンドへ持ち込まれた大きな箱のふたを開けると、今はオリックス球団が保管する懐かしい着ぐるみが現れた。

思わず、抱き締めた。

汗のにおい。かすかに、香水のかぐわしさが混じっていた。「おしゃれな人やったから。病院へ行くにも、ひげをそって香水を振ってね」。マスコットとして築き上げたイメージを誠実に守ろうと努めているようだった、という。

闘病生活の中、ベッドでよくラジオに耳を傾けていた。プロ野球中継だった。遠いざわめきを聞きながら、かつて自分が浴びた歓声を思い出していたのだろうか。

二〇一七年五月。オリックス球団が主催した阪急ブレーブスの復刻試合に先立ち、球場外でのトークショーに山田久志が登場した。

会場を埋め尽くしたファンの中に、「100」の背番号をつけた勇者のユニホーム姿があった。ステージから問いかける。「それは何の意味ですか」と。「ブレービーです」。答えを聞くや、大エースは「おおっ」と絶句した。絞り出す。「ありがたいねえ」。わあっと拍手が湧いた。

青空の、こどもの日だった。

そこにいたのはブレービーを愛し、ブレービーに愛された、かつての子どもたち。感謝と追悼の拍手だった。

第11章
不動の 4 番打者 長池徳二

●**長池徳二**（ながいけ・とくじ）

本名・徳士。1944年生まれ。徳島県立撫養高の投手として春の甲子園に出場し、法政大で野手に転向。66年のプロ入り以来、本塁打王と打点王を三度ずつ獲得し、パ・リーグ MVP にも二度輝く。ブレーブス一筋14年間で1390安打、338本塁打、969打点。

本塁打を量産し、「ミスター・ブレーブス」と呼ばれた。左肩にあごを乗せる独特の構えで相手投手を震え上がらせた＝『阪急ブレーブス五十年史』より

黄金期　この男が導いた

勇者の4番といえば、この男。初めてパ・リーグを制した一九六七年から、どっしりとその座に就いた。入団二年目のことだった。

ドラフト制の導入元年に栄えある一位指名を受けたが、エリート然とはしていない。泥臭く「西本道場」で鍛えられ、本塁打王へと駆け上がっていった。

長池徳二（七五）。左肩にあごを乗せ、真正面から投手をにらむ独特の構えは、「小技は無用」の金剛力士。棍棒のように振り抜いた。「ホームランしか狙わん」と。

半世紀前、バット一本で切り開いた「ミスター・ブレーブス」への道。その歩みは、お荷物球団が常勝軍団へと生まれ変わった道のりに、ぴたりと重なる。

さあ、バット一本でチームに黄金期をもたらしたスラッガーを右打席へ呼ぼう。

「4番・ライト、長池。背番号3」――。

次打者サークルで立ち上がる姿と、二重写しになった。

阪急宝塚南口駅前。ホテルのロビーで待っていたバットマンが、スッと腰を上げた。締まった体、伸びた背筋。まだブルンと振れそうだ。

「この辺りは、昔から雰囲気がずっと同じでね」。喫茶室の窓から外を眺め、若手の頃から暮らす静かな街への愛着を語る。

頭はすっかり白くなっても、目にも声にも力がある。

数々の栄光を振り返る中で、「やっぱり、あの年は特別だから。僕の原点だからね」。にこやかにコーヒーをすすり、一九六七年に思いをはせる。

弱小時代を知る先輩たちに担ぎ上げられ、西京極球場の宙を舞ったのは初優勝が決まった一〇月一日だった。しかも、西本幸雄の次だったと記憶する。「胴上げだけでもびっくりなのに、監督のすぐ後なんてね。『若造め、大化けしよって』って認められた気がしたよ」。

27本塁打、78打点。常勝軍団の顔として、ニュースターとして歩み出した年だった。「その間もなく「ミスター・ブレーブス」と呼ばれ始めると、「俺でいいのかな」と思いもした。「それでも、やっぱり光栄でね。とにかく、その名に恥じないようにと励みにしたよ」。打席で仁王立ちした姿がうそのように、謙虚で柔和だ。

時に左膝をさする。そうしないと筋肉が固まって痛むらしい。体がねじ切れるほどのフルスイングの代償だった。

「これも同じだね」と右腕を出す。肘が曲がりきらず、肩まで指先が届かない。腕をたたんで徹底的に練習した、内角打ちの名残らしい。

「僕は野球も性格も不器用だから、これと思い込めば、とことんそれ一つなのよ。あれもこれも、ってのはできないんだよね」

厳しい球を打ってこそ、４番打者——。その一心に貫かれた鍛錬の日々だった。「ドラフト一位第一号」を大砲に育てたいという闘将の期待に、正月も返上してバットを振った。

徳島の田舎町で送った幼少期は、プロなど考えもしなかったという。身近な目標だったのは、二つ違いの兄だ。「付いて来い、って背中で示してくれた存在でね」。誇り高き勝負師は目に優しさをたたえ、思い出をたどり始めた。

兄のまねが原点に

家の周りは、田や畑ばかりだった。徳島県板野郡。母の里だ。戦火を避け、父の実家があった兵庫県明石市から家族で疎開してきたのは「僕が生まれる前の話だよ」。

召集された経験もある父は、ミシン販売業で家族を養った。「バイクの後ろに積んで、営業に駆け回ってね」。母も駄菓子屋を営み、アメを売っていた。

裕福ではないが、友達との缶蹴りや兄の英樹とするキャッチボールが楽しみだった。

でも、「当時の英雄といえば力道山。そりゃあ、強かった」。電器店のテレビでシャープ兄弟との死闘にかじりつき、空手チョップに燃えた。

野球はラジオも含め、中継に触れたこともなかった。だからこそ、プロの試合を初めて観戦した日の興奮は忘れない。小学生の頃、父と船や列車を乗り継いで来た、甲子園だ。

オールスターだったと記憶する。外野席の一番上からは選手がアリほどに映り、「球場ってでっかいなあ」とドキドキした。

それを機に、兄との遊びに一層熱が入っていった。近所にはチームもない。粗末な布のグラブを手に、来る日も来る日も球が見えなくなるまで投げ合った。

投げ方も捕り方も、あれこれ指図された記憶はない。優しい兄と同じようにうまくなりたくて、「じっと正面から観察して、まねしたなあ」。一つのことを、とことん突き詰める。そんな性格が形作られる原点に、田園風景でのキャッチボールがあった。

突然のマウンド 転機に

後に中日へ進む徳島商の板東英二から兄が安打を放つのを、長池は郷里の球場で見た。自身の中学時代だ。「あれは誇らしかったねえ」。

その兄を追い、徳島県立撫養《むや》高へ入学した。人気絶大の徳島商へは「行きたいとも思わなかったよ」。中学では注目もされない内野手だったから。

夏になる頃、走塁練習で滑り込んだ際に右足を骨折してしまう。「スライディングなんて、教わったこともなかったからね。膝から下が斜めに曲がってたなあ」。戸板で運ばれ、そのまま四〇日間も入院した。

三年生の兄を、最後に応援することもできなかった。やっと傷が癒えても、新チームで守るポジションもない。焦ったが、転機が訪れる。

秋の新人戦でのこと。ユニホームを忘れた先輩投手に代わり、監督から「投げてみ」と言われた。驚いたが、やるしかない。投手は未経験だから、ほとんどが直球だ。マウンドで、夢中で腕を振った。何と最後まで投げ抜き、4―4の引き分けに持ち込んでしまった。

「それでエースにされちゃってね」。ひょっとすると、監督は地肩の強さを認めてくれていたのかも知れない。

それからは投げに投げた。朝、昼休み、放課後。肘を上げたり下げたりしつつ、自分に合ったフォームを探す。外角低めの真っすぐが投手の生命線だと聞くと、そこばかりを狙った。球は速い。公式戦で10者連続三振を奪ったこともある。「板東さんが持ってた記録が、確か9連続でね。あれも誇らしかったねえ」。

一つの技　極める執念

4番も任された高校時代だが、「バッターとしてはごく普通だったよ」と苦笑する。思い出は投手としてのものばかり。直球がビシビシ決まるようになると、更に投げ込みを重ねていった。自らに課していた。一〇〇球投げるなら、一〇〇球とも外角低めへ——と。一つの技を極めることへの執念を高めていった。

それが財産となる。「プロ入りした後も、生き抜くために必死で食らいついた。考えて考えて、自分を追い込む癖が養われていたことは大きかったね」と振り返る、青春時代だ。

三年で選抜に初出場し、地元を沸かせたが、それが目標ではなかった。「毎日の積み重ねの先に、たまたま甲子園があった感じだから」と素っ気ない。

この頃から、長池は故障に悩まされる。右肩に痛みが走り、肘には遊離軟骨ができた。だまし投げ続けたものの、思うような球はいかなくなった。最後の夏は早々に敗退した。格下を相手に温存されたが、リードを許したまま日没コールドを迎えたと記憶する。

東京六大学でプレーしたいと考えた。慶応大の選手選抜テストが八月に控えている。兄も一浪した末に入学し、野球部に入っていた。

ところが、日程を間違える大失態でテストを受けられなかった。「どうしよう」と目の前が真っ暗になった。

そこへ、徳島の田舎町まで訪ねて来てくれた人がいた。両親と話し込んでいる。

南海の監督、鶴岡一人だった。

意外な指名 夕刊で知る

甲子園での姿が目に留まったらしい。「うちのテストを受けろ」と誘われた。

思い込んだら一筋、の癖が出る。「よし、ホークスへ行く」。徳島は南海の航路もあったから、身近には感じていた。

テスト会場は大阪球場。数十球投げたところで、告げられた。「ものになるまで四年かかる。大学で鍛えてこい」。あれよあれよと鶴岡の母校、法政大で世話になることが決まった。

しかし、野球部に入ってみると、腕利きの投手ばかりだった。高校時代に肩や肘を故障した影響もあって、長池は野手転向を迫られる。入部からわずか一週間でのことだった。

捕手も含め、内野のポジションを一通り試した後、結局は外野へ。へこたれない。「四年後にはホークスが取ってくれる」と思い込んでいる。

「そのためには、打たないと」とバットを振り込んだ。「見よう見まねで、完全に自己流でね。

『負けんぞ』っていう意地だけだったなあ」。

二年から試合に出始めると、首位打者やベストナインにも輝いた。ただ、本塁打は通算3本。「右中間を抜くヒットが多くてね」。代名詞であるフルスイングが花開く前だ。

そして、四年生になった一九六五年。この秋からドラフト制が導入されることが決まっていた。迎えた運命の日は、仲間と京都をぶらついていた。落ち着かないが、やっぱり「ホークスだ」と信じきっている。

夕方、駅で夕刊の見出しに驚いた。「阪急 長池」——。

南海への道 吹っ切れた

なぜブレーブスに一位指名されたのか、分からない。そういえば……とハッとした。大学三年の夏だったか、グラウンド脇で練習に目を凝らす男がいた。「おい、阪急の西本監督だぞ」と仲間に教えられたが、先輩を視察しに来たものと思い込んでいた。

早くから目をつけてくれていたのなら、うれしい。一気に親近感が湧いた。「ずっとホークスに入ると思ってたから、残念さもあったけどね」。

鶴岡を大阪の自宅へ訪ねたのはドラフトの数日後だ。「阪急でお世話になります」と報告すると、「頑張れよ」と励まされた。南海は二位指名を考えていたと明かされた。

それで、吹っ切れた。新人選手の獲得が自由競争のままなら、長池は迷いなく南海への道を進んでいたはず。「運命って分からないもんだよなあ」。

すっきりと勇者の一員となったが、契約金は一〇〇〇万円。ドラフト制の導入により、決まった上限だった。前年にはその五倍で入団した選手もいたらしいから、「一年違いで大損だよ。ドラフトに振り回された人生だよね」と笑う。

もちろん本心は違う。永遠に名前の残る、常勝軍団の「ドラフト一位第一号」。そのプライドを、一瞬たりとも忘れたことはないという。

苦労して育ててくれた両親に家を新築し、プロに飛び込んだ。「ブレーブスで本当に良かった」と今も感謝する数々の出会いが、待っていた。

長距離砲へ　変貌の道

ドラフト一位への注目度は高い。一九六六年の初キャンプで、西本やコーチの青田昇から打撃指導を受けた。

一度に右と左から口を出され、消化しきれない。たまらず「どちらか一人にしてもらえませんか」。その瞬間、指揮官は「そらそうやな。ほな青ちゃん、頼むで」と離れて行った。

いま思い出しても、「新人の分際で、よくあんな生意気なことが言えたもんだよ」と恥ずかしくなる。「でも、すんなり受け入れる監督も人間が大きかったなあ」。打線の弱かったブレーブス。何とか和製大砲として大成させたいという思いも、ひしひしと感じ取った。

ただ、法政大時代から、長池は自他共に認める中距離打者だった。内角が弱く、外寄りの球を流すような打球が多かった。そこをズバリと青田に言い当てられた。「プロは中を攻めてくる。

打てんと、メシを食えんぞ」。ハッと目が覚めた。

右肘を畳み、グリップを球の内側に放り込むような感覚での打ち方を教わった。それを頭に置いて練習するものの、球の速さに四苦八苦。「俺はプロのレベルに達してない」。ごまかしは利かない、と打ちひしがれた。

ただ、内角打ち一点を鍛え抜くのは性に合った。長距離砲へと変貌する道が、始まった。言い切れる。師と仰ぐコーチと出会わなければ、その後の自分はない——と。

「誰だって、信念と気持ち次第で変われるんだよ」

一月一日の西本道場

一年目の開幕直後から、試合に起用された。弱いので、若手を積極的に使おうという思惑も働いたのかもしれない。「そういう点でも、ブレーブスに入れて幸運だったね」。

西本からは特に激励もない。「だって、気の利いたことやおべんちゃらを言う人じゃないからね」。この頃の長池はまだ、指揮官のそんな不器用さを知らなかったけれど。

最初は快音もなく、二軍落ちする。一軍での初安打は、後半戦の七月二三日だった。すると、翌日に初アーチ。初打点もこの時だった。いずれも南海戦だ。「やっぱりホークスとは縁があったんだね」と笑う。

この一九六六年シーズンは五位。怒った西本が前代未聞の「信任投票事件」を起こす。西宮球場の一室で「わしに付いてくる覚悟がない者は×を書け」と全員に無記名投票をさせた一件だ。

新人だけに、事の重大さが理解できない。「プロは毎年、こんなことをやるのかな」とのんきに考えていたという。

そんなドタバタの末、引き続きチームを率いることになった闘将が、宣言した。「正月も練習をやるぞ」と。

明けて六七年の一月一日。午前一〇時頃だったろうか。背番号「３」は寮から西宮球場の室内練習場へ向かう。「さすがに、餅の一つくらいは食べて行った覚えがあるよ」。

強制ではないから、「監督いるのかな」と半信半疑だが、本当に一人で待っていた。

新年のあいさつもそこそこに、白い息で練習を始めた。

居残りで五〇〇球打つ

元日から「西本道場」。スポーツ紙はそう書きたてた。

その実、正月の参加者は決して多くはなかった。「当時はやっと、ブレーブスが必死で練習する集団に変わり始める頃だもん」。

自分はオフを返上して走り込んできた。他の面々も、おとその香りを漂わせてはいない。軽快な動きに、「今年はみんな、やる気だな」と感じ取った。

体が湯気を上げるほど、長池は内角直球を打った。闘将の声が飛ぶ。「楽して一人前にはなれんぞ」。その言葉が胸に焼き付き、「俺はこの人に将来を預ける」と意を決した。

日に日に参加者は増えていった。使い放題だったはずの打撃マシンが、いつしか取り合いに。

「みんなライバルだよ。負けたくなかったね」。

キャンプでも、全体練習の後で四〇〇球も五〇〇球も打った。青田の教え通り、グリップを球の内側に放り込むような意識でスイングした。

ただ、なかなか芯には当たらない。どん詰まりに腕全体がしびれ、顔をゆがめた。旅館で氷をもらい、腫れ上がった両手を冷やした。グリップを握る指が固まり、曲げ伸ばしできない朝もあった。「それでも、痛いなんて言ってられないしね」。困っていると、飲みに出た夜の街で、ホステスがある物をくれた。

翌日から、それを打撃用手袋の中に忍ばせた。ブラジャーのパッドだった。「ちょうどいいクッションになってね。助かったなあ」。

また、打ちに打った。

四国の先輩が驚く成長

きょう良くても、次の三日間は全くダメ……。初めはそんな感じだった内角打ちも、徐々にコツをつかんでいった。

芯に当たると気持ち良くはじき返し、手も痛まない。うまくいく日が続き、またバットを握る。その繰り返しだ。西本や青田の指導を厳しいとは感じなかった。日本人の4番を育てたいという熱意がありがたく、「ただただ、打ちたい」という思いだった。

そんな姿を「すごいスピードで成長しよるな」と感心しながら見守る先輩がいた。西宮球場に隣接する寮で相部屋だった山口冨士雄（七七）だ。

立教大時代から二塁手。後に巨人で活躍する土井正三と二遊間も組んだが、二年で中退してブレーブスに入っている。いま郷里の高松市に暮らす名手は、三期遅れて入団してきた背番号「3」を「名字に聞き覚えがあったんや」。

選抜優勝も経験した高松商時代のこと。練習試合をした徳島県立撫養高に、長池英樹という選手がいた。それを、ふと思い出したのだという。

「お前、あいつの弟かい」「そうです」。そんなやり取りを機に、一気に親しくなった。

「同じ四国出身で、気が合ってね」。キャンプ中も夜の街へと連れ出し、門限破りもした。「ようニ人で遊んだよ。でも、『イケ』はなんぼ飲んでも手を抜かんかったなあ」。

特別な同志という思いは消えない。パ・リーグ初制覇の一九六七年、元日の西本道場に一緒に参加した仲だから。

クーラー持参で相部屋

寮で相部屋になった経緯を、山口ははっきり覚えている。

四階の角部屋が空く、と聞いた。結婚のためだったか、左腕の梶本隆夫が引き払うらしい。

「まあ元々、夜も部屋におらん豪傑やったけどね」。

それまで、二階の自室にうんざりしていた。夏の夜、窓から蚊が入ってきたから。蚊帳をつっても追い付かず、屋上へ避難したこともある。体力勝負の夏場に、寝不足に悩まされていたという。

今でこそ華やかな西宮北口の界隈も、当時は田園風景。寮の脇には竹やぶがあり、そこが蚊の発生源になっていたようだ。「さすがに四階までは飛んで来んやろ」と部屋替えを決めた。

そこへ、既に親しくなっていた長池が相部屋を申し入れてきた。新人として心細さもあったのだろう。「クーラーを持参しますから」という。

カラーテレビ、自動車と並ぶ「新・三種の神器」。まだ珍しい頃で、山口は「窓を閉めて寝られて助かるわ」と了承した。

ミシン販売という仕事柄、安く融通できたのか、背番号「3」の父が取り付けてくれた。六畳間に布団を並べて寝る日々が始まった。「僕はさておき、あの角部屋は出世部屋やったんやろね。梶本さんに続いて、イケやもんなあ」。

ただ、夏は涼を求めて仲間が押し掛けた。「むさ苦しいヤツらで満員よ。せっかくの冷房が効かんかったわ」。二人で苦笑し合った熱帯夜が、懐かしい。

キャンプの夜 風切り音

シーズン中も、山口は長池とよく飲みに出た。

思い出すのは遠征先の福岡だ。門限の午前〇時を回り、二人で息を潜めて戻ると、旅館で飼う秋田犬が下駄箱前で高いびき。チラリと薄目を開けるだけで、見逃してくれた。

「あいつ、ブレーブスの者には絶対吠えんかった。賢かったなあ」と山口は笑う。

ただ、既に施錠されていた夜は参った。「外から『おい、開けてんか』って犬に頼んだわ。さすがに無理やったけど」。

ならばと、肩車で屋根によじ登ろうとしてみたり、仲間の休む部屋の窓へ小石を投げてみたり。仕方なく二人で飲み屋へ引き返し、関係者の部屋へ転がり込んだこともある。背番号「３」は、弟のような存在に思えた。

ただ、そんな感覚も一九六七年のキャンプあたりから消えた。宿では右のエース、米田哲也も含めて三人が同室だったが、ビュッ、ビュッという音で山口は夜更けに目が覚めた。

暗がりの中、二年目を迎えた後輩のバットが風を切る音だった。荒い息。やむことなく続くスイング。鬼気迫るものを感じ、寝たふりをした。

「年下やけど尊敬したよ。イケは、取り組み方が他の誰よりもすごかったなあ」

ガンガン打ち出してからも「先輩、僕のバッティング練習を見てください」と助言を求めてくる。「俺でいいんかあ」と問うと、「もちろんですよ。お願いしますっ」。

恐縮しつつ、外野から打撃ケージの姿に目を凝らした。

見守る先輩　質問攻め

「正面から見とってくださいね」。そう頼まれ、山口は中堅辺りから打撃練習の様子を凝視した。横や後方で見守るコーチが見逃すような修正点も、前からなら気付けるはず。そんな意図があるようだった。

打ち終わると、長池は飛んでくる。「先輩、どうでしたか」「何か気になる点はなかったですか」と質問攻めにしてきた。

「うーん、ちょっと左肩の開きが早かったかもなあ」と答えれば、次はその点を微調整しながら一球一球打っている。「こっちが気が引けるくらい、イケは素直やったね」。

触発され、「よっしゃ、俺だって」と山口は練習に熱を入れた。自分も立教大時代は、西本が直々に高松市の実家まで入団要請に来たほどの内野手だった。

ブレーブスに入ったのは、大学の先輩である闘将の顔をつぶせなかったから。「最初は弱くて、魅力のないチームでね」。そうやって知らず知らず冷めていた心に、火がついた。パ・リーグ初制覇の一九六七年には、二人そろってオールスターにも出場する。誇らしかった。

その後も「先輩、見とってください」は続く。

連続試合安打の七一年も同じだった。でも、絶好調の背番号「3」に修正点などない。山口は「今のままでええよ」としか答えようもないのに、「何でも言ってくださいね」と食い下がられ、あきれた。最終的に記録は32試合にまで伸びた。半世紀が巡ろうとする今も輝く、リーグ記録だ。

「そういう男よ、イケは」

助っ人から4番奪う

「今年の長池を見とれよ。2割7分、70打点、ホームラン25本は打ちよるからな」

青田が報道陣にそう吹聴する声を、長池は鮮明に覚えている。一九六七年の開幕だった。

記者たちはさらりと受け流している。何しろ、新人だった前年は2割6分3厘、22打点、7本塁打だったから。

本人は意気に感じていた。「高めの目標を言われると、自然にそれを目指す。僕はそういう人間なんだろうね」。手だれのコーチに、まんまと乗せられる形になったわけだ。

4番にも起用され、西本の期待に震えた。それまではスペンサーの定位置だった。「入団からずっと、『負けたくない』って目標にしてた相手だからね。気合が入ったよ」。

3番に回った大リーガーは「結果を恐れず、好きに打てよ」。自分が一塁走者でいる時は、内野ゴロで猛然と二塁へ滑り込んでくれた。メジャー仕込みの「殺人スライディング」。ベースカバーの野手に巨体をぶつけんばかりだった。

まだ打撃技術が未完成で、凡ゴロも多かった背番号「3」は「あれには助けられたなあ。おかげで、ゲッツーを怖がって縮こまらずに済んだしね」。小細工せず、思い切り引っ張る。自分の打撃を作っていった。

ただ、西本、青田に加え、この助っ人を恩人に挙げるのには他にも理由がある。

「野球博士」と呼ばれる一面だった。西宮球場で、ベンチの窓枠に何かをポンと置いている。

「怪童」の目を見て満塁弾

ベンチの窓枠にスペンサーが置いていたのは、小さなノートだった。試合中もペンを走らせている。「いつも読み返してたなあ。特に、ピッチャーが代わった時にはね」。

ある時、その一冊をこっそり開いてみた。びっしりと並ぶアルファベット。理解できたのは、背番号と選手名だけだった。首をひねっていると、通訳が「相手ピッチャーのクセを全部、記録してるんやで」と教えてくれた。

例えば剛速球の東映、尾崎行雄。振りかぶった手が頭の上で静止した瞬間、グラブから白球が大きく見えればカーブ、見えなければ直球――。

「とんでもない極秘資料だ」と衝撃を受けた。相手のクセを利用する手法が、浸透する前の時代だ。ナインはこぞってまねをし、視線をマウンドに集中させた。

ただ、長池は「スペンサーがどこを見ているかも観察したよ」。投手の目をじっと凝視しているように映った。

豪快な打撃だけでなく、走者がいればゴロを転がして進塁させ、「さあ、あとはお前の仕事だぞ」と託してくれた。今も、日本球界に最も影響を与えた外国人選手だと信じる。二〇一七年一月、鬼籍に入った助っ人を思う。「もう一度、会いたかったなあ。ありがとうって伝えたかったね」。

4番に定着した一九六七年、背番号「3」は4打数連続本塁打も記録した。そのうち1本は、尾崎からだった。「真っすぐ勝負だった記憶があるね。打つなら打ってみい、って挑んできたよ」と笑う。「怪童」の目に宿る闘志を読んだ、満塁弾だった。

「ミスター」への第一歩

「無我夢中ってだけだったなあ」。パ・リーグ初優勝の一九六七年を、長池は４番としてあっという間に駆け抜けた。

２割８分１厘、27本塁打、78打点。コーチの青田から課せられた「ノルマ」は達成した。祝勝会で浴びるビールに「少しは背中に恥じないバッターに近づけたかな」と酔った。

パ・リーグ初優勝の祝勝会で米田哲也（左）、梶本隆夫の両エースからビールを浴びる。若き４番としてブレークした年だった（1967年10月）＝『阪急ブレーブス五十年史』より

背番号のことだ。入団時は大学の頃と同じ「27」を希望したが、既に埋まっていた。そこで、「ドラフト一位にふさわしいスター番号に」と球団から提示されたのが「３」だった。

「ビックリしたよ。あの人と一緒だもんね」。憧れの長嶋茂雄だ。新人の年は重荷にも感じる一方で、「この番号に胸を張れる選手になりたい」と二軍生活の糧にしたという。

だから、日本シリーズで顔を合わせた時は「わっ、長嶋さんだ」。試合前の練習から、その一挙手一投足に見とれた。Ｖ９へと突っ走る巨人のユニホーム姿を前にしただけで、全員が偉大な選手に思えた。

安打で一塁に出ると、そこには王貞治が守っている。思わず、打席でのタイミングの取り方を質問した。即座にコツを説いてくれて、「あれには感激したなあ」。すっかりファン目線で、気が付けば負けていた。「悔しさを感じる間もなかったよ」と苦笑する。

ただ、個人的には手応えと自信を得た年でもあった。心にはっきりと目標が芽生えた。いつか、ホームラン王を取る――。勇者の「ミスター」への第一歩が、刻まれた。

左肩にあごをグッと

他球団からの警戒が、一気に強まった。「絶大だったね。優勝チームの4番って肩書は」。内角は危険と知れ渡り、外へ逃げていく変化球が増えた。ならばと、チョコンと器用に右方向へ運ぶこともあった。

その様子に「イケよ、お前は4番やぞ」と諭したのは山口冨士雄だ。「相手はビビってるのに、流し打ちなんか要らん。外のボールでも、レフトへ放り込まんかい」と。

山口は大打者への成長を先輩として楽しみにしたからこそ、小さくまとまってほしくない一心だった。「自分からイケに注文をつけたんは、あれが最初で最後やったわ」。黙ったままコクリとうなずいた背番号「3」の覚悟に満ちた顔を、覚えている。

その後の様子を見ていると、少しずつホームベース寄りに立ち始めているのが分かった。どんな球も逃がさん、と気構えが芽生えたように映った。

それから、もう一つ。長池が左肩にグッとあごを乗せ始めた時の驚きを、忘れられない。マウンドに顔を正対させ、正面から投手をにらんでいる。

ミスター・ブレーブスの代名詞となる独特の構えは、こうして生まれた。「僕の忠告のおかげかな」と山口は笑う。空振りを恐れず、内も外も豪快にフルスイングで仕留める姿に「最高の４番や」と頼もしかった。

確信したという。絶対、ホームラン王になる——と。「イケが三年目くらいのことやね」。

タカの４番　大きな壁

「自然とああいう構えになっていったんだよね」と長池は左肩をなでる。打席であごを乗せた頃を、懐かしむかのように。

外の変化球に泳がず、強く振り抜きたい。球を少しでも長く正面から見るため、たどり着いた「形」だった。「僕は不器用でタイミングの取り方も下手だから、あれこれ試すしかなかった。体が見つけてくれた答えだったね」。

内角打ちに絶対の自信ができていたため、まともに中で勝負はしてもらえない。徐々にホームベース寄りへ立ち位置を変えるうち、爪先が打席からはみ出すまでになった。

球審にばれないよう、足元をならすそぶりで白線を消した。そんな時、「おい、出てるでえ」。ボソボソのささやき戦術。南海の野村克也だ。

大きな大きな壁だった。何しろ、この名捕手は一九六一年からずっと本塁打王。長池はタイミングの取り方を参考にしようと、その打撃練習をじっと見つめたこともある。

体の手入れのために通った大阪府池田市の病院で、「昨日はノムさんも来られましたよ」と医師からよく聞かされた。満身創痍の大ベテランを尊敬し、だからこそ燃えた。

そして、六九年。勇者の4番は初めてキングの座を奪う。プロ四年目。41発だった。「取りたい、って必死の一年だったなあ」。

一度頂点に立つと、「何度も欲しい」とタイトルへの渇望感は更に増した。自分が記録を止めた、タカの4番に恥じないためにも――。

新たなライバル　大杉

握力は一〇〇キロにも達していた。振り込みの成果だ。分析に長じたスペンサーから、相手投手のクセをどう見るか助言を求められた日もある。

鍛錬と研究で、4番打者として信頼を築き上げた自負はあった。ただ、初の本塁打王は「がむしゃらにやっただけで、実感がなくってね」。

まぐれだとは思われたくない、と闘志が高まった。一回きりじゃ意味がない――と。

そこへ新たな強敵が現れる。東映の大杉勝男だ。アマチュア時代から縁があった。

長池が法政大三年の時、社会人チームとの練習試合で、相手の右打者に目の覚めるような当たりを飛ばされた。「すごいのがいるなあ」と驚いた。

「あっ、あの時のヤツだ」と気付いたのは、ブレーブスの一員になってから。相手は一つ下ながら一年先にプロ入りし、力強さに磨きをかけていた。

そのスラッガーに、一九七〇年から二年連続でキングを奪われた。「僕が先に取ったから、あいつも『よし、俺だって』って燃えたんだろうね」。

普段こそ言葉も交わさないが、試合前に「大杉、バットくれんか」と頼んだことがある。不振が続いている頃だった。すぐベンチから二本引っつかんで来て、「どうぞ」。

早速、練習で使ってみると、意外に軽いつくりだった。気持ち良く振り抜けて、「あれはいい気分転換になったよ」。快く塩を送ってくれた強面のライバルに、感謝した。

最終戦「1番」で失敗

「今日は1番に入れ」

西本に告げられ、耳を疑った。一九七一年一〇月六日、平和台球場での西鉄戦だった。オールスターでは経験済みのトップバッターも、公式戦ではもちろん初めてだ。

この時点で長池は40本塁打。トップの大杉を1本差で追い、逆転をかけるシーズン最終戦だった。既にブレーブスは優勝を決めていたとはいえ、一打席でも多く立たせたいという指揮官の親心に、奮い立った。

「でも、それで逆にガッチガチに力んじゃってねえ」。捕邪飛に投ゴロと、六打席で無安打。二度目の戴冠は成らず、「もう1番はこりごりだ」と思った。

そして、翌七二年。近くて遠かった1本を埋めようと、キャンプから振りに振る。しかし、開幕間近のオープン戦で右足首を捻挫した。おまけに古傷の右肘まで痛みだし、前半戦は欠場を重ねた。

その間に、東映のライバルは打ちまくっている。焦る気にもならず、「今年はタイトルには縁がないな」と白旗だった。「だって、最大で大杉に15本ほど離されたからねえ。普通、引っ繰り返すのは無理でしょ」。

ただ、チームを背負う4番の責任として毎年掲げていた目標があった。3割、30本塁打、100打点。その数字にどれだけ近づけるかだけを考えようと頭を切り替えた。「自分との闘いだぞ」と腹をくくった。

すると、後半戦にエンジンがかかる。「余計な力が抜けてね。不思議な感覚だったなあ」。

無の境地で大逆転

フルスイングでありながら、無駄な力は抜けた感覚。それが理想だという。「調子のいい時はそうなのよ。ポンッと当てるだけで、飛んで行ったね」。

一九七二年の後半戦で見せた猛チャージも、そんな状態だった。アーチ10本の八月に続き、九月は15本を量産する。自分が休んでいた春に大杉が樹立した月間記録と、肩を並べてみせた。

本塁打王争いで一気に肉薄したが、「ピッチャーが何を投げてくるか。自分はそれを一発でどう仕留めるのか。他のことは頭になかったなあ」。無の境地に達していた。

そして、ついに1本差まで迫ってシーズン最終戦を迎える。前年と同じ状況だ。この日に至って、長池は初めて「よし、チャンスが来たぞ」と意識した。

一年前と違うのは、打順がいつも通り４番だったこと。１番で力み返った記憶は頭にない。「指定席」でリラックスして最初の打席に立った。

ここに全てをかける、と左肩にあごを乗せ、ロッテの八木沢荘六をにらんだ。スライダーを左翼ポール際へ打ち込む。

余勢を駆り、次の打席。ライバルと並ぶ40号が飛び出した。

しかし、その中心で背番号「３」は冷静だった。「ホームラン王は二人もいらん」とチェンジアップを一閃する。白球は、同じ所へ吸い込まれた。球史に残る逆転劇でのタイトル奪還に、西宮球場は沸き返った。

ひっくり返せる、と確信していたのだという。「バットマンには一打席目が全てだから。そこで打てたら、後も余韻でパーンといけるのよ」。もう一つ、理由がある。「僕には誰よりも分かるから。大杉の悔しさがね」。

心通じる　最高の強敵

一打席目が全て。そんな思いを持つのは、大杉も同じだった。

運命の一九七二年一〇月一五日、ブレーブス戦の行方を気にしつつ、このスラッガーがいたのは自動車教習所だった。家でラジオを聴く妻に電話し、長池の一打席目はどうなったか尋ねた。40号で並ばれたと聞くと、「そうか」とポツリ。「負けたよ。最初に打ったら、長池さんは間違いなくもう１本打つ」。引っ繰り返されると予言し、電話を切った――。

大杉夫妻には、こんな逸話があったのだという。それを、ミスター・ブレーブスは引退後に聞かされた。本人からではない。インタビューを受けたテレビ関係者からだった。

「あいつも俺と一緒だったんだなあ」。孤高のホームランバッター同士で通じ合う胸の内に、じんときた。

その大杉は九二年、肝臓がんで逝った。四七歳だった。「最高の強敵だったよ」。負けんぞとしのぎを削り合った幸せを、長池は今もかみしめる。

相手もまた、勇者の4番に畏敬の念を寄せていたらしい。一番身近な人が、それを証言する。

「よく、うちの人はうれしそうに言ってましたよ。『長池さんは、俺を高めてくれる最強のライバルなんだ』ってね」。妻の芳子（七二）だ。

教習所からの電話について記者が尋ねると、「そうねえ」としばし考え、続けた。「そんなこともあったかしらね」。電話口で、フフフと優しく笑った。

認め合う二人のキング

短大を出た後、芳子はプロで売り出し中の大杉に嫁いだ。交際中は、風邪だと聞けば、キャンプ地からトンボ返りでイチゴを届けてくれた。

「顔は怖いけど、優しい人だったのよ」。その頃にもらったラブレターを、今も大切にする。

夫は毎日、験担ぎのステーキを平らげて球場へと向かう。ガバッと寝室で起き出し、電気もつけず素振りを始める夜もあった。芳子は気付いても、「声をかけたら気が散るもの」と寝たふりで、終わることのないスイングの音を聞いた。

それは決まって、スランプや本塁打王争いのさなかだったという。「真っ暗な中で、追い掛けてくる長池さんの足音が聞こえてたのかしらね」。

栄光のバットやトロフィー、盾を、「友達に全部やる」と笑っていたのに、誰かに譲る間もないほど駆け足で逝ってしまった。妻として、それらを整理しようと考えたことがある。自身も悪性リンパ腫と診断されたことが、きっかけだった。

でも、思い直した。「気持ちの支えにしたくってね」。長くはもたないという医師の宣告から、もう一〇年近くが巡る。

思い出すのは、「野球人に生まれた以上、タイトルは夢なんだ」と語る夫の顔。「苦闘ありて、栄冠あり」を座右の銘とした。岡山での高校時代に亡くした父の遺言だったという。

「長池さんとの勝負は苦闘そのものだったでしょう。だからこそ、タイトルに価値があったのよね」。キングを逃した一九七二年も「あの人に悔いなんてなかったはずよ」。ライバルと最高の名勝負を演じたのだから――。

寂しさ感じた指名打者

大杉との激闘を制した長池は、翌一九七三年も本塁打王に輝く。三度目の栄冠だ。「これでやっと本物と認められたろう」と誇らしかった。

スランプとの付き合い方を学んだことが、大きかった。「僕は不器用で『形』にこだわるから、一度崩れると立て直すのに時間がかかったんだよ」。そんな時も、験を担ぐようなまねはしない。

誰よりも早く西宮球場へ入り、緩い球を黙々と打ち込むだけだった。

「原点に返って体に思い出させるんだよね。『形』やタイミングの取り方を」。一段ずつ階段を上る感覚で、徐々に球速を上げていく。プロ生活の中で得たやり方だった。

ただ、けがには苦労した。右肘の痛みで顔も洗えない。内角打ちを磨き抜いた代償だった。試合前に病院へ向かい、たまった水を注射で抜いた。

両足のアキレス腱にも注射だ。ずっとフルスイングにこだわってきて、痛めていた。

闘志は衰えない。でも、七五年の制度導入を機に指名打者を託されたのは寂しかった。

打撃に専念を、という首脳陣の心遣いはありがたい。それでも「打って守ってが野球だもんね」。外野守備でリズムを作ってこそ、バットも振れると信じていた。「右打席への道を、一つ塞がれたような感覚でね」。

個人として一定の成績は残し、チームも七七年まで三年連続の日本一に輝く。でも、心から喜べなかった。「俺は野球選手として半分終わったかな」と。

ライバル思い出す秋

計3打数1安打。ベテランとなった一九七八年の日本シリーズは出番が少なかった。

第七戦。左翼ポール際へ消えた大飛球を、長池は三塁側のベンチで見た。打ったのは、相手のヤクルトに移籍していた大杉だ。

この微妙な当たりが本塁打と判定され、監督の上田利治が抗議する間、「さすがの打球だな」

と感心していた。フェアかは分からなかったが、衰えぬライバルの力強さがまぶしい。反面、自分に寂しさも感じた。

この日の後楽園球場では大杉芳子も見ていた。次打席でも文句なしの一発を放ってＭＶＰに輝いた夫が、意外に早く帰宅したのを覚えている。一緒に祝杯をあげた。心から満足げな笑顔を忘れない。「そりゃあ、うれしかったでしょう。王者、阪急を倒したんだもの」。

議論を呼んだ打球には、夫はその後も「審判がホームランと言えば、ホームラン。俺は打っただけだよ」と穏やかに振り返るだけだったという。

その大杉を、秋が巡る度にミスター・ブレーブスは思い出す。かつて毎年、本塁打王争いが熱を帯びた頃だから。一本、一打席にしびれた記憶に、胸が熱くなる。「亡くなってもうすぐ三〇年か。早いよなあ」。六九年から五年間、パ・リーグのキングを分け合った二人。ライバルであり、友だった――。そんな思いが、ずっと残る。「絶対に消えないよ。感謝も、尊敬もね」。

芳子は横浜市で静かに暮らす。ヤクルトで日本一になった年に夫婦で建てた家だという。「長池さんが忘れないでいてくれる限り、うちの人は生き続けているんです。いつまでもお元気で、と願っています」

傷だらけの体 悔いなし

再び一番の輝きを。知人のそんな勧めで、一九七九年に「徳士」と改名した。徳二に「１」を加えた形だ。

でも、その秋にはユニホームを脱ぐ決意をした。「長年、不自由さの中に最大限の自由を探しながら付き合ったよ」と表現する傷だらけの体は、限界に達していた。三五歳だった。

３５０本塁打まで、残り12。１０００打点の大台へもあと31に迫っていたが、「悔いは全くなくてね」。チーム一の存在感を放ってこそ4番打者だと信じ、「自分をどう仲間に認めさせるか。そればっかり考えてたなあ」。主砲の看板を背負い続けた一四年間が、誇らしい。

「苦しい、苦しいの連続で、楽しいなんてほんの一瞬でね。不器用だから、一つのことをやり続けるしかできなかったけど」。がむしゃらに練習する背中を、後輩たちに示してきた。そんな姿勢を受け継いだ山田久志や福本豊が、常勝軍団の大スターに育ってくれた。

「努力の塊っていう集団になったよね。少しは僕も、チームに財産を残せたんじゃないかな」。自負は消えない。

その球団は八八年、譲渡が発表される。南海のコーチを務めていた年だ。ホークスも既に身売りが決まっていたが、寂しさは比べるべくもなかった。「そりゃ、ブレーブスは僕を育ててくれた古里だもん」。

テレビ番組の企画で、取り壊しを待つばかりの西宮球場に立った日を忘れない。右打席でバットを構えた。無人のスタンドから、歓声が聞こえた気がした。「打てー、ミスター・ブレーブス」。左肩に、ぐっとあごを乗せた。

重責果たし抜いた兄弟

大正生まれの両親が、試合を見に来ることはなかった。

「ほったらかしで育てた延長だったのかなあ」。必死に働いて養ってくれた戦後を、忘れない。せめて新聞で活躍を伝えて恩返ししたい、と奮った。「オフも練習、練習で顔も見せられなかったけどね」。

そんな次男坊を誇りに思ってくれただろうか。鬼籍に入った父母に、尋ねてみたい。

兄の英樹の存在も、励みだった。かつて慶応大野球部の合宿所へ訪ねると英字新聞を読んでいた勉強家は、旅客機のパイロットになった。人命を預かる仕事だけに、「いつも摂生してたね。尊敬したよ」。

ユニホームを脱ぐ時には「ここまでの選手になるとは思わなかったぞ」とねぎらってくれた。打てずとも命までは奪われないが、「代わりがいないのが４番だ」とチームの浮沈を握る毎日に妥協はしなかった。操縦桿と、バット。立場は違っても、共に重責を果たし抜いた兄との絆は深い。

「ミスター・ブレーブス」へと至る道の出発点は、キャッチボールをした徳島での幼い日々にある。懐かしい。今も事あるごとに連絡を取り合う。「思えば、常に『付いて来い』って道を示してくれる存在だったね」と慕う。

福岡のテレビ局で解説を務め、長池は自宅のある宝塚と行き来する。その合間には、ジムで筋トレや水泳を欠かさない。

「また、いつコーチの声がかかってもいいようにね」。闘いの日々が、好きなのだ。

あせぬ栄誉 尽きぬ感謝

数え切れない放物線の残像が、まぶたに焼き付いている。「とにかく、一発に執着したね。やっぱり野球の華だよ」。

思い出すのは一九七一年七月六日の西京極球場。アーチ3本で連続試合安打記録を32に伸ばしたが、敬遠された最終打席の悔しさの方が強い。「勝負さえしてくれてたら、絶対4本目を打ったのになあ」。バットマンの執念は底知れない。

若手の頃、西本に手をじっと見られた記憶が残る。皮がめくれ、腫れ上がった手だ。「あんなボロボロの手、初めて見たから驚いたわ。こいつは大物になるって信じてたぞ」と言われたのは引退から随分たった頃のこと。見守られていたありがたさが、胸に染みた。

その恩師とは、自宅を訪ねて「監督、また来ます」と別れたのが最後だった。バットを振り込んだ手で、ひつぎを担いだ。「僕の人生を決めてくれた大監督。ずっと心の中で生き続けてて、『これからも頑張れ』って言ってくれてるよ」。

六七年の元日、薄暗い西宮球場の室内練習場で一人、待っていた闘将の姿を忘れない。

共に「西本道場」で鍛え抜かれた仲間と顔を合わせる日が、毎年待ち遠しい。師走恒例の球団OB会。幸せだった野球人生をかみしめる日だ。

常勝軍団の象徴たる称号を与えてくれたファンにも、感謝は尽きない。

ミスター・ブレーブス——。「この名に勝る誇りはないよね」。ゴツゴツの手を見つめて、ほほ笑んだ。

勇者の名を持つ球団は消えた。それでも、栄誉は永遠だ。

第12章
花の管理部

マネジャーや管理部長としてチームを支えた山下達雄（右）。西本幸雄との絆は強かった（1972年頃）＝本人提供

常勝支えた 気高き裏方

「花」と称された裏方たちが、ブレーブスにはいた。勝負に血をたぎらせるのは、彼らもまた同じだった。

マネジャー、スコアラー、そしてトレーナー。球団の「管理部」に所属した男たちだ。来る日も来る日も全員に万全の準備をさせ、戦いの場へと送り出すのが仕事だった。

スケジュール管理から対戦相手の分析、そしてナイン一人一人の体調管理……。首脳陣とのパイプ役も、いとわなかった。

人呼んで、「花の管理部」。日の当たらぬ身を自分たちで美化したわけでも、強がったわけでもない。選手たちから贈られた称号だ。そこには、一丸で背中を押してくれる姿への敬意と信頼が込められていた。

大輪の常勝軍団にそっと彩りを添えた、栄光時代の誇り高きプロ集団。ただ一つ、チームの勝利を願った名もなき花たちを訪ねたい。

リビングに柔らかな日が差し込む。棚に並ぶ勇者たちのサインボールがつやめいた。

「老いても忘れませんわ。このチームの一員やった気高さをね」。大阪府豊中市の静かな住宅街にあるマンションで、山下達雄（八八）はほほ笑んだ。

卒寿は目前というのに、ボスとして「花の管理部」を率いた頃と変わらぬ、すらりとした体に張りのある声。妥協を許さず、「阪急に山下あり」と知られた。徹夜仕事の宿舎で、部下を寝言で叱り飛ばした──。そんな逸話も残る猛烈部長だ。

球団への出向辞令を受けたのは一九六四年一月。阪急電鉄に入社して一一年目だった。妻の洋子（八五）は「夫の行き先を人に話すのが恥ずかしいほど弱かったわ」と肩をすくめる。「灰色のチーム」と呼ばれた球団には、規則も秩序もなかった。「クラブ活動みたいな雰囲気でねえ」。新人発掘のスカウトはわずか二人。トレーナーは専用の部屋もなく、球場内の薄暗い通路で選手の体をほぐしていた。

ぬるま湯からの脱却へもがくのが、監督の西本幸雄だった。しかし、勝てない。その補佐役として、山下は六七年シーズンからマネジャーに就いた。この時、言葉をかけられる。「ただの列車の切符や旅館の手配係やと思うな。選手の気持ちを掌握して、逐一わしに報告してくれ」と。

鉄拳指導の印象が強いが、「根底には『選手に気持ち良くプレーさせたい』って思いがあると感じましたな。何が何でも灰色を打ち破るんや、って執念もね」。闘将の息遣いと熱量を肌身で感じながら、支えた。

ブレーブスで過ごした一七年間には、「つらい思い出もあってねえ」。リビングの壁に掛かる写真パネルに、切れ長の目を向けた。初めて日本シリーズで巨人を倒した七六年の一枚だ。

後楽園球場のグラウンドで喜び合う、選手と裏方たち。仲間に抱かれた眼鏡の遺影がある。武井桂三。そのシーズン開幕直前に、遠征先で急逝した。「この日を彼と喜びたかったよ」。同い年のチーフトレーナーへ、思いは募る。

勇者を支える誇りに震えた日々。グラウンド内外での改革の道のりは平坦ではなかった。「何であれだけ、みんなで熱くなれたんか。奇跡のようやね」。遠い目で、鬼部長は思い出をたどり始めた。

辣腕 大学時代から

旧制豊中中に山下は通った。今の大阪府立豊中高だ。

戦中は学徒動員で飛行機のタンクを造った。その工場で、空襲にも遭った。「ザーッと焼夷弾が降ってきてねえ」。命があった奇跡を、今も思う。

戦争が終わり、一九四七年夏には野球部で大阪大会の準決勝へ進んだ。四球で同点の走者となった九回、盗塁に失敗する。甲子園の夢は、消えた。

関西学院大でもプレーしたが、「ヘボ外野手でねえ」。すぐマネジャーに転向した。

マージャンに熱を上げるなど仲間の緩みが目立ってきた時、荒療治に踏み切る。部をいったん解体したのだ。禁酒に禁煙、遊技場へは立ち入り禁止――。それを新たな部訓とし、丸刈りも義務づけた。

「これでもええと思う者だけ、改めて入部届を書けっ」。そう迫ると、部員は減った。

主力の一人がダンスホールで遊んでいた、と情報が入ったこともある。有力県議の息子でもあったが、「関係あらへん。容赦なく追い出しましたわ」。

辣腕は、その頃からだったのだろう。部は引き締まり、全国大会でも勝ち進んだ。仲間を支える喜びに、満たされた。

悔いもある。高校生のいい内野手がいると聞き、京都まで視察に赴いた。グラブさばきに見ほれた。身のこなしは、まるで八艘飛び。「君、関学へ来い」と熱心に誘ったが、かなわなかった。後に阪神で活躍する「牛若丸」。吉田義男だ。プロで会う度、謝られた。「すんませんでしたなあ、山下さん」。

若手を育てるべきです

関学大を出て阪急電鉄に入った一九五三年春、新入社員と役員との懇親会が設けられた。同期の一人が挙手し、「灰色のお荷物球団、ブレーブスをどうする気ですか」と言い放った。

カチンときた。幼い頃に父と西宮球場で観戦して以来、山下は勇者のファンだったから。でも、事実だから仕方ない。

場が凍り付く中、役員の一人が穏やかに口を開いた。「確か、野球部のマネジャーやった者がおったな？　何か手はあるか」。

水を向けられ、とっさに「老人施設のような球団です。若手を育てるべきです」と答えた。にこやかにその役員は聞いてくれたが、「いま考えたら、若造が生意気なことを言うたもんですわ」と山下は頭をかく。

新米の頃は、現場を知るためにと車掌を務めた。車内放送もない頃だ。大阪の箕面線で「次は牧落《まきおち》ぃ」と車内を回ったが、「ちゃうで、桜井や」と客に正されて恥ずかしかった。宝塚線の運転士もした。速度計もないのに、大きなミスや遅延を犯さなかったのが誇らしい。

その後、事業部へ移る。沿線でのスポーツや文化イベントの企画を手掛け、西宮球場の運営にも関わった。ぶざまな試合で罵声を浴び、裏口から帰る選手らに「アカンわ、やっぱり灰色や」と情けなかった。

球団への出向を命じられたのは、六四年一月だ。それから間もなく、本社社長の小林米三がオーナーに就任した。新入社員の直言に笑っていた、あの人だった。

西宮球場へ社員総動員

球団経営の実態を目の当たりにして、山下はあきれ返った。「何をするにもずさんで、いいかげんでね」。会社の体を成していなかったという。

元々、阪急電鉄を創業した小林一三の肝煎りで生まれたブレーブス。「沿線住民に娯楽を提供して恩返しする」という理念で運営されてきた。「それが、いつの間にか『何とか野球さえやってればいい』って惰性に変わってたんでしょうな」。

財政は火の車。企画部長として、まず集客に取り組もうと考えた。ところが、電鉄本社に協力を求めても「弱いのに、宣伝なんかしても客が入るわけないやろ」とにべもない。歯がみした。

ただ、山下が赴任した一九六四年は、最下位だった前年がうそのように優勝争いに絡んだ。ダリル・スペンサーに、ゴードン・ウインディという新外国人の活躍が大きかった。

「これなら、本社も無視できんやろ」と一計を案じた。題して、「社員動員大作戦」。阪急グループの社員やその家族をドッと西宮球場へ呼ぼうというものだった。

本社の協力も得られ、八月四日に始まった南海三連戦はスタンドが埋め尽くされた。内重《うちのえ》のぼる、和歌鈴子《わかすずこ》、初風諄《はつかぜじゅん》……と、宝塚歌劇のスターたちも日替わりで押しかけた。

それなのに、三連敗に終わる。「送ろうオール阪急の大声援」。そんな見出しのチラシが、むなしくグラウンドの土煙に舞った。

チームは悲願を逃す。「大観衆に緊張したんかなあ。慣れんことしたらアカンねえ」。

闘将を孤立させるな

「信任投票事件」が起きるのは、一九六六年秋だった。

不振に怒った西本が、「わしに付いてくる覚悟がない者は×を書け」と選手に無記名投票させた一件だ。白票と「×」が計一一票。辞意を表明してしまった。

ある球団幹部は、コーチの青田昇を昇格させようと画策した。ところが、オーナーの小林が一蹴する。「西本以外は考えてへんっ」と。

結局、数日がかりの説得で指揮官は矛を収めたが、選手との信頼関係に禍根も残した。

山下がマネジャーに任命されたのは、この直後だった。「あの人事には驚きましたわ」。

遠征費の管理や宿舎の手配といった雑用から、ベンチに入って首脳陣の補佐役まで、仕事は多岐にわたる。企画部長からの転身は、はた目には降格にも映っただろう。

ただ山下は、「監督を支えてやってほしい」という小林の思いを伝え聞いていた。孤立させるな、と大役を託されて意気に感じた。「よっしゃ、やったろ」。関学大の野球部でマネジャーを務めた経験に、血がたぎった。

闘将に大阪・北新地のクラブへ誘われ、「わしと心中せんでもええぞ」と穏やかに告げられた。「思う通りにやってくれって意味やったんやろねえ」と振り返る。

「選手は財産や」とも言われた。そこに信任投票のわだかまりは見えず、度量の広さに引き込まれた。小林がほれ込む理由を見た思いで、ほろりと酔った。

選手の本音をつかめ

マネジャーとして初めてキャンプ地へ同行し、山下は驚いた。練習後、体のケアを待つ列ができている。二人しかいないトレーナーを、ナインが奪い合う状態だった。

首脳陣の会議でも、それが議題に上った。あるコーチは「キャンプ中だけ、近場からマッサージ師を呼べばしのげるやろ」と平然としている。

あぜんとした。継続的に選手の状態を把握し、それに応じたケアをしたり治療計画を立てたりするには専属でないと無理なはず。「何事も場当たり的に済ませてきたんやな」。染みついた負け犬根性を見た思いがした。

何より、裏方の存在が軽く思われているのが悔しい。

早速、トレーナーたちを呼んで告げた。「君らの代わりは誰にも務まらん。自覚を持って仕事をしてくれよ」。

その上で役割を与えた。選手の本音をつかめ、と。

マッサージ中は気持ちがほぐれる。ポロッと愚痴も漏らすはずだ。家庭がうまくいっていないとか、もっと試合で使ってほしいとか――。

「まあ、早い話がスパイですな」と山下は笑う。「悩みや不満を抱えたまま、プレーに集中できるはずないからね」。

更に、選手起用にまで発言権を持たせようと考えた。試合で使えるのか、それとも休ませるべきか。「判断した上ではっきり進言しろ」と求めた。

そこには確信があった。「責任を与えたら、人間は思い切って働くもんですわ」。

練習の空気作り　一役

西宮球場内の通路。その一角で長いすをつなげ、トレーナーは選手に対応していた。

「これはアカン」と山下は思った。薄暗く、人も慌ただしく行き交う中で入念なマッサージなど無理だし、落ち着いて選手との会話もできない。

球団上層部に直訴し、ロッカールームをついたてで仕切ると、ベッドを並べた。いわば、仮の「トレーナー室」だ。

それだけで、故障者は減った。元気なベテラン勢に、4番にどっしり座る長池徳二ら若手の台頭でチームは快走する。

西本に相談を持ち掛けられたのは、前半戦の終了間際だった。「オールスターの間もみっちり練習したいんや。そういう空気を作ってくれんか」と。

球宴中は軽い調整で済ませるのが弱い頃からの慣習だったが、闘将は「今年を逃すわけにはいかんのや」。押し付けではなく、ナインに自発的に練習する形を取らせ、更に結束を強めたかったのだろう。

山下はベンチで「他のチームが休む時がチャンスやぞ」と発破をかけ、トレーナーもついたての向こうで「今、動いとけば、後半もやれるで」とささやき戦術でナインをその気にさせた。そうして休みも返上した勇者は、初優勝を遂げる。

マネジャー一年目。子が三人の山下に、新たな家族が加わった年でもあった。出産直後の妻を亡くした義弟から赤ん坊を預かり、我が子同然に育て始めていた。

Vを運んできたその「息子」も今や五〇歳を過ぎた。離れて働いているが、よく帰って来る。元気な顔を見ると、半世紀前の熱がよみがえる。

首脳陣批判　通訳できず

通訳も、山下は兼務した。「ラジオで勉強してね。最初は、知ってる英単語を必死でつなぐだけでしたな」。

苦労させられたのは、スペンサーだ。母国でどれほど大リーガーが尊敬されているかを、とうとうと説く。日本の練習は効率が悪いとか、投手が登板過多だとか、チーム批判も容赦ない。訳して首脳陣や報道陣に伝えろという。「できるはずないやろ」と閉口した。

その助っ人が血相を変え、ベンチやロッカールームで何かを探し回っている日があった。見つけ出すと、頬ずりせんばかりに喜んでいる。小さなノートだった。

相手投手のクセや配球の傾向が、図を交えてびっしりと記録されていた。「これが一流メジャーか」と感心させられた。

ある時、山下は打席の助っ人に「カモン、D！」と声を飛ばした。ダリルのDだ。外角へストライク。驚いたように、スペンサーはこちらを見ている。「それは言うたらアカンのや」とコーチの青田が慌てていた。聞くと、「カモン、D」は二人の「暗号」だという。次は内角に来るぞ、と。「あれは申し訳なかったなあ」。

投手のクセを見抜く習慣はチームで広がり、山下は西宮球場のバックネット裏にスコアラー専用の部屋を設けた。「科学的というほどやないけど、研究を重ねさせてね」。

今も「野球博士」を思う。いつも仲間に「レッツ　エンジョイ」と声を掛けていた。これは訳すべくもない。勇者たちは、心から勝負を楽しんでいたから。


パイプ役「苦労したわ」

選手と首脳陣のパイプ役も、山下の大きな仕事だった。

ウィンディへの伝言を、西本に頼まれたことがある。強打の助っ人は、若手起用の方針から出番を減らしていた。

「あいつを腐らせたらアカンからな。『相手がエース級の時には、お前の力が必要や』と伝えといてくれ」と。

そのまま告げると、「じゃあ、全試合出せ」とかみつかれた。何とかなだめすかし、「了解やそうです」と報告に戻った。「苦労したわ。今は笑って振り返れるけどね」。

闘将とはそうやって信頼関係を築いたが、一九六九年の開幕直前にオーナーの小林が急逝した時は慰めようもなかった。「信任投票事件」の際も支援してくれた恩人を失った悲しみに、沈みきっている。

見かねて、宝塚市内の料亭へ招いた。「何や、こんな所へ」といぶかしがる顔が、広間に着いて一変した。電鉄本社をはじめ、阪急グループ各社の幹部が勢ぞろい。「西本君、オール阪急で支えるぞ」と激励した。体制は変われど信頼は揺るがない。そう伝えたい山下の計らいだった。うれしいサプライズに闘志も新たにした指揮官だったが、ある大切な試合前、新オーナーが「頼んだよ」と肩をポン。顔色が一変したのが、はた目にも分かった。

その日はベンチで渋面のまま。試合後、「なあ山下君よ」と呼ばれた。「今日は参ったわ」。またまた伝言係だ。「勝負師は、肩たたきを嫌がるもんなんです」。ポカンとしたオーナーの顔を、忘れられない。

スコアラーを心底信頼

印象深い試合がある。一九六九年一〇月一八日、西宮球場。覇権争いを繰り広げる近鉄との直接対決だった。

延長戦となり、山下は西本に耳打ちした。「引き分けで大丈夫です。優勝できます」。好機を迎え、投手の宮本幸信に打順が回った。好投していたとはいえ、通常なら代打だ。と、ベンチを見渡した闘将が声を張る。「このゲーム、落としてええかっ」と。

泡を食うコーチ陣をよそに、そのまま打席へ送ると、何とサヨナラの一発が飛び出した。「監督も役者やね。落とす気なんてないくせに」。このチャンスは潰れても、右腕を続投させれば引き分けには持ち込める。指揮官はそれで御の字と見たのだろう。進言への信頼の証しだった。

前夜、山下はスコアラーたちと遅くまで分析を繰り返していた。残り試合でやり繰りできる投手の力量から、どうすればVに滑り込めるか……。

その近鉄戦が引き分けでも十分だというのは、入念なシミュレーションから導き出した解答だった。「僕も、スコアラーのみんなを心から信頼してたからね」。その一人に、金田義倫がいた。

投手としては大成しなかった金田は、入団時のコーチだった天保義夫との自虐的な掛け合いで、いつも笑わせる。

「おい金田よっ、貴様を指導したのは何者かっ」「はっ、天保義夫殿でありますっ」「そうであったな。すまなんだのぉ」

転身後、生き生きと敵を分析する教え子の姿に、天保は目を細めた。「山下君、君らは花だ。『花の管理部』だ」。

キャンプ地で山田久志の右腕をマッサージする武井桂三。選手から信頼を寄せられた（1972年頃）＝提供写真

ヤマは打たれませんよ

黒縁眼鏡の小柄なトレーナーがいた。マッサージを手短に済ませる。「手を抜いてるんとちゃうか」と不平も聞こえてきた。

ただ、そんな選手たちも黙らせた。ケアの後に、調子を上向かせるから。「ダラダラやりゃいいってもんじゃない」。事も無げにそう言っていた。

武井桂三だ。前任の大毎時代から仕えてきた西本に心酔していた。「ブレーブスへ追いかけて来てね。熱い男ですわ」と山下が懐かしむ。

指揮官も、当初は二軍担当だった武井を関東遠征だけ一軍に帯同させ、東京の実家へ帰らせるなどかわいがっていた。

そんな同い年の部下について、山下には忘れられない一戦がある。一九七一年一〇月、巨人との日本シリーズ。1勝ずつで迎えた第三戦に、勇者は山田久志を先発に立てた。

中一日の起用で賭けにも思えたが、「ヤマは絶対、打たれませんよ」と黒縁眼鏡の奥で目を輝かせた。「今日の体はベストです。監督にも伝えました」。

予言通り、背番号「17」は躍動した。速球がうなった。

1―0の九回。ピンチにもベンチは動かない。そして若きサブマリンは、王貞治に逆転サヨナラ弾を浴びた。

今も語り草だ。屈辱にまみれた右腕が、真のエースへと駆け上がる契機になった一戦――と。

山下はかつて、選手起用に関しても積極的に進言するようトレーナーに指示していた。武井を信じた闘将に悔いはなかった。そう信じる。

助っ人の心マッサージ

武井から経歴を聞いた記憶が、山下にはない。西本を心から慕っているのは、普段の様子から伝わってきた。

だから、闘将が一九七三年を最後に近鉄へ移ると、気をもむ球団幹部もいた。「また付いていきよるんちゃうか。引き留めなアカンぞ」と。

「心配無用ですよ」と山下は一笑に付した。選手の自主トレにも同行するなど、ブレーブスに溶け込んでいたから。

武井といえば、思い出すのはロベルト・マルカーノだ。七五年の来日当初、甲子園でのオープン戦でベンチ裏の通路にへたり込んでいた。うつむき、肩を震わせている。

「言葉も文化も違う遠い異国へ来て、不安に襲われたんでしょうな」。管理部長となっていた山下は、部下のトレーナーやマネジャーたちに気にかけるよう指示した。

しばらくすると、ベネズエラ出身の二塁手は見違えるように打ち始める。守っても踊るように打球をさばいた。

どうしたことかと見ていると、試合後は鼻歌交じりにトレーナー室へ飛んで行く。そのベッド脇に、スペイン語の日常会話集があった。「これでボビーとあれこれ話してるんですよ」。武井が照れ笑いした。

「ちくさん、ありがとう」と涙が出た。「武」の字を、「竹」に置き換えた愛称だ。

その年、カーリーヘアの助っ人は初めての日本一に貢献した。武井仕込みの日本語で、ワッとベンチを盛り上げながら。

悲報 剛球右腕に火

マウンドで倒れ込む山口高志に、ベンチは凍り付いた。

一九七六年三月二一日、西宮球場。広島とのオープン戦だった。その日、山下は日記にこう綴っている。「山口、右膝に打球を受ける」――。

開幕は目の前。前年の日本シリーズMVPを欠くとなれば、一大事だ。武井とともに地元に残し、診察を受けさせることにしてブレーブスは遠征に出た。

二三日夜、山下は合流した武井を伴い、名古屋の街へ繰り出した。「水割りを二、三杯。仕事の話に没頭」と日記に残る。医師の診断について、武井から報告を受けた記憶がある。「飲みながらも、山口をえらい気にかけてましたわ」。

翌朝、ホテルの部屋で電話が鳴った。「山下さん、大変です」。受話器の向こうで、後任マネジャーの浅井浄が声を震わせていた。「武井さんが……」。

駆け付けると、ベッドで既に冷たくなっていた。武井が四六歳の誕生日を迎えた朝だ。同室の後輩トレーナーに聞くと、前夜は戻った後で頭痛を訴え、知り合いの医師に電話をかけていたという。

中日戦に臨むチームを離れ、山下は地元へ戻って来た。西宮市内で営まれた球団葬では、葬儀委員長を務めた。「何でやの」と泣きじゃくる武井の妻を、直視できなかった。

日記の字が、乱れている。「こんなことがあっていいのか」。

そのシーズンの山口を忘れない。一段と、速かった。

計り知れん損失や

武井の死去を伝えるのが、つらかった親子がいた。個人的に長く世話しているのを、山下は知っていた。

管理部長として、山下は部下のマネジャーやトレーナーに大阪・梅田の球団事務所へも顔を出すよう命じていた。武井がその親子とつながりができたのは、たまたま事務所で一本の電話を取った日だった。

東京からだという。

高校球児の息子が肩を壊した。医者を回っても治らず、わらにもすがる思いで次々とプロ球団に頼んでいるが、どこにも相手にしてもらえない――。

受話器の向こうで父親はそう説明しているといい、武井は「何とかしてやりたい」と言う。仕事に支障がない範囲なら、と許可した。以来、遠征の際に会ったり、親子が西宮まで来たりしていたようだ。

肩はすっかり癒え、社会人チームでもプレーしている。しばらくして、武井からそんな報告を受けた。そのうれしそうな顔に、「仕事を離れても手を抜かんかったんやな」と山下は胸が熱くなった。

管理部員を事務所へ来させていたのは、「ブレーブスの一員である以上、球団全体の仕事も知らなアカン」と考えたから。武井は必ず、きちんとジャケットを着て出てきた。そんな部下を失い、「チームには計り知れん損失や」と感じた。

今も、ふと思う。あの親子はどうしているだろう、と。優しき勇者を時に懐かしんでくれているなら、うれしい。

剛球右腕が和む場所

武井を「先生」と慕った男がいる。

大阪府吹田市にある関西大のグラウンド。「先生が亡くなって、もう四〇年以上たつんやねえ」。伝説の速球王は、遠い目をした。

山口高志（六九）。母校の野球部で指導をしている。

ドラフト一位で入団した一九七五年、まず常勝軍団の自主トレに度肝を抜かれた。

4番長池はあごを赤く染めていた。バットを構えると、左肩にグイッと乗せたあごがこすれて血がにじむまで、ひたすら振り込むためだった。

投手陣も体から湯気を上げて走り込み、投げ込む。口もきかなければ、目も合わさない。

300勝していた米田哲也に夜の街へ誘われた。翌日のオープン戦登板を理由に断ろうとすると、「それが何や。どんだけ飲んでも投げられるか、試したらええやろ」。

豪傑だらけで、ロッカールームでは話し相手もいない。トレーナー室に足が向いた。「おう、どうした。何しに来た」。ニヤニヤとルーキーを迎えてくれたのが武井だった。

たばこをプカプカ吸う。狭い室内に煙が充満していた。手にした金づちをクルクル回し、「肩がこるなら、これでたたいてやるよ」と冗談めかす。

入念に体をもんでくれた。肘や肩には、はりも打ってくれた。バリバリ勝ち始めても、心がホッと和む場所だった。

「俺は、これでも気が小さいからね」。剛球右腕は、いかつい顔をほころばせた。

ルーキーの疲れ　案じて

気が小さいというのは、冗談でも何でもない。

ルーキーだった一九七五年、山口は宝塚市の小林駅から阪急今津線に揺られて西宮球場へと通った。近づくと吐き気をもよおした。

「西宮北口へ着かんかったらええのに」。それでもシーズン12勝を挙げ、プレーオフや日本シリーズでも大活躍した。

打者をにらみつけたのは、弱気を隠す演技だった。「マウンドは舞台や」と思っていた。スコアラーには攻め方を細かく指示される。分析に絶対の自信と誇りを持つ男たちだから、厳しい。甘く入って痛打されると「タカシ、言う通りに投げんかい」。縮み上がった。

気持ちが和んだのはトレーナー室だ。外野手のウイリアムスは武井にはりを何本も頭頂部へ打ってもらっている。その恍惚の表情に、ふき出した。

オフには武井が「体はどうだ。見てやるから、ちょっと出て来い」と何度も電話をくれた。大車輪の一年目に疲れを残していないか、案じてくれていたのだろう。

その度、今津線でゴトゴトと西宮球場へ向かう。今度は早く着けとジリジリした。

二年目のオープン戦で、打球を受けて腫れ上がった右膝を冷やしてくれたのを忘れない。「電話するわ」と言い残し、遠征先へ向かった武井。それが、最後の別れだった。

背番号「14」は、その年も12勝。日本シリーズで五試合に投げた。ベンチの遺影に奮い立つ。打者を、にらんだ。

「これがプロ」得意げに

大阪市北区の天神橋筋六丁目駅から歩いて一五分。雨の中、その人はバス通りで記者を待っていた。

支局のある西宮北口から来たと告げると、細い肩をすぼめて笑った。「しばらく住んでたんよ。西宮球場も、もうないんよね」。

武井初子（七六）。チーフトレーナーだった桂三の妻だ。独りで暮らす団地の集会所で、畳に座って向き合った。「夫と野球の話をしたことはほとんどないの。でも、毎日楽しそうやったわ」と懐かしむ。

一枚のセーターを広げた。赤と黒のしま模様。「ブレーブスの色よね。これをよう着てたわ」。たばこの香りをたどるように、顔をうずめた。

テーブルに、ずらりとアルバムやスクラップを並べる。山田や足立光宏、長池……。色あせた写真に残るのは、ジャージー姿の選手たち。砂浜や、マシンの並ぶ室内で汗を流し、黒縁眼鏡の武井がその動きに目を凝らしている。

「全部、私が撮ったんよ。夫に連れて行ってもろて」。四十数年前だ。新春恒例、和歌山の那智勝浦町での自主トレ風景らしい。

ファンの子だったのか、足立が赤ん坊を抱いている時があったという。「右腕で抱っこしないだろ。これがプロだぞ」と話す夫は得意げだった。

自主トレには何度か連れて行ってくれた。「新婚旅行をしてへんから、罪滅ぼしやったんやないかな」。また、写真に目をやった。勇者カラーのセーターで笑う夫がいる。

新妻そっちのけで仕事

初子にはもう一つ名があった。摩耶深雪《まやみゆき》。舞台に立っていた頃の芸名だ。

「昔から、音楽を聴いたら歌って踊り出す子やったの」。新聞の募集広告を見たおばが勝手に、梅田コマ劇場の俳優を育てるチームに応募した。

すぐに初舞台を踏む。一九五〇年代後半、一五歳だった。神戸出身の芸能関係者が、摩耶山から名をつけてくれた。

脇役やバックダンサーばかりでも、スポットライトを浴びるのは最高の気分だった。

舞台を駆け回って体を痛める俳優たちのため、いつからか眼鏡の男が楽屋に出入りし始めた。武井だ。会社同士の縁から、はりやマッサージに派遣されたらしい。気付くと、内緒の交際が始まっていた。

女手一つで育てられた初子には、一回り違う恋人が「お父さんみたい」と頼もしい。それが、大阪駅を歩きながら突然泣き出した日は驚いた。「西本監督が、辞めてしまう」。六六年の秋。「信任投票事件」の起きた時だった。

求婚されて、「舞台は絶対やめへんよ」と初子が突っぱねても、あっさり「うん、続けろよ」。

七〇年一月、新阪急ホテルでの披露宴にはキャンプイン直前の勇者たちが駆け付けてくれた。

それでも、新婚気分どころではない。こちらにずっと背を向け、選手の体の状態や、ケアの方法をメモしていた。

「この人は闘ってるんや」

尊敬の念から、「先生」と呼ぶクセは抜けなかった。

すれ違い夫婦 心に絆

初子の母を交え、西宮球場の近くで新婚生活を始めた。顔を合わさぬ日も多い。梅田で昼と夜の公演が終わると、初子はそのまま稽古に臨む。徹夜もざらだった。「夫がナイターの後、客席で稽古を見てた日もあってね」と笑う。

たまに早く帰った夜は、西宮北口駅の改札口まで届く球場のざわめきに耳を澄ました。「すれ違いの夫婦やけど、気持ちはつながってたなあ」。

キャンプ地の高知からは、まめに手紙をくれた。丁寧な字で舞台の様子を尋ねてくれる。「私は筆無精で返事を書けへんの」。代わりに小銭を握り、公衆電話へ走った。

お忍びで、片岡千恵蔵がマッサージを受けに来たこともある。「誇らしかったわ」。それだけ武井の腕は確かで、信頼されていた。

急死したのは、結婚六年が過ぎた頃。その前後の記憶は定かではない。球団葬の祭壇に、勇者の旗が飾られていたこと。監督の上田利治が弔辞を読んでくれたこと……。それくらいだ。

今も、夫が愛用していた眼鏡のレンズを仏壇に置く。常勝軍団の栄光が焼き付いているから。高知から届いた手紙の束も大切にする。そして、宝物がもう一つ。

病院で撮られたレントゲン写真だ。サインペンで「3・22山口」と記されている。一九七六年、オープン戦で打球を受けた山口高志の右足。最後の持ち物に、交じっていた。

亡くなる直前まで、にらめっこしたのだろうか。「勝負に命をかけたんよ、あの人は」。

近鉄から転籍　抵抗なく

武井の後輩トレーナーが、大阪市平野区に住んでいる。地下鉄の長原駅から近いその家には、「光治療院」と古ぼけた看板が掛かっている。

「とっくに廃業したけどね」。ベッドの並んだ「治療室」で、笑う。河下逸雄（七〇）。差し出した名刺には「元近鉄バファローズ　阪急ブレーブス」とある。

「近鉄におった頃、武井さんから『うちへ来い』って誘ってもろたんや」。ライバル球団への転籍にも、抵抗はなかった。「給料三倍やしね」。

初仕事として、和歌山の那智勝浦町へ自主トレに同行した。足立と山田が砂浜を走る。新年早々、全力だ。膝や腰に爆弾を抱えているのに……。「強いはずや」と圧倒されるばかりで、体を触らせてくれと頼めなかった。

「そもそも、痛いだのかゆいだの言う者なんぞ、ブレーブスにはおらんかったよ」

捕手の河村健一郎を思い出す。体がねじ切れるほど毎日バットを振る。検査を受けさせると、肋骨が折れていた。それでも、ケロッとしていた。

そんな猛者たちが初の日本一になるのは、河下が入団した一九七五年だ。以来、三連覇。「最高の時代やったね。思い出さへん日はないよ」。

視線を、「治療室」の壁に送った。初めて巨人を倒した七六年の写真パネルがある。後楽園のグラウンドで喜び合う、選手や裏方たち。笑顔の自分がいる。開幕前に急死した、先輩の遺影を抱えて。

主力も補欠も公平に

戦争帰りで事務机の修理業をする父、パン屋勤めの母。「貧しかったなあ」と河下が振り返る幼少期だ。中学時代は新聞配達をした。「配達所の偉いさんが、修学旅行の費用を全部出してくれてね」。

近鉄電車の車庫で検査や修理の仕事をしながら夜学に四年通い、鍼灸の学校へ進んだ。「ヘトヘトのおふくろがはりを打つ姿を見てたからね」と笑う。

アルバイト先のマッサージ店には、先輩に近鉄球団のトレーナーがいた。シーズンオフの小遣い稼ぎらしい。

「うちで働かへんか」の誘いに、河下は飛び付いた。一九七〇年、二〇歳の頃だ。宮崎・延岡のキャンプは、「甲子園のアイドル」太田幸司フィーバーだった。

陸上競技場のようなグラウンドで練習する二軍を担当し、スタンド下の和室で雑魚寝した。「押し入れの中で寝てたヤツもおったわ」と懐かしい。

一年ごとの契約で、オフは無給。でも、手は抜かなかった。

勇者の監督を退任し、移って来た西本の体をほぐしたこともある。近鉄は弱くて苦労が重なったのか、体中こっていた。

真面目な仕事ぶりを見てくれていたのだろう。ブレーブスの武井から声を掛けられた。「西本さんを慕う人に引き抜いてもらって、思えば不思議な縁やね」と笑う。

七五年。常勝軍団の正社員として迎えられ、燃えた。「補欠も、主力と公平に見てやりたい」主義を貫く。マッサージもはりも、一人二〇分まで。

という思いだった。

武井先輩 見ててや

河下が見習ったのは、対話を大切にする武井の姿勢だ。キャンプ中も練習を見回りながらナインに声を掛け、それとなく体の調子を聞き出す。休憩時間にその選手らがストーブのある特設テントへ来ると、ケアに生かしていた。

トレーナーは三人。「僕は武井さんと一軍担当でね。横で勉強させてもらったわ」。目で盗むのは、裏方も同じだ。

ただ、そんな関係も一年で終わる。同室だった遠征先のベッドで冷たくなっている先輩に驚いた朝を、忘れない。不慮の死とはいえ、気付けなかった悔いが今も残る。その一九七六年は大切な試合の度、遺影をベンチに置いた。

でも、パ・リーグ後期優勝のかかる試合で、持ち込むのを忘れた。京都の西京極球場だった。

「大慌てで西宮まで取りに戻ったよ」

武井さん、見ててや。そんな気で働いた。ロッテとの七七年プレーオフもそうだった。

腰の故障で登板が危ぶまれる山田をケアした。「エースを初戦のマウンドに送られへんのは、僕らの恥や」。はりの一本一本に、河下は意地を込めた。

果たしてサブマリンは第一、第四戦で完投勝利。「トレーナーのおかげで投げられた」というMVPのインタビューに、泣けた。

肩も肘もボロボロになり、二軍でくすぶる水谷孝の世話もした。現役の最終盤、一軍で完投勝利を挙げた日は、その右腕の妻が電話をくれた。

「ありがとう……」。四〇年も前の涙声が、よみがえる。

色あせぬ幸せな日々

開幕戦の緊張感は特別だった。ベンチにいても、河下は口から心臓が飛び出しそうだった。そんな中、山田がさっそうとマウンドへ向かう。「後ろ姿が、目に焼き付いてるわ」。この大エースの肉体は「完璧に均整が取れてたね」。福本豊の筋肉も、触れると押し返してくる弾力があった。

両足のアキレス腱を痛めた長池には、懸命にはりを打った。そのねぎらいか、オフにはゴルフへ誘ってくれた。

幸せだったが、不規則な生活で「このままでは結婚できんな」と一九八〇年限りで退団する。在籍は六年だった。地元の大阪市平野区で治療院を開業すると、常勝軍団の元トレーナーという看板で忙しかった。三十数年間の客の中には、一流プロ選手になった野球少年もいる。

ふらりと久しぶりに西宮北口を訪ねたのは、数年前に廃業した頃だった。球場は消え、「涙が出たね。未練ないわ、って思ってたはずやのに」。

今も武井の妻、初子が来てくれる。「ちょっと見てよ」と頼まれてマッサージしながら、時を忘れて亡き先輩との思い出話をするのが楽しい。

その「治療室」に、大きな丸皿がある。ガッツポーズをする今井雄太郎の写真が焼き付けられている。七八年八月三一日、ロッテ戦で達成した完全試合の記念品だ。「昨日のことみたいやなあ」とピカピカに磨く。「雄ちゃんはシュートをようさん投げるから、腕の外側が張ってたね。必死でほぐしたもんや」と懐かしむ。

結婚後は二人の息子に恵まれ、孫もかわいい。いつか、話して聞かせたい。勇者として、心を燃やした日々を。

執念の塊　それが誇り

ナインの年俸を決める資料の用意も、管理部の仕事だった。「うちは厳格でね。選手には恨まれたもんですわ」。部長だった山下は笑う。

一九七五年のオフを思い出す。新人王に輝いた山口への提示を「一〇〇〇万超えか」とスポーツ紙は書き立てた。

実際はタイトル料込みの九〇〇万円。「甘やかさんぞ」というメッセージだった。

本人も「別に驚きもせんかったね」と振り返る。かわいがってくれた福本から「五年活躍して一人前やぞ」とクギを刺されていたから。「チーム全体にそんな意識が根付いてたから、強かったんやろね」。

最初の四年間で47の勝ち星を積み上げながら、右腕は腰の違和感に悩み始めた。その後は、引退した八二年までに計3勝だった。

いつか腰は戻る——。そんな感覚をずっと追い掛けた。トレーナーたちの頑張りにも、報いたかった。常に全力投球というスタイルを変えることなど考えもしなかった。

「それが良かったんや」と笑う。今も速球王と思い出してもらえるから。「軟投派の俺なんて想像つかへんよね？」。

指導する関西大の野球部は、全国大会に出場しても勝てない。「最近は『東京もんには負けん』って意識が薄いわ」。勇者は選手も裏方も、そんな執念の塊のような集団だった。

学生からは、阪神でコーチを務めた頃の話をよく聞かれる。その度に答える。「俺にはブレーブスの血が流れてるんや」と。

夫と見た夢　今も消えず

舞台一筋。同居の母親に家を任せっきりで留守ばかりだった初子に、武井は何も言わなかった。

「とにかく優しい人やったわ」。

武井には、全盲で鍼灸師の父がいた。障害がありながら懸命に働く姿に影響を受け、人格や、同じ道を志す信念が形作られたのだろう。

そんな夫が一九七六年に逝くと、初子は西宮北口を離れた。「西宮球場から聞こえる歓声がつらくってね」。テレビ中継に映る勇者のベンチに、思わず黒縁眼鏡を探した日もある。

六〇歳代後半までステージを務めた。美空ひばりや鶴田浩二ら大スターの舞台にも立ち、精いっぱい花を添えたのが誇りだ。東京や名古屋、新潟、福岡……。全国を巡業した。「何千本に出たやろ。頑張ったんやから」と胸を張る。

夫が大毎時代から仕えた西本を、宝塚市の自宅に訪ねたことがある。舞台を降りた頃の二〇一一年二月だった。昔は夫と客席で並んで、芝居を見てくれたこともあった。

突然の訪問に驚きながらも闘将は温かく迎えてくれて、楽しく話した。「また待ってますよ」。弱った足での見送りに涙が出た。帰ると留守番電話も入っていた。「きっと会いましょう」と。

でも、再会はかなわない。西本はその秋、旅立った。

西宮北口の葬祭場で見送った。久しぶりの街並み。球場はもうないのに、「歓声が聞こえた気がしてね」。きっと夫も来ていたのだと信じる。

子はおらず、母も逝き、独りになった初子。訪ねてみたい国がある。ベネズエラだ。いつかマルカーノの故郷を旅しようと夫と約束していた。

一緒に行きたかった。かなわぬ夢が、胸にある。

最強の誇り　結束今も

「仕事の鬼や、あの人は」

敬意を込め、浅井浄が先輩の山下をそう語る。後任マネジャーとして一九六八年末、阪急電鉄から出向した。

管理部が総がかりで、キャンプ用の資料を準備していた日のことだったか。夜更けに、缶詰めの宿舎でウトウトしかけた。

パ・リーグ初優勝でナインと記念撮影する山下（前列左端）。後方に黒縁眼鏡の武井もいる（1967年10月）＝『阪急ブレーブス五十年史』より

「こら浅井っ、鉛筆と帳面持って来いっ」。山下の怒声に、ビクッとした。顔を向けると、自分も船をこいでいる。「なんや、寝言かい。夢でまで叱らんといてえな」とおかしかった。

でも、いつも自腹で全員分の出前を取ってくれた。決まって熱々のあんかけうどん。「忘れへんわ。『寒いやろ、はよ食べてあったまれ』ってね」。

遠征続きのシーズン中だけでなく、オフもそうして帰れぬ日が多かった。山下は「家族には迷惑かけたわ」と頭をかく。

「ワイフが体調を崩して入院したんだ」とウィリアムスから相談された時も、大変だった。三人の子をしばらく預かると勝手に決めてしまい、妻の洋子を驚かせた。「ビーフさえ出してくれればオッケーさ」と、末っ子の男の子は遠慮のかけらもない。「うるさいわ。漬物と米を食わんかい」とあきれ顔の我が子らに、夫婦でふき出した。

家族同然に、一〇日間ほど世話した。助っ人外野手は「ボスのファミリーのために」とハッスルプレーで恩返ししてくれて、山下はうれしかった。

時には、気乗りしない仕事もある。それでも全力で当たった。

戦力構想から外れたある大ベテラン投手に花道をつくる役目を、球団から託された。自宅へ招き、膝をつき合わせて夜明けまで話し合った。

「最後はトレードを納得してくれてね」。新天地へと送り出す際、先方から請われたように体裁を整え、顔を立てた。共に美酒を浴びた仲だ。後に贈られたタンブラーが、今も食器棚に並んでいる。

マネジャーに管理部長、そして常務と、ブレーブスで一七年。山下は八〇年末に電鉄本社へ戻ると、その後は関連会社の会長も務め、退職を迎えた。

浅井ら元部下たちと管理部の「同窓会」を開いたのは、数年前のこと。西宮ガーデンズにある、球団の栄光の品々を展示するギャラリーへ足を運んだ。

野球殿堂入りした球団幹部や選手の立体レリーフが、薄くほこりをかぶっていた。「ややっ、これはアカン」。スコアラーだった金田義倫が受付の女性に雑巾を持って来させると、せっせと拭き始めた。目を白黒させる女性に「大変な人らなんやで」と業績を説きながら、小林一三や西本らの顔を磨き上げている。

「おいおい」。浅井と顔を見合わせ、山下は笑った。

勇者の盾となり、矛となった花たち。結束は、今も。

番外編⑤　喫茶店「ひさご」

球場入り前　ホッと一息

コーヒーの香りがふわり。

西宮市高松町の小さな喫茶店「ひさご」。西宮ガーデンズのすぐ北側、二階建て五軒長屋の真ん中にある。

かつてはブレーブスの選手たちが席を埋めた。「毎日にぎやかやったんよ」。形山千恵子（六九）が懐かしむ。ぼんやりとテレビを眺める母和子（九二）に、ふふっと笑いかけながら。

米田哲也や足立光宏が球場入り前に九〇円のホットをすする。長池徳二が新聞を広げ、森本潔や大橋穣もカウンターで肘をつく。そのままオーダーが組める顔ぶれだった。

談笑していても、試合への緊張感は分かる。心を落ち着かせてほしいから、サインも写真もせがんだことはない。「もったいなかったな」と、今となっては思うけれど。

店をやると決めたのは、和子の夫、つまり千恵子の父が倒れたから。家を支えていこうと神戸市から移ってきて、一九七〇年四月に開店した。

千恵子は喫茶学校で、コーヒーの淹《い》れ方、カレーの作り方から学んだ。目と鼻の先にそびえる建物では、時に競輪があると聞いた。「だから、ただの競輪場やと思い込んでたの」。西宮球場だった。

最初に来た選手は大熊忠義だった。他の客から最高の2番打者だと教わっても、ピンとこない。「だって、ただの気のええ角刈りのオッチャンやし」。

若手だった福本豊は、定食をつつく。縁起の良いひょうたんを意味する屋号を、「ええ名前やな」とニカッ。たまにナイターのスタンドに行けば、翌日には「ちーちゃん、昨日おったな」。一塁ベースから見ていたという。盗塁の前によそ見してんの、と驚いた。

山口高志の剛速球を、捕手の河村健一郎は「バチーンとでかい音で捕るコツがあるのよ」とコーヒー片手に解説してくれた。戸田善紀は、無安打無得点試合の記念ライターをくれた。

大手を振って簑田浩二が来始めた頃はうれしかった。一軍選手のそろう店だから、すなわち

選手たちがくつろいだ「ひさご」。形山和子と千恵子の母娘が仲良く切り盛りする。「今も時々、ブレーブスのファンが来てくれるんよ」（西宮市で）

山田久志が使っていたカップ。阪神大震災でも、ただ一つ割れなかった

活躍の証し。「どんどん強くなっていくブレーブスを見守れて幸せやったなあ」。

しかし、八八年の一〇月一九日。「テレビ見てみっ」と客が飛び込んで来た。球団身売りの記者会見に、店の中で時が止まったのが昨日のようだ。

厨房で、千恵子が鉄のフライパンを振る。開店時から使い込んできたものだ。皿を洗う和子の背は、すっかり曲がっている。来る日も来る日も、そうしてきたから。

最強軍団が素顔でくつろいだ店は、もうすぐ開店から五〇年が巡る。「何とかその日を迎えたいね」と母娘は話し合う。

これまでに長く休んだのは九五年、阪神大震災の時だけ。店は何とか無事だったが、つらかったことがある。

選手一人一人にお決まりのカップがあり、大切に残していたのに、すっかり割れてしまった。「思い出も粉々になってしまったみたいでね」。

でも、たった一つほぼ無傷で残ってくれた。山田久志のカップ。少ししか口をつけないエースのため、ひときわ小さい。食器棚に並べ、磨く。

「山田さん、また来てや」。千恵子が店の宝物をなで、和子もうなずく。その時は変わらぬ一杯で迎えたい。飾らぬ店は、今日も開いている。

第13章

真のエース　山田久志

●山田久志（やまだ・ひさし）

1948年生まれ、秋田県能代市出身。県立能代高、富士鉄釜石（後の新日鉄釜石）を経て69年にドラフト１位で入団し、２年目から17年続けて二桁勝利を挙げた。76年から３年連続でパ・リーグの最優秀選手に輝き、77年は日本シリーズでもMVPを獲得するなど三度の日本一に貢献した。最多勝三度を含む通算284勝で、88年の球団売却と同時に引退した。2006年度に野球殿堂入りを果たしている。

美しく、そして力強いアンダースロー。巨人を相手に真っ向勝負した（西宮球場で）

球史に輝く　サブマリン

この男の魂は、今も西宮球場のマウンドにある。

誇り高きエース、山田久志（七一）。しなやかさと力強さを併せ持った、唯一無二のアンダースロー。「史上最高のサブマリン」の称号を奪える者は、永遠に現れまい。

膝や腰に爆弾を抱えながら、先発完投の美学を貫き通した。「痛い顔をしたことはないね」。期待と信頼を痩身に背負い、苦み走って投げ抜く姿はファンをしびれさせた。

三年連続パ・リーグMVP、一二年連続の開幕投手……。「俺が阪急の山田や」と真っ向勝負の若手時代から、円熟の技巧派へと変貌を遂げた二〇年間は栄光に彩られる。愛した球団への惜別に、最後の284勝目をささげた日から三〇年が過ぎた。雪国出身のレジェンドは、勇者の象徴という運命を生きている。

いよいよ最終章。「生涯、ブレーブスを語り継ぐ」と誓う右腕に、有終のバトンを託そう。さあ、ラストコールを。

「ブレーブスのピッチャー、山田。背番号17」――。

背筋を伸ばし、大投手は歩いてきた。絵になる。記録、記憶の両面で球史に名を刻んだマウンドのままに。

待ち合わせたJR芦屋駅前のホテルは、年末に球団OB会が開かれる場所だ。長く、その会長を務めている。「卒業させてもらえないのよ。僕もこの年なのに、ブレーブスは先輩たちが怖くってねえ。今でも『おいヤマッ』『はいっ』だもん」。すっかり白くなった髪をなで、飾り気なく笑った。

解説に野球の普及活動、そして講演にと多忙な日々。毎年、オリックス球団が主催する阪急ブレーブスの復刻試合では、必ず始球式やトークショーに駆り出される。

引退は一九八八年、四〇歳だった。以来、歴史のかなたに消えた最強軍団の「顔」であり続ける。「光栄だし、幸せだよね。最高の球団だったし、戦う勇者たちのチームだったもん」と遠い目をする。

この人を伝説たらしめるものの一つに、その投球フォームがある。他の下手投げとは決定的に違う。ガバッと振りかぶり、高々と左足を上げて浮き上がるように始動すると、一気に地面すれすれまで沈み込んだ。

「速い球を投げたい」の一心で作り上げた投球法は、強靭な足腰があればこそ、だった。「誰もまねできないよ。あれは山田久志のサブマリンよ」と、酷使した左膝をさする。今も残る痛みさえ、誇らしい。「痛み止めを注射しながら投げたのを思い出すね」。勲章だ、と言わんばかりだ。

投手人生の名残は、右手にもある。人さし指と中指は第二関節が膨れている。「この間に挟んで投げたからね、シンカーを」。落ちる魔球。全盛期は次に投じる一球の描く軌道が、光の筋となって予見できた。「どういうふうに沈むのか。空振りか、内野ゴロか。投げる前に分かったなあ」。

七連敗でスタートしたプロ人生。日本シリーズで王貞治にサヨナラ弾を浴び、やけ酒を浴びた夜もある。それでも自分を見失わなかったのは、「僕の全てをつくってくれた」と感謝する出会いがあったから。

監督の西本幸雄だ。「僕を絶対、甘やかさなくってね」。野手から信頼を集めるピッチャーになれ――。向こう見ずな頃に授けられたエースの心得が、マウンド人生を通じての支えとなった。

投手を始めたのは高校二年秋と、意外に遅い。「小さい頃は雪の中を駆け回ってたね」。足腰のバネが鍛えられた古里、秋田での少年時代。思い出を、たどり始めた。

懐かしい「木都」父の温かみ

古里を「木材産業で栄えたまちでね」と懐かしむ。秋田県能代市だ。良質な秋田杉が集まり、「木都《もくと》」と名高い。

姉一人に、兄三人。海軍帰りの父、久三郎は材木会社に勤めていた。神社の奉納相撲で、自分より大きな相手を投げ飛ばす姿が格好良かった。

寡黙で働き者の東北人。帰宅して「よし、食うぞ」の一言を聞くまで夕飯には手をつけられない。「大酒飲みよ。毎晩、一升はいってたね。膝に座らされて、酒臭くって」。

冬は一面の銀世界だった。山をスキーで駆け、氷の張った沼でスケートをした。「足腰や体のバランスが自然と鍛えられたね」という。サブマリンの原点が、ここにある。

けんかも日常茶飯事のガキ大将だったが、弱い者いじめはしなかった。それを知ってか、母のヨシは小学校に呼び出されても「こら、チャー坊」とほほ笑むだけ。「お父さんからもらった名を大事にしなさいよ」と優しかった。

三つ違いの三男、勤はキャッチボールの相手をしてくれた。お古のグラブを見て、父が黒い新品を買ってくれたのは小学六年生の時だった。

「跳び上がったよ」。初雪が舞った頃だと記憶する。その父は、次の雪どけを前に突然逝った。一九六一年三月。がんだった。

年の離れた長兄と次兄が懸命に養ってくれた。「おかげでひもじさは感じなかったね」。死期を悟った父は、末っ子へのグラブにどんな思いを託したのか。「今はどこかへ行ってしまったなあ」。でも、膝の温かみは残っている。

中学の定期戦　胸躍らせ

「冬場の食卓は毎日、ハタハタの焼いたやつ。それが今じゃ高級魚だからね」と笑うのは山田の兄、勤（七三）だ。

幼い頃に弟とはよく相撲も取ったが、一番の楽しみは地元中学の野球部定期戦だった。

校区の能代市立能代第二中は、隣の第一中と何かにつけて張り合う。共通の開校記念日である毎年五月一日に、野球部が市民球場で戦うのだ。

「久志の手を引いて見に行ったなあ」。双方のスタンドで繰り広げられる全校の応援合戦に、胸を躍らせた。その熱気に、「二中愛」を深めていった久志少年。入学と同時に、本格的にプレーを始めた。父が逝った春だった。

入れ替わりに高校へと進んだ勤は、たまに二中の試合や練習をのぞいた。「我が弟ながら、ほれぼれしたね」。遊撃手として軽快なフットワークで打球をさばき、三遊間深くから矢のような球を送っていた。

「僕もそれなりに自信はあったけど、『こりゃ、ものが違うぞ』と感じたもん」。小柄で線も細いが、将来性を感じたという。まさか投手としてとは想像もしなかったが……。

ところで、伝統の定期戦は今も熱が冷めない。「地域を挙げて盛り上がります。じいちゃん、ばあちゃんもやって来て大声援ですから」と現在の二中教頭で、卒業生でもある上野英人は言葉に力を込める。

六九回目の対戦となった二〇一九年は、一〇連休前の四月二五日だった。ずっと使われてきた市民球場が解体されるため、母校の英雄の名を冠する「山田久志サブマリンスタジアム」が会場となった。

平成最後となったその一戦で、二中は3―0と快勝したという。「そりゃあ、負けられんでしょう。大投手の名にかけて」。

西宮球場との赤い糸

投手と捕手だけは嫌だ。中学校で野球を始めた頃、山田は本気でそう思っていた。

「だって、いつも怒られてるし練習量も多い。『大変だな』って見てたよ」と笑う。

その頃は、能代市の陸上大会で短距離走に駆り出されるほど。「小さい頃から駆けっこは負けなしでね」。恵まれた運動能力を内野手として発揮していた。

憧れの兄、勤は県立能代高校の二塁手だった。一九六三年夏、秋田の頂点に立ち、全国選手権へ初出場を決める。地元校の快挙に人々は沸いた。「兄貴たちが通りをパレードしてね。元々、能代は祭り好きのまちだけど、熱狂を通り越して大騒ぎだったなあ」。

選手権ではまず滋賀の長浜北を破ると、岡山東商に敗れた二回戦も熱戦を演じた。でも、勤は「夢舞台」に立てなかった。第四五回の記念大会で参加校が多く、会場は甲子園だけではなかったから。

能代高が二試合を戦ったのは、同じ西宮市にある別の球場だった。兄の雄姿を、山田はテレビで見たと記憶している。「球場なんてどこでもいい。晴れ舞台で兄貴がプレーするだけで誇らしくてね」。そこを本拠地にする球団と自分が結ばれる縁など、知る由もない。

当の勤は「せっかく『甲子園』に来たのに……」と複雑だったとか。でも、今は「久志が将来、大活躍する場に一足先に立ったんだもんね」。運命だった、と感じている。

西宮球場。山田兄弟と赤い糸で結ばれていたのだろう。

ノックの雨 食らいつく

兄のように甲子園を夢見て能代高に進んだが、野球部の練習はとんでもなく厳しかった。山田は「思い出したくもないなあ」と苦笑いする。

痛恨の悪送球　出発点

全体練習の終わった後が、一年生は本番だ。一塁までの全力疾走を一〇〇本。真っ暗な中を、ひたすら走る。一〇時過ぎまでかかる夜もあった。

三〇人以上いた新入部員は、ひと月で一〇人以下に。「そりゃあ毎日が地獄でしたよ」。そう証言するのは残った一年生の一人、大沢勉（七二）だ。

ばれないよう、みんな走りながら少しずつスピードを緩める。「一人だけ最後まで手を抜かんヤツがいてね」。それが、山田だったという。

日曜日は、押し掛けたOBたちにノックの雨を浴びせられた。代わる代わる打つから延々続くのだが、「ヤマは食らいついてたなあ。絶対、音を上げないの」。

休みは元日だけ。冬場はまちなかを何時間も走った。日本海からの強風で、横殴りの吹雪になる。膝まで雪に埋まり、運動靴はびしょぬれだった。それでも大沢は、山田が足元を滑らせる姿を見た記憶がない。

きゃしゃなのに体の芯が強かった。何より気持ちのタフさが印象深い。「ヤマは成績も悪くなかったからね」と。

二年生からは、一緒に試合に出始めた。一九六五年だ。迎えた秋田大会は、二人に消えない記憶として残る。大沢が言う。「夏が来る度に思い出すよね。山田久志の人生が決まった、あの日をね」。

甲子園へと続く大会。半世紀以上を経ても、二年生ながら能代高の三塁を守った夏を思い出せば、山田は「胸が痛くなるね」。

三戦目は金足農と1－1で九回に入った。二死満塁のピンチで、ゴロが向かってきた。捕ったと思った瞬間、はじいた。「頭が真っ白になってね」。慌てて握り、投げる。でも指に掛かった白球は、一塁を守る大沢が差し出したミットの先をそれていった。

サヨナラ悪送球。相手ナインが歓喜の輪をつくる。へなへなと、へたり込んだ。

「何が起きたか理解できないのよ。腰が抜けてね」。涙も出ないほど呆然とした。整列には、主将に抱えられて加わったらしい。ずっと後になって山田はそう聞かされたが、全く覚えていない。

「久志のあんな悪送球は、初めて見たよ」。スタンドにいた兄の勤が振り返る。「いつもなら、横手からピュッとストライクを放るのにね」。高校野球の怖さだろうか。

先輩たちの夢を終わらせてしまった――。誰に会うのも嫌で自室にこもり、クヨクヨとレコードを聴いた。ミスを思い出しては「ボールも見たくない」。退部を決意した。

数日後、監督の太田久を訪ねた。胸の内を伝えようとした時、機先を制された。「お前、ピッチャーやれ」と。

ポカンとして、「はあ?」と聞き直す。「ピッチャーだよ、やってみろ」。大投手への道が、開けた瞬間だった。

「あれが僕の出発点だね」

ノーコンの新米投手

能代高を率いる太田は、明治大出身の熱血漢だった。

投手転向を命じたが最後、理由も教えてくれなかった。「部をやめに行ったはずなのになあ」。いま思い出してもおかしい。

ずっと後になって、聞かされた。お前にはバネと独特の二枚腰があったから――と。「体幹のことだろうね」と山田は思いをはせ、「それより、先生は『内野でまたエラーをしたら心に傷が残る』って配慮してくれたんだろうね」。

捕手には、一塁からコンバートの大沢。新米バッテリーの挑戦が始まったが、初めてでストライクが入らない。

「試合でもぶつけてばっかりよ。ノーコンをなおすにも、ただ『投げとけ』の時代だし、とにかく自分で考えたなあ」。卒業した先輩に、同じ細身で横手の投手がいたのを思い出した。浮き上がるような直球で「フライ製造機」と呼ばれていたフォームを頭に浮かべて練習するうち、自然に腕が下がった。

荒れ球を捕った大沢は「僕も必死だったよ」と明かす。

「悪送球の責任をヤマ一人に背負わせて、申し訳なくてね」。サヨナラ負けした夏の金足農戦は、緊張して一塁で足が動かなかった。もっとジャンプすれば捕れていたかも、と悔いていた。

延々と投げ込むうち、制球力が磨き抜かれる。三年生になる頃、二人は秋田で評判のバッテリーに成長していた。

結局、最後の夏も甲子園には届かなかったが、「僕は幸せ者だよ」と大沢は笑う。「山田久志の原点に関われたんだからね」。ひたすら球を受け続けた、青春。今も手が覚えている。

不合格 反骨精神に火

能代高野球部の記録集に、一九六六年度の三年生は七人の名が残る。実はこのうち三人は軟式部員だった。「最後の夏の応援部隊よ。厳しくて大勢やめたから」と大沢が笑う。

山田とのバッテリーで、関東の名門社会人チームから入社テストへ誘われた。太田からは「合格は決定だな」と太鼓判を押された。

だが、練習参加を経て届いた合格通知は、大沢への一通だけ。「ヤマはいい球を投げてたのに」。喜びの反面、申し訳ないような気になった。

一方、落ちた本人も、当時のショックを忘れていない。「僕は『実力不足だ』って自分に言い聞かせて納得もできたけど……」。母ヨシが「父親がいないからかねえ」と悲しむ顔を見るのはこたえた。

「チャー坊、ごめんね」と謝られ、反骨精神に火がついた。太田の尽力で岩手の富士鉄釜石に入社すると、「死に物狂いで練習したなあ」。

誰よりも速い球を投げてやる――。一八歳のサブマリンは執念を燃やした。始動時に大きく体を起こし、その勢いのまま投げ込む。自分だけのフォームが作られていくうち、球のスピードが増していくのが実感できた。

しばらくして、バッテリーだった二人の対決が遠征試合で実現した。「えらい速くなっててビックリよ」と大沢。力強い投法にうなる球。腰を引くようにバットを振ったが、かすりもしなかった。

「線が細いから落としたのに。取っておけば良かった」とチームの首脳が悔いている。うれしい三振だった。

「三バカ」最高のドラフト

快速球を武器に都市対抗で名を上げ、山田は入社半年でドラフト指名を受ける。西鉄の下位だったが、「舞い上がったなあ。『俺がプロになるのか』って」。

ただ、頑として賛成しない人がいた。母だ。拾ってくれた富士鉄釜石を一年で辞めるなんて許さない、と。

「義理や礼儀にうるさいおふくろらしいよねえ」と懐かしい。頭は上がらない。素直に受け入れ、西鉄に断りを伝えた。これを機に「来年、堂々とプロになってやる」と思いが高まる。全体練習後も走り込み、正月も休まなかった。

そうして再び巡った秋。吉報が届いた。今度はブレーブス。「日本シリーズに出ては巨人に負ける、という印象しかなかったね」と苦笑する。でも、何より一位指名がうれしかった。一九六八年だ。

腰痛を元々抱えていたが、癒えるまで球団も契約を待ってくれた。翌夏、晴れて入団。最後の最後まで「立派な会社を辞めなくても」と心配していた母も、兄たちの説得に折れた。

二位は巧打の加藤秀司、七位が「世界の盗塁王」となる福本豊。球団史上最高のドラフトだ。大活躍の仲良しトリオは「三バカ」と呼ばれた。

「光栄だよ。野球バカって意味だもんね」と山田は言う。競うように練習して高め合い、勇者を引っ張った自負がある。

「それからね……」といたずらっぽく笑った。「西鉄には感謝してるの。僕を本気にさせてくれたんだから」。

いつかはAロッカーに

勇者の一員となった一九六九年シーズン途中から、山田はリリーフで起用された。

寮での洗濯には困った。アンダーシャツなどは、各自でやらねばならない。三台ほどの洗濯機は「年功序列なんだよね」。新人は後回し。ナイターの後は夜中になった。

自分の物を放り込んだまま寝てしまう先輩もいる。「そんな人の分まで僕が干してたんだよ」。後の大エースも上下関係には勝てなかった。

新人右腕には他にも大切な仕事があった。米田哲也、梶本隆夫のスパイク磨きだ。

「ちぇっ、でっかい足だなあ。こんな足なら、あんな剛速球が放れるんかい」。毒づきつつブラシをかけるが、二人のベテランからは食事の誘いというご褒美もあった。

選手のロッカールームは実績で分かれており、「ヨネカジ」や足立光宏、外国人らは「A」と呼ばれる広い部屋。「僕らはDだったかな」。若手や、二軍と行ったり来たりの連中ばかり。窓もなく狭かった。

同期の福本の顔もあった。先に一軍で出ていたが、偉ぶらない。「最初から気が合ったね」。今も続く絆だ。

大御所らが風呂へ行く合間を見計らい、Aロッカーへ一人、忍び込んだ。「冷蔵庫があってね、冷えたビールを失敬したよ」。翌日には補充してある。明らかにばれていた。

「まあ、いいや」と喉を潤した。いつか広いロッカーで堂々と飲んでやるよ、と。

愛される投手になれ

プロ一年目は0勝1敗で終え、「日本シリーズはベンチ外でね」。寮でのテレビ観戦に悔しさをかみしめた。

翌一九七〇年は当初、先発を託された。ただ、好投しても勝ちに恵まれない。開幕から自身六連敗。西宮球場の監督室へお呼びが掛かった。

西本を前に、二軍落ちを覚悟して下を向く。ところが、一言目は「ヤマ、よう頑張ってるな。お前を勝たせてやりたいんや」。えっ、と顔を上げた。

「でもな、今のままじゃアカン。今年、最初のミーティングで『何が何でも打倒巨人や』と話したやろ。それでもチームの調子が上がらん。マスコミやファンが騒ぎ始めてるわな？」

静かな口調に熱を感じる。

「気が付いてるか。野手の中から『いつまで山田を使うねん』って声も出てる。それは何でやと思う？　わしは悔しいぞ」

答えに窮していると、「ええか、ヤマ。わしは、お前がどんだけ負けても投げさす。お前は『こいつのためなら』って周りに愛されるピッチャーになれ」。指揮官の話はそこまでだった。

援護のない打線に、知らず知らず腐りかけていた自分に気付かされた。「マウンドで『一生、勝てないかも』って焦りや不安が出てたんだろうなあ」と山田は振り返る。

若さゆえ、だった。

闘将の親心。授かった薫陶はエースへの道しるべとなった。結局、その年の黒星は17にも達した。それでも、投げさせてくれた。

二人きりの監督室で胸に刺さった一言一言を、忘れない。「僕の一生の宝物だよ」。

頭の中は速い球だけ

「こういう時にどれだけ我慢できるかが、エースへの道やで。分かるな、ヤマよ」

未勝利でもがく頃、他の投手陣が居並ぶ中で西本に声をかけられた。ベテラン勢が顔色を変える。この若造がエースに？　そんな空気だった。

「ヨネカジさんらも『何をっ』て目よ。監督は本気でヤマを見込んで、絶対に育てると覚悟を決めてたんだね」。居合わせた元スコアラー、金田義倫の述懐だ。

当のサブマリンは「僕は田舎者で、家庭環境に恵まれたわけでもない。親の目で見守ってくれたね」と感謝する。

そんな指揮官から「あいつを見とけよ」と、手本にするよう示された大先輩がいた。足立光宏。山田が二年目にしてプロ初勝利を挙げた西鉄戦で、息切れした終盤に救援を仰いだ恩人でもある。「走って体をつくれよ」と静かに助言してくれて、ありがたい。制球良く内野ゴロの山を築く投球術は熟練の域だった。

しかし、同じ下手投げでも目指す形は違うと見ていた。「俺は、速い真っすぐで生きる」と。コーチの天保義夫からは、投げ方が理にかなっていないと指摘された。投球後に体が右側へ振られるクセをとらえ、「力任せだ」という。

それでも、先発に救援にフル回転で52登板。「場数を踏ませてもらって、プロの感覚を学んだよ」。勝ち星も10に達し、成長への手応えを得た一九七〇年だ。ただ、「頭の中は速い球だけ。若かったね」。

真っ向勝負　一発に沈む

初めの二年間は、「25」で投げた。以前はダリル・スペンサーが付けていた背番号だ。一度は退団したこの助っ人が復帰することになり、山田は返さなくてはいけなくなった。

新たに渡されたのが「17」だった。後に大エースの代名詞となる栄光のナンバーも、当時は空き番だったから選んだだけ。「最初は何の愛着もなくてね」と笑う。

この一九七一年は「絶対に忘れられない年だなあ」。軽くなった背中だけが理由ではない。

シーズン22勝を挙げ、日本シリーズへ乗り込む。自身は巨人と初対戦だから「怖い者知らずでね。『俺が阪急の山田や』って」。王貞治や長嶋茂雄にも三振狙いで真っ向勝負した。

第三戦。その日の快投を知る勇者たちは、証言する。

「ボールがうなってたわ。打球が前に飛ばへんから、暇やったな」と大熊忠義。長池徳二も「あの日の山田は鬼気迫ってたよ。『味方で良かった』って感じたほどでね」。

しかし、完封目前の九回二死、その長池の頭上を王のサヨナラ3ランが飛んでいく。

自慢の直球を完璧に打ち返されたサブマリンは、その場に崩れ落ちた。「打たれて負けたって頭では分かるのよ。でも、体が動かなくてね」。歩み寄ってきた西本に促され、青い顔でマウンドを降りた。

満員の後楽園球場。三塁側スタンドを見上げられなかった。「来ててね、おふくろが。ショックだったろうなあ」。翌日の観戦予定は取りやめ、秋田へ帰っていった母を思う。

投手はコントロールや

王に浴びたサヨナラ弾で崩れ落ちたマウンド。西本に掛けられた一言が胸に残る。

「ヤマ、帰ろう」――。責められなかった分、余計に一球の重みを痛感した。

その第三戦をものにしていれば、2勝1敗。「あとはお前を連投させて一気に勝負するつもりやったんや」と明かされたのは、ずっと後のことだ。

失った流れを取り戻せぬまま、勇者は一九七一年の日本シリーズに敗れた。失意の右腕は「俺の力で巨人に勝つ」と執念を燃やすようになる。

オフの契約更改では、一〇〇〇万円は堅いと疑わなかった。チームの勝ち頭で、看板投手の自覚も芽生えていた。ついに俺も一流の仲間入りだ、と。

それが、球団の提示は微増の七八〇万円。「ヨネカジでもやっと大台やぞ」と諭されてカッとなり、席を立った。

その後、再三の呼び出しも無視し、宝塚に西本の自宅を訪ねた。心の内をぶちまけると、「うーん、そら確かに低いな」とうなった指揮官は「よっしゃヤマ、わしが一〇〇万足したろ。そやから、来年も頑張れよ」と言い出した。

えっ、と慌てて申し出を辞し、その足で球団事務所へ向かった。胸がいっぱいになり、当初の提示額で判を押した。「生意気なのに大切に思ってもらえて、幸せだったねえ」と振り返る。

「足立を見ろ」の口癖は変わらない。そのうち、「ピッチャーはコントロールや」も加わった。そんなの当たり前だろ、と感じた。秘められた思いに気付くには、少し時間がかかった。

新人の剛速球に焦り

シーズンが近づくと、胸を膨らませた。「そりゃあ期待したよね、開幕投手のご指名を」。最多勝も獲得し、心の準備はしていた。でも、西本は決して大役を託してくれなかった。「まあ、『お前にはまだ一〇年早いわ』ってなもんじゃないの?」と今は笑って振り返れる。

落胆しつつ、期待の裏返しと受け取った。「成績だけとちゃうぞ。チーム全員が納得してこそエースなんや」と。

打ち込まれる度、「お前は準備が悪い。マウンドへ上がる前に、バッターとの勝負はついとるんや」と諭された。ほめられたことはない。認めてもらいたい一心で投げた。

「ピッチャーとしても、人間としても基礎を作ってもらった。あの頃がなければ『山田久志』は絶対にないね」。一九七三年シーズン限りで闘将が近鉄へと去るまでの五年間に、感謝は尽きない。

育ての親を失う形となり、サブマリンは真価が問われることになった。ただ、直球一本やりでは徐々に勝てなくなってきたのもこの頃だ。

七五年には、鳴り物入りで山口高志が入団してきた。注目を集める中、ズドーンと剛速球を投げ込んでいる。「すごいのが来た。こいつは本物だ」。悔しいが、認めざるを得なかった。「後から入って来たヤツに負けるかもと思ったのは、あれが最初で最後だったよ」。

一二年続くことになる開幕投手を初めて務めた年だった。でも、力めば力むほど勝ち星は伸びず、気は晴れなかった。

そんな中、かつて恩師が説き続けてくれた教えが浮かんだ。「足立を見ろ」――。

教え請うた　六甲の夜

眉一つ動かさず、ピンチを脱する。「危ないな」という場面での足立の強さには、ため息が出た。「何であんなにスイスイ投げられるんだ。力任せの俺とは全然違う」と。

背番号「16」の先輩は、ここぞという時に絶対的に頼れる球を持っていた。シンカーだ。スッと沈んで芯を外し、併殺に切って取る。

あれが俺にもあれば――。思い切って「ダチさん、シンカーを教えてください」と頼んだ。しかし、「覚えんでええ」と素っ気なかった。

足立も、このやり取りを覚えている。「まだ早いわ、って思ったからね」と真意を説く。記憶では、一九七五年の前期が終わり、六甲山で開かれた後期への激励会の夜だった。

「シンカーはスピードを殺す球や。ピッチングの幅は広がるけど、同時に真っすぐの良さを失う危険もあるからね」。自身がこの魔球を磨いたのは、肩を痛めたため。球威が落ち、「武器がないとメシが食えん」と切羽詰まっての窮余の策だったという。

それだけに、山田に対しては「変化球に頼るな」と尻をたたく意図があった。でも、翌七六年一月、和歌山県那智勝浦町での自主トレに誘った。キャッチボールの合間に「俺はこうや」と握りを見せた。

「ピッチャーはプライドの生き物やからね」と足立は笑うばかり。安くはないぞ、簡単に教えてたまるかい。そんな思いも初めはあったろう。

ただ、それ以上に、実績も捨てて教えを請うてきた後輩の心情にほだされたのか。

深夜の映画館で高倉健

「あいつ、まだ覚えてるかなあ」。足立の述懐は続く。

山田が二年目の一九七〇年だったか、福岡の旅館で同部屋になった。

翌日の西鉄戦に先発する後輩は、眠れぬ様子だった。責任感の強さゆえか、入れ込み過ぎている。「ちょっと行こか」。深夜の映画館へと連れ出した。

「高倉健やったなあ」。途中まで見て、一緒に席を立った。「気持ちがスッと落ち着いた頃を見計らってね。次の日はちゃんと勝ちよったよ」。

自分より一〇年後に入団してきた当初から、同じ下手投げで気にかけていた。「荒っぽいけど、強い球を投げよるわ」と。

新人でノックアウトを食らい、ベンチで「帰れっ」と叱り飛ばされる様子も、じっと見た。そのまま試合中に、東京から二軍のいる福岡へ向かわされていたが、すぐ結果を出して一軍へ戻ってきた。「負けん気の強いやっちゃ」と感心したという。

足立の方は、右肩の故障にあえいでいた頃だ。「ライバルって思いはなかったよ。年も離れてるし」。後輩の力を認めた上で、自身はシンカーに活路を見いだしていった。

後に直球の威力だけでは勝てなくなった背番号「17」が教えを請うてくると、自分に重ね、理解できた。壁に当たる時は誰にでも来る――と。

「そやのに、あれほど一気に追い抜いて行きよってからに」。しわがれ声で笑った。深夜の映画館で席を並べた日を思って。

心をコントロールしろ

シンカーの握りを教えてくれた足立に、感謝は尽きない。和歌山での合同自主トレも、山田は勉強の連続だった。「とにかく黙々と砂浜を走って、黙々と練習するのよ、ダチさんは。付いていくのがやっとだったね」。

押し付けられた練習はしないが、自分で決めたことは何が何でもやり抜く。そんな気概を見た。その先輩は病院内のトレーニング室で医師の助言を受けながら、故障がある腰や膝周りの筋肉を入念に鍛えていた。

「ヤマよ、アンダースローのフォームはな、苦しそうに見えなアカンぞ」と笑う。まるで禅問答だ。人にはできない自分だけの投げ方を作れ。そんな意味だと受け止めた。

苦境に強いマウンドさばきの裏に隠された姿に触れるうち、山田はかつて西本に説かれた教えが胸に染みた。「ピッチャーはコントロールやぞ」と。

制球力だけを指すのではない。心を制御できるようになれ——。そんな教えが秘められていたことに、気付いた。

背番号「16」のシンカーをブルペンでじっと観察した。手首をひねり、指に引っかけるように球を離している。

同じように試してみると、スッと沈む。でも、「何かしっくりこなくてね」。投げ込みながら自分の形を探していった。

球を握る時、教わった通りにそろえていた人さし指と中指を徐々に広げ、二本の間から抜く感覚で球を離す。ストン、と落ちた。

受けてくれた河村健一郎の驚く顔が、今も浮かぶ。「これだ」と感じた瞬間だった。

広島を破り、初めて日本一に輝いた一九七五年も「喜びは半分でね」。何しろ、自身の防御率は4点台だった。

新球で復活を期し、翌七六年は一気に26勝した。現役生活を通じて最も多い勝ち星だ。それでも、「まだまだシンカーを自分のものにできてなかったなあ」と明かす。

落ちる幅も、鋭さも一定しない。「試合の中で『足立シンカー』になったり、『山田シンカー』になったりでね」。

師である先輩とは、同じ下手投げでも肘の使い方も手首の角度も違う。「自己流で精度を高めるしかない」と、ブルペンで投げに投げた。

満員の後楽園 尻込み

その年、勇者は巨人との頂上決戦に臨んだ。3勝2敗の第六戦は、7点先行しながら先発の山口が乱れる。緊急登板を命じられた山田も、「完全にのまれたね」。打ち込まれて大逆転負け。逆王手を許す。第三戦で完投勝利を挙げていた自信も、吹き飛んだ。

最終戦も後楽園は満員だった。先発の足立から「ヤマ、いつでも行けるよう準備しといてくれよ」と声を掛けられた。

えっ、とおののく。「とてもじゃないけど自信がなかったね。あの雰囲気で投げる気力なんて湧かないよ」。

近年のようなラッパの応援などない時代。怖いのは敵地の人いきれだった。西宮球場では経験しない五万人近くのざわめきが、じわじわと効く。

投手戦になった。マウンドのベテラン右腕に、ひたすら祈った。「ダチさん、頼みます。最後まで投げてくれ」。

G倒に六本木で応援歌

「ヤマ、肩をつくっといてや」とコーチに命じられ、試合の中盤に投球練習へ向かった。

白球を握る。でも、放れないままだった。視線の先では、背番号「16」がいつも通り淡々とピンチを切り抜けていた。その豪胆さに「どんだけ冷静なんだ。並の神経なら、とても投げられんぞ」とかたずをのんだ。

片や足立も、マウンドからブルペンを見ていたという。「あいつめ、投げもせんと何してんねん」。しゃあないな、気持ちは分かるわ、と一人で投げ抜く覚悟を決めた。

そして4―2の九回、最後の打者は三振だった。一九七六年一一月二日。六度目の挑戦で初めて巨人に勝ち、勇者たちが歓喜の輪を作る。

もちろん山田もマウンドへ駆けた。「試合中は行きたくなかったのにね」と苦笑する。「投げたくないなんて思ったのは、現役であの一日だけだよ」。頼もしい先輩に抱きついた思い出は鮮明だ。

祝勝会の勢いのまま、仲間たちと六本木へ繰り出した。

〽おお阪急ブレーブス――

肩を組み、応援歌の合唱で街を練り歩く。宿敵を倒して浴びる美酒は、格別だった。

明けて、新幹線で帰った新大阪駅で息をのむ。出迎えの人々で埋まっていた。バスが囲まれ、出発できないほどだった。

「我らがファンもやるじゃないの」。胸が熱くなる。その中で、西本を思った。せめて一度だけでも後楽園で胴上げしたかったなあ、と。

伝家の宝刀 思うまま

ある頃から、マウンドで不思議な「道」が見え始めた。

筒状に捕手まで続く。直径は球三個分ほどで、「ビュッと中に投げ込むだけだったなあ」。その軌道のまま、ストーンと伝家の宝刀が沈んだ。

空振りを取ろうか、それとも三塁ゴロで併殺か――。落とす幅も思うがままで、打者を手玉に取った。「困ったらシンカーを投げればいい、っていう領域までいったね」。

遠征先で部屋をのぞく山口に、「ヤマさん、明日は先発ですか」と問われる。そうだよと答えれば、「よっしゃ。じゃ、行ってきまーす」。剛速球の後輩は、夜の街へ消える足も速い。

救援の出番はないからと、心置きなく飲むのだろう。大黒柱としてチームを背負う責任感に、山田は心が満ちていった。

西武の東尾修にロッテの村田兆治、そして近鉄の鈴木啓示……。他球団の「顔」たちとの投げ合いに、カーッと燃える。「こういう対決に勝つことこそ俺の仕事よ」と。

一方で、エースであるがゆえに隠し通さねばならないこともあった。左膝の痛みだ。縦方向にも横方向にも動きの激しいフォームで、負荷をかけ続けてきた。痛み止めの効果が試合中に切れ、「ガーンと頭の芯まで突き抜ける激痛に襲われた瞬間もあったよ」と明かす。

そんな時、日に何百球も投げ込んだ若手時代の鍛錬が助けになった。力が入らなくなった時、どう粘るか。「それは体に財産として染み込んでたからね」。

投げて打ってMVP

「他のどのアンダースローより、酷使した左膝だもん」

痛みはむしろ誇り。マウンドで膝が外れるような感覚になる日もあったが、「はまるのよ。投げてるうちに」。そんな時は、ポンと音がした。

以前ほどの球威はなくなっても、緩急と制球力で勝負できる。投げ込みで培ってきた体のバランス。コーチの天保義夫に力任せのクセを指摘され、「それさえ直せば、お前はプロで長くやれる」と言われた若手時代に感謝した。

再び巨人を下す一九七七年の日本シリーズで、MVPに輝く。2勝1セーブの「本業」に加え、第四戦で決勝二塁打のおまけ付き。「昔から打つのは得意だからね」。敵地に気おされた前年の借りを返した。

パ・リーグでは七八年まで史上初の三年連続ＭＶＰを獲得し、絶頂期にあった。それでも若い頃に増して走り込み、投げ込む。自分がかつて足立から学んだように、後輩たちに背中を見せよう――と。

巨人を倒し、３年連続日本一を達成した日本シリーズでMVP。仲間から歓喜のビールを浴びた（1977年10月27日）

「よく飲みにも連れて行ったなあ」。通常の投手会に加え、秋田の出にちなんで「北の会」も作った。東北出身者のほか、北海道の佐藤義則らがいた。「僕も入れてくださいよぉ」と今井雄太郎が頼んできた。古里は新潟だ。

「ま、『北信越』だし、いいか」と迎えた。ピッチが上がると「ヤマさんはぁ、確かにエースですよ。でも僕みたいに完全試合はやってないでしょっ」と四角い顔で絡んできた。

「参ったよ、雄太郎のヤツには」

同期の盗塁王　深い絆

「色紙に『完全男』って書けよ。俺が許可してやるよ」と今井に言った。もちろん、からかったつもりなのに、見ていると本当に書いている。「あれには笑っちゃったよ」。

自分はサインに「栄光に近道なし」と添える。努力の道のりを忘れまい、と自戒した。

苦労も多かったプロ生活。高め合えた存在が、福本だ。「実はフクさんも膝を痛めてたからね」。

それをおくびにも出さず、走る。負けてられん、と奮い立たせてくれた。

その同期生は一九八四年、広島との頂上決戦で頭に死球を受け、搬送された。王手を掛けられての第六戦だった。

「フクさんのために、勝つぞ」。サブマリンの声に燃えた勇者は、その試合を制す。

そして、最終戦。マウンドから見る中堅に、いつも通り「世界の盗塁王」がいる。自分も注射二本の左膝で先発だ。シーズン中に打球を受けた右膝も痛んでいた。

それでも、「グラウンドで死ねるなら本望や」と強行出場した名手に応えようと、右腕を振った。二人には最後となった日本シリーズ。接戦の末に敗れたが、悔いはない。

現役の終盤には、自分の投げたロッテ戦で背番号「7」が肩を脱臼した。飛球に頭から突っ込んでの負傷だった。「あれには驚いたね。フクさんのあんなプレー、初めて見たもん」。走塁でもヘッドスライディングをしないのが主義だと知っていたから。

３００勝の大台が近づく俺を助けようと、あんな無理をして――。マウンドで涙が出そうだった。最強軍団の両輪を務めた二人。絆は、深い。

開幕投手は譲れない

絶対に譲りたくなかったものがある。開幕投手だ。「最高の檜舞台だからね」。

任され始めた頃は不安も大きかった。でも、経験を積むうち、キャンプから開幕日までを逆算し、心身の整え方を学んでいった。「ピッチャーは準備が全てやぞ」と西本に説かれた日々を、思い出しながら。

何度務めても、前夜は目がさえる。でも、「少々、寝んでも投げられるわ」と腹をくれるようになると、強い。真っさらなマウンドで「さあ、見せてやろうじゃん」と胸が躍った。

それが途切れたのは一九八七年のこと。調子の上がらぬオープン戦を経て、自ら監督の上田利治に「判断はお任せしますので」と申し出た。

「あれには後悔しててね」と遠い目をする。ただ、「自分にまだ絶対の自信があれば言わなかったろうなあ」。

四月一〇日、西宮球場のマウンドに立った佐藤は南海に打ち込まれ、五回で降板した。

翌日。サブマリンの心に火がつく。被安打4、失点1で完投勝利。二万八〇〇〇人の大歓声に、手を振った。

投げながら考えていたという。「俺を見とけ。開幕投手ってのはこうやるんや」と。一二年続けて担ってきた大役で、8勝を挙げてきた意地がある。

現役も終盤を迎え、衰えは隠せない。それでも本音では、指揮官に「何を言うんや、ヤマ。一年の最初はお前しかおらん」と託してほしかった。エースとは、プライドの生き物だから。

284勝目　最後も完投

「ヤマちゃん、やめる気ちゃうよな」。南海の強打者、門田博光が電話をくれた。一九八八年の序盤。KOされた翌朝だった。

長年のライバルの気遣いに感謝しつつ、はぐらかす。でも、気持ちはもう固まっていた。

解説で藤井寺球場にいた西本に「今年でユニホームを脱ぎます」と真っ先に伝えた。「そうか、最後までしっかりな」。ぐっときた。通算300勝まで残り20で迎えたシーズンを、「膝も腰もヨレヨレだったなあ」と振り返る。

終盤を迎えると、最終戦での引退登板が決まった。その四日前、西宮球場近くの理髪店にいたところ、電話がかかった。すぐ来てほしい、と。

事務所の一室で、球団の身売りを福本と並んで告げられた。「頭の中が真っ白だったね」。阪急ブレーブスの黄金期を築いた同志と、言葉も交わせなかった。一〇月一九日のことだ。山田はベロンベロンになるまで飲んだ。「あんなまずくて悔しい酒は、後にも先にもないよ」。

そして、最終戦の朝も痛み止めをのんだ。球場へ着くと、名古屋から届け物があるという。ボールが一つ。清原和博に東尾修、そして落合博満だったか。日本シリーズを戦っている面々のサインがあった。栄光のサブマリンへ、パ・リーグでしのぎを削ってきた仲間たちからのはなむけだった。

「俺の野球人生は今日、ここで終わりだ」とマウンドに立った。重圧から解放され、体が軽い。「ピッチングってこんなに楽しいのか」と一球一球を慈しむ。引退、撤回したろかな――。心で笑った。完投で284勝目。「山田ぁ、ありがとう」。ファンの涙声に「17」の背で泣いた。

仲間との出会い 宝物

「永遠だと思ってたよ」という阪急ブレーブスに惜別の勝利を贈り、胴上げで西宮球場の宙を舞う。仲間から愛された実感に、胸を熱くした。

満員のスタンドで、ファンの掲げたボードが揺れていた。

「真のエース　山田久志」

四〇歳での引退に、偶然を重ねた来し方を思った。高校時代の悪送球、社会人チームの不合格、そして西鉄への入団拒否……。「まるで迷路だよね。遠回り、遠回りしてね」。全てが勇者へと続く道だった。

足立との出会いも、宝物として心にある。「シンカーがなければ僕は100勝そこそこで終わったろうなあ」と。

一方の先輩は「いやいや、ヤマの努力、体の強さあってこそや。そやないと284も勝たへんわ」と謙遜するけれど。「師弟」のぬくもりは、変わらない。

西鉄入りを認めなかった母のヨシは、九五歳で逝くまでつましい暮らしを続けた。王にサヨナラ本塁打を浴びた一九七一年の日本シリーズを最後に、球場へは二度と来なかった。勝負の世界に生きる姿を見ていられないのか、「僕が秋田へ遠征で戻っても、宿舎をちょっとのぞくだけなのよ」。元気な顔を確認するだけで、帰って行った。

ただ、家ではラジオ中継を聴いていたらしい。「ピンチになったら、おふくろは慌ててスイッチを切ってたわ。久志が投げてる試合でね」。そう振り返って笑う兄の勤は、高校を出た後、大学からの誘いを断って地元の銀行に入った。二人の兄に高校へ行かせてもらったという感謝が強く、今度は自分がと考えたのだという。

「実家へ仕送りして、久志に小遣いも送ったなあ」。だから、その後プロで活躍する姿が自分のことのようにうれしかった。定年まで銀行で勤め上げた三男が、亡き父をしのぶ。「おやじは、もっと誇らしいはず。プロで生き抜いた末っ子がね」。

ほんまもん「父」の遺言

もう一人、山田にとって父と呼べる存在が西本だ。思い出は尽きない。

ユニホームを脱いだ翌春、オープン戦で西宮球場のマウンドに立つ姿を、実況席から見てくれた。「こうして引退試合をしてもらえる選手になるなんて」と感慨にふけっていたらしい。

時が流れ、山田が中日で初めて監督に就任すると、キャンプ初日に顔を見せた。「お前が心配でたまらんのや」と、そのまま三日も近くにいてくれた。

野球殿堂入りの記念パーティーでは、祝辞で舞台へ上がってくれた。「わしをマイクの前に立たせたら承知せんぞ」と渋っていたのに。

口下手な闘将は言葉に詰まり、頭を下げた。「皆さん、これからの山田をよろしく」――。一緒に拍手に包まれた日を思い出せば、胸が熱くなる。

亡くなった後は、悔いばかりが残った。「一生懸命に恩返しした、なんてうそだ」と。命日の度に和歌山へ墓参しては「元気です」と語り掛ける。日本一にしたかった、と申し訳なさが募る。

ゴルフ場で仲間たちと囲んだ日のことを、忘れない。「こいつだけや。わしに反抗しよったんは」と大勢の前で名指しされた。制球力の大切さを説かれ、「いや、速い球があれば打たれませんから」と口をとがらせた若手時代の思い出話だった。

どっと一同が沸く中、恩師は「そやけどな」と続けた。「ヤマよ、お前はほんまもんのエースやったなあ。敵になってみて、よう分かったわ」。

褒められたのも、エースと呼ばれたのも、それが最初で最後。「父」の遺言だった。

一筋の二〇年　あふれる愛

昭和最後の秋に引退してから、三〇年が過ぎた。「早いよなあ」。

夢に終わった300勝を、心で引きずった頃もあった。

今は違う。「自分を褒めてるの。立派に貢献したぞ、ってね」。チーム事情で抑えに回った時期もあるし、救援登板も断ったことはない。膝や腰のために強い痛み止めをのむと、胃も荒れた。身を削って積み上げた284勝だから。

球場が埋まる日は少ない。だからこそ、分かった。強くなれば観客が来てくれる、と共に信じ合った仲間の大切さが。

コーチの梶本が今井にビールを飲ませ、快投を引き出した南海戦が懐かしい。主戦が山田で、酒仙は雄太郎――。そんなふうに言われ始めた一戦だ。「おおらかな時代だったなあ」と振り返る。

勇者一筋の二〇年間。実は、阪神へのトレードがまとまりかけたこともある。投手陣の代表という思いは強く、球団や首脳陣への直言も辞さなかったから、「煙たく思った人もいただろうね」と笑う。

上等だ、出て行ってやるよ。そう決めたはずが、首脳の顔を見るや感情があふれ、「なぜですか」と詰め寄った。チームに尽くしてきた自負の強さゆえだった。

移籍話は流れ、同僚になり損ねた小林繁に「残念だなあ。山田さんとやりたかったのに」と言われ、笑い合った。でも、勇者の旗以外に忠誠を誓えるものがあったとは思えない。

「300勝を見せてくれ」と言ってくれる仲間を持てた幸せが残る。平成も終わり、時代は移ろう。最強軍団への愛は、時を経るほどに強くなる。

永久欠番の同志たち

毎年、オリックス球団が主催する阪急ブレーブス復刻試合でトークショーに招かれる。

「俺、何でこんなことやってんだ」とむなしくもなる。「だって、今もチームが残ってれば、やらなくて済む役割だもんね」。すごかったんだぞ――。そう叫びたくなる。

「Ｂｒａｖｅｓ」のユニホームを着たファンの歓声に包まれると、「この人たち、今でもここまで愛してくれるのか」とせつなさが募る。

二〇一八年の春は福本と共に出演し、舞台で掛け合いをした。「せめて7と17は永久欠番にしてほしかったよねえ」。ぼやいてみせると、横から言葉を継がれた。「ブレーブスは全員、永久欠番やんか」。

ワーッと会場が沸く。「参ったわ。『そうだよね、ほんとだよね、フクさん』って」。涙をこらえ、「皆さん、頼むな。覚えていてくれよ」と心で訴えた。語り継ぐ責任の重みを、胸に刻む日になった。史上最高のサブマリンに、世界の盗塁王。代わりはいない。

二人で会う度、つい「南海や近鉄のファンはまだ幸せだね」と愚痴ってしまう。「チームの愛称は残ってるもんな」と返ってくる。誇り高き勇者の名に、郷愁を共にする。

時に一人、西宮ガーデンズへ。消えた球団の栄光を伝える品々が並ぶ、小さなギャラリーに立つ。「浮かぶんだよね。一人一人の顔が」。最強軍団の永久欠番を背負った、頼もしい同志たちの顔が。

被災者の声援 震えた

「ブレーブス以外のユニホームを、着んとってくれ」

オリックスからコーチの話が届いた時、ファンのそんな声も聞こえてきた。再三の就任要請に最後は折れたが、「苦しい決断だったね」と明かす。

思い出すのは、一九九五年の開幕戦だ。一月に阪神大震災が起きたばかり。山田も西宮の自宅が被害を受け、家族がけがを負っていた。

「お客さんは来られないだろうな」という予想に反し、被災者も多く駆け付けた神戸の本拠地で、大歓声に包まれた。震えが止まらなかった。

ナインは、優勝まで突っ走った。勇者の血がよみがえった――。そう思えたほどだ。

時を経て、二〇一八年春。キャンプで臨時コーチとして選手への激励を頼まれ、語り掛けた。

「私はかつて勇者という名を持つチームの一員だった。『仲間が困った時に助け合うのが、真の勇者だ』と教わった。君たちも苦しい時に力を合わせ、助け合ってほしい」と。

バファローズと名を変えたチームに、執念が見られない。つい、昔が懐かしくなる。

自分が投手会、福本が野手会のリーダーとして仲間を率い、街へ繰り出した。「バカ騒ぎしてね。『飲めや、歌えや、食えや』って」。それが試合になると、「よし、行こや」と目の色を変えた。

昨今のパ・リーグ人気に寂しさが募る。ブレーブスがあれば、と。もう一度、闘う集団のユニホームを着たい。

魂は今もマウンドの上

カープがね……。

いつも古巣をそう懐かしんでいた鉄人が、再びそのユニホームを着ぬまま逝った。衣笠祥雄。

仕事で顔を合わせる度に話し込んだ頃が、山田は懐かしい。

「赤ヘルの話ばっかりよ。キヌさん、戻りたかったんだろうなあ」

勇者と広島。かつては日本一をかけて戦い、主力同士で宴会をしたりと交流が深かった。時代を共有した仲間が減っていき、寂しい。

だからこそ、思いは強くなる。「俺も、ブレーブスのためなら何でもしよう」と。

古里への思慕の情も募る。「おふくろも亡くなって、帰る機会は少なくなったけどね」という秋田県能代市だ。自らの名を冠した野球場もでき、現役時代の道具やトロフィーなどの数々を寄贈した。「田舎の野球少年たちに知ってほしいのよ。『こんな小さなまちから、阪急ブレーブスってチームで頑張ったピッチャーが出たんだな』って」。

長時間に及んだ取材の最後に、サブマリンはシンカーの握りを見せてくれた。決して大きな手ではない。人さし指と中指で、グッと球を挟む。

「今も左手よりずっと開くのよ」。右手を見れば、「俺もピッチャーだったな」とむせ返るような勝負の熱が恋しくなるという。

読者へのメッセージを、と記者が渡した色紙を前にしばし黙考する。そして、一文字ずつ力を込め、書き上げた。

勇者達から　ファンの皆様へ　〝有難う〟

――と。

284勝を積み上げた右手。こうして球を挟み、シンカーを投じた

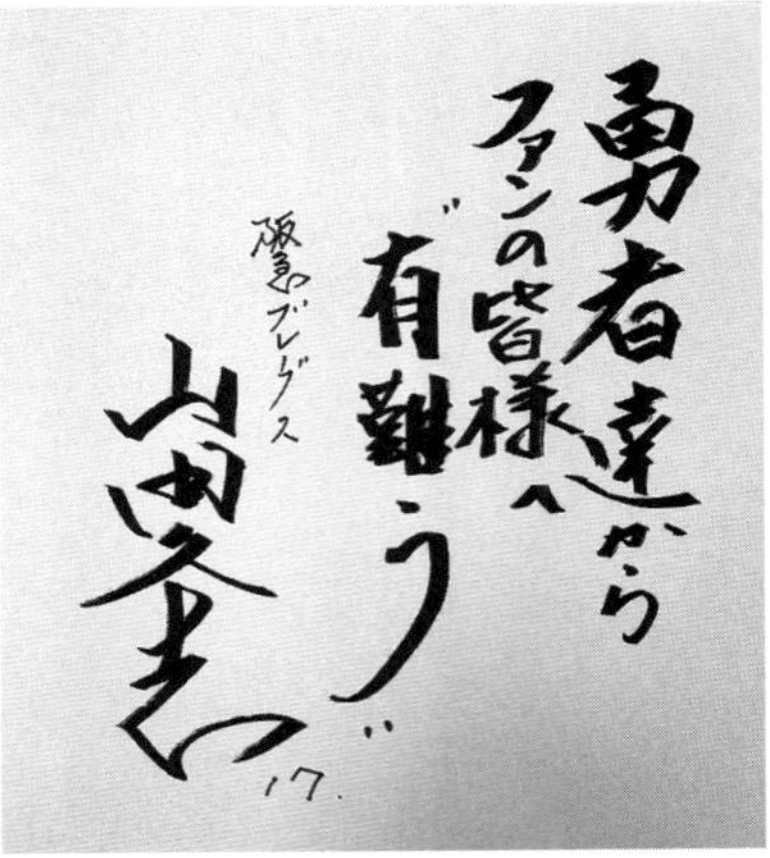

色紙に記したファンへのメッセージ

最強軍団の代表として、伝えられるのは感謝しかない。「仲間に恵まれて、愛し続けてくれる人たちに恵まれて。最高の野球人生だね」。そう言うと、また右手を見た。

「背番号『17』とは？」という最後の問いに大エースは目を細め、「僕のすべてだね」。そしてポンと背中をたたいた。「ここにあるよ。強烈なプライドを背負ってる」。

山田久志。魂は今も、西宮球場のマウンドにある。

背番号「17」能代の英雄

小さな駅の前で、「木都へようこそ」の看板に迎えられた。

二〇一八年の八月末、記者は秋田県北部の能代市を訪ねた。大エースが「いつも心の中にある」と自慢する古里を見たくなったから。

まず向かったのは、臨海部にある能代球場だ。グラウンドを吹き抜ける風が、潮の香りを運んできた。両翼九八メートル。緑の芝と黒土が、過ぎゆく夏の日差しに映えた。

「いい球場でしょ」。高齢の男性職員が自慢げに笑った。

その夏の高校野球秋田大会でも、会場になった。一〇〇回記念の甲子園で決勝まで駆け上がることになる金足農の試合は、なかったそうだが。

正面入り口の内と外に、大きなガラスケースがある。中でトロフィーや盾、メダルが重なり合うように並ぶ。どれも古びて鈍い光を放つ。

パ・リーグのＭＶＰ、特別功労賞、ダイヤモンドグラブに２０００奪三振……。全て２８４勝

故郷の能代球場。「山田久志サブマリンスタジアム」の愛称がついた

戦いの跡を伝えるスパイクやグラブが飾られている

右腕が寄贈した記念品だ。一体、何点あるのだろう。数え始めて、途中で諦めた。

試合で使った道具の数々に、決戦の熱気が宿る。名前の刺繡が入ったグラブ、帽子にユニホーム。黒土で薄く汚れたスパイクは、爪先の革が少しはげていた。西宮球場の歓声が聞こえそうな気がする。

見入っていると、職員がまた言った。「誇りを超えた存在ですよ、能代にはね」。

そう、ここは「山田久志サブマリンスタジアム」。この長い愛称がついたのは、開場から二二年が過ぎた二〇〇七年だった。国体開催を機に、地元出身の英雄を顕彰しようとなったためだ。

愛称がお披露目された日、その人は始球式で喝采を浴びたという。美しいアンダースローからの、ストライクで。

悪送球　今も主将の胸に

背番号「17」のルーツを訪ねる旅。次の目的地は、能代市の中心部に近い市民球場だ。

土煙、はげた芝生。古びたグラウンドで、硬式チームの中学生たちが白球を追っている。待ち合わせた男性は、ベンチにぽつんと座っていた。

県立能代高の元遊撃手、田山一治《かずはる》（七二）。山田の悪送球でサヨナラ負けした一九六五年は、主将だった。へたり込む二年生サードを抱え、整列に加わらせたと伝わるが、「俺、そんな格好いいことしたかなあ」と照れ笑いする。

昔は製材所の職人衆が学校へ押し掛けては、猛特訓の選手らをはやし立てた。それに呼応するように、監督の太田の熱血指導は激しさを増した。

そんな中でも黙々と練習していた後輩が印象深い。「気持ちを表に出さず、目立たないタイプでね」。だから、プロ入りの報に驚いた。自身は早稲田大に通っている頃だった。

東京で働き始めてからも、気にかけた。「本当にあの山田かな」とブレーブスでの活躍が頼もしく、励みにしたという。

故郷に戻って事務用品の販売会社を開き、大病もした。悪送球の軌跡は、半世紀を経ても鮮やかだ。大投手への出発点を、俺は一番近くで見たぞ、と。

「でもね」と田山は笑う。「あれがショートゴロだったら、絶対に俺がアウトにしたのになあ」。

今も草野球に精を出す。サブマリンとの三遊間を懐かしみながら。久しぶりに会えたら尋ねてみたい。「守備は俺の方がうまかったろ?」と。

ヤマからの手紙　励み

田山と話すうち、グラウンドでは中学生たちが練習を終え、円陣を組んでいた。

その中央で「考えてプレーしろ」と監督が説く。大沢勉。能代高で山田の相棒だった元捕手は「能代リトルシニア」を率いて、一〇年になる。

「考えろ」には、理由がある。「昔は根性論ばっかりだったからね」。笑顔で巨体を揺すり、高校時代を振り返る。

大雪の中、町中を走る間は「バット片手に、太田先生が自転車で付いてきてねえ」。夏場も石段を延々とウサギ跳び。試合で負ければグラウンド一〇〇周、失策をすれば至近距離で素手のノック……。

「こっちも『こんちくしょう』って食らいついたね」。今は亡き恩師は、自分の人生を変えてくれた人でもある。

高二の秋を迎えた頃、新チームには捕手がいなかった。肩の強い選手が順に、本塁から二塁へ送球をさせられた。

その時に、大沢は一番いい球を放ったのだという。「それが運の尽きよ。『よし、今日からキャッチャーやれ』だもん」。サブマリンとの急造バッテリーは打っても3、4番を組んだ。

忘れられないのは、社会人時代のこと。試合に出られない日々の中、ブレーブス入りした右腕から手紙が届いた。「早くプロに来い。待ってるぞ」と。

それを励みに全体練習後も走り、素振りを重ねた。努力が実って一九七〇年秋、東映から七位指名を受ける。

「下手くそな僕がね。太田先生とヤマのおかげだよね」

自信満々　まぶしい右腕

教え子らに、大沢は山田との昔話をしない。それぞれ家庭で聞いているようだし、「今の子は今の子だから」。思い出は胸にしまっている。

東映の一年目、スタメンで出た日の記憶が鮮明だ。試合前、相手先発の背番号「17」に「真っすぐを放れよ」と頼むと、「いいよ」とニカッ。

約束通り全て直球だったが、速くてかすりもしない。連続三振でベンチへ下げられた。

試合後、「バカだなあ」とまたニカッ。「俺の真っすぐが打てるヤツなんて、いねぇよ。『カーブを投げろ』って言えば良かったのに」。

この野郎――。一瞬、カッとなったが、おかしかった。「自信満々の姿がまぶしくてね」。右腕が、黄金期にある勇者のエースへと駆け上がった一九七一年のことだ。

その秋の日本シリーズを、大沢は寮のテレビで見た。王にサヨナラ本塁打を浴び、マウンドにうずくまる姿も「あいつ、逃げずに真っ向勝負したな」と誇らしかった。

自分は二軍と行ったり来たり。東映から日拓、日本ハムと親会社がコロコロ変わり、環境の変化にも戸惑った。

そんな中、ブレーブスから岡村浩二が移籍してきた。サブマリンが痛恨の一発を喫した場面でマスクをかぶっていたベテラン捕手は、「俺は変化球のサインを出したよ」と明かしてくれた。

「でも、ヤマは頑として聞かんのや」と。

やっぱり、大沢は誇らしかった。

第二のヤマを 新たな夢

本塁クロスプレーで、大沢は左膝の靭帯を切る。プロ三年目の二軍戦だと記憶する。

一軍でブレーブス戦に出ても、「福本さんや加藤さんには投げる球がないのよ」。その最強軍団でエースを張る友のすごさに、感服するほかなかった。引退したのは一九七六年。故障も尾を引き、六年間の現役生活だった。

化粧品会社に入り、盛岡を拠点に営業に駆け回った。野球に未練を感じる暇もない。「とにかく必死でね。『ヤマに負けてられん』って」。二五年働いて退職した後、秋田市に県内初の少年硬式チームを作った。「古里に硬式を根付かせたい」という一心だった。

そこが軌道に乗るや、次は地元に「能代リトルシニア」を旗揚げした。山田に名誉会長を頼むと、快諾してくれた。帰郷の度、顔も出してくれる。

チームは今、能代高へも卒団生を多く送る。「甲子園に出る子を育てたいなあ」。第二の山田久志を――。そんな新たな夢にも、大沢は挑んでいる。

臨海部の能代球場で試合があると、特に気合が入る。284勝右腕のトロフィーやメダルに、いいところを見せたいから。

誇らしかったのは、高校時代以来のバッテリーを組んだ日のこと。「サブマリンスタジアム」の愛称お披露目で、一緒に務めた始球式だった。

構えたミットに、ズバッとストライク。マウンドでニカッ。大投手となっても、「変わらんね、ヤマは」。昔のまま、飾らぬ姿がうれしい。

記念品 全部持って行け

毎春、大沢はプロのOB組織が全国で催す野球教室に加わる。東日本大震災の被災地も回った。

「僕は野球にたくさん出会いをもらったから。その恩返しかな」。笑顔が、若い。

能代高の試合や練習にもよく足を運ぶ。「後輩の頑張りが励みでね。母校はずっと特別だから」。

能代駅に近い坂の上から校舎が移転したのは、卒業からしばらくたった頃だった。

今は市の郊外にある学校を、記者は訪ねた。夕日に照らされたグラウンドの脇で、次の待ち合わせの人物は硬式野球部の練習を見つめていた。

「僕もここの球児だったんですよ。軟式ですけどね」。後藤健（六三）。能代市議として、市が山田から記念品の寄贈を受ける際、橋渡し役を務めた。

八期先輩に当たる284勝右腕とは、かつて仕事の傍ら秋田県の公認審判員をしていた頃、共通の知人を通じて知り合った。十数年前に訪れた西宮市の自宅は、盾やトロフィーが整然と並んでいた。

「能代の子が古里を誇れるように」と思いを伝えると、快諾するばかりか「それなら全部持って行って、役立ててよ」と言われた。「腰が抜けましたね」と後藤は笑う。

市が隣町と合併した際は記念講演を頼んだ。「空き時間に、特別に山あいの小学校へも話をしに出向いてくれたんですよ」。

子どもらに「ひたむきさを忘れないでね」と説くサブマリンの笑顔が印象深い。「僕という人間があるのは全部、人のおかげ」と言いながら、「あの巡り合いがなければ僕はない」と西本と太田の名を挙げていたという。出会いを大切に――と。

常勝軍団　背負った人生

能代高のグラウンドは、外野の向こう側で松の大木が幾重にも壁をつくる。砂の飛散を防ぐため。西側の日本海から吹きつける風は、それほど強い。

「これから駆け足で秋が過ぎて冬がやって来ます」。野球部OBで監督の牧野嘉訓（四九）が言った。「冬は、下から雪が舞うんですよ」。

海が近いため雪は湿り気が強く、重い。それを長靴で踏みしめて走るのが、連綿と受け継がれてきた伝統だという。

右中間にあるスコアボードには、数字が刻まれていた。

一回表に1点を先制。すぐ逆転され、2―3で迎えた九回に追い付くものの、直後に決着の1点を奪われる。その夏の秋田大会三回戦。サヨナラ負けの相手は、金足農だった。

得点経過を表示し続けていたのは、屈辱を忘れまいというナインの意地だった。二年生ながら、吉田輝星に先頭打者本塁打を浴びせた田口駿介（一七）は「金農が甲子園で準優勝して秋田が沸いたけど、悔しいだけです」と唇をかんだ。

親子三代の能代高野球部で、祖父は山田の二期上だった。「だから、ずっと偉大さを聞かされて憧れてきました」。少年野球時代、グラウンドに来た英雄に声を掛けられた。「地道に努力しろ」と。伝統校の新主将に指名された時、真っ先にその言葉を思い出したという。

日が落ち、グラウンド脇の室内練習場で素振りやダッシュが始まった。天井が高い。

「ここにいるだけで、身も心も引き締まります」。田口が、壁の上方に掛かる大幕に目をやった。焼き付けられた写真は、右腕をしならせるサブマリン。地面すれすれから球を放たんとしている。

こうして歯を食いしばり、何万球を投じたのか。西宮から遠く離れた北国で、記者はふと本人の言葉を思い浮かべた。

「アンダースローはね、苦しそうに見えなきゃダメなの」

「僕のフォームは、絶対に誰にもまねできない。『やれるもんなら、やってみろ』ってね」

常勝軍団のエースとして背負い続けた責任と重圧。そして、意地だったのだろう。孤高のマウンドを、思った。

能代高校の室内練習場に掲げられた山田の写真。硬式野球部の後輩たちを見守っている（秋田県能代市で）

球団売却から三〇年を経て、今なお愛される阪急ブレーブス。その象徴という使命を背負っていく人生は、ここ能代から始まった。西宮球場へと続く糸を山田久志少年が手繰り寄せた、小さなまち。

室内練習場に、後輩たちの荒い息だけが響いていた。勇者のエースはずっと顔をゆがめている。栄光のユニホーム。胸には、「Ｂｒａｖｅｓ　17」――。

あとがき

勇気に満ちた男たちの物語は、いかがだったでしょうか。

これらは、兵庫県南東部の阪神地域で発行する読売新聞「阪神版」「三田《さんだ》版」で三二二回にわたって掲載した同名連載に、加筆したものです。所々に縁や運命の不思議さを感じ取りながら読んでいただけたとすればうれしいですが、連載のスタートもある偶然がきっかけでした。

それは、浅井浄さんとの出会いです。本書にも登場する元スプリンターには、二度目となる東京五輪の開催が決まった頃、前回大会の関係者を探す中で行き当たりました。

阪神支局に所属していた私が宝塚市の自宅を訪ねた際、「オリンピックに出た後は阪急電鉄に入って、球団にも出向したんや」と自己紹介をされました。驚きのあまり、かつてファンだったと打ち明けると、「へえ、そやったん」とマネジャー時代の思い出話が始まりました。

聞き入るうち、私の脳裏には幼い頃に西宮球場で味わった興奮が、球団が消滅した高校時代の虚無感と共によみがえりました。ふと考えました。同じようにブレーブスへの断ちがたい思いを抱えたままの人たちに届ける記事を書きたい、と。突き動かされるように取材にかかりました。

初の日本一から四〇年という節目に合わせ、紙面で「福本豊編」を始めたのは二〇一五年九月です。人と人とのつながりが濃密だった時代のにおいや熱気を伝えたいと思い、行政や事件事故、街の話題が載る紙面の片隅に日々、一三字×四四行の「小窓」のように載せ続けました。

支局には「毎朝、阪神版を開くのが楽しみ」「昔懐かしく、何度も読み返しています」とメールや手紙が次々と寄せられ、紙面事情で休載の日は「次回はいつ？」と電話が鳴りました。支局まで来て激励してくれたり、感想を聞かせてくれたりしたのも一人や二人ではなく、一緒に球場で応援した家族や友人らとの思い出がいっぱいに書き込まれたファクスもありました。

郷愁に浸る人たちの一方で、「全く知らなかったブレーブスを大好きになった」という若い女性もいました。挫折や屈辱をバネにし、同じ目標に向かう仲間たちの中で居場所を見つけ、自分の役割を果たしていく。そんな男たちの情熱に、時代を超えて共感してもらえたのでしょうか。

支局の岡田健彦デスク（現大阪運動部）とは「野球に興味の無い人でも楽しめる内容を追求しよう」と話し合っていましたので、冥加に余る思いでした。

病気を抱えたり、家族の介護が大変だったりという境遇を教えてくれる人もいました。何かと孤独や生きづらさを抱える人が多いとされる時代です。大げさかも知れませんが、私もそんな読者の皆さんへ少しでも勇気を送れるなら、と意気込んで取材や執筆を重ねました。

ただ、一度だけ連載終了を考えたことがあります。一七年二月、小学校への入学を控えた娘が倒れたのです。血糖値が異常に高く、搬送された病院で「1型糖尿病」と診断を受けました。一般的に生活習慣病といわれる2型と異なり、免疫機能の異常が主な原因とされ、血糖値を下げるインスリンを分泌する膵臓の機能が低下する病気です。根本的な治療法は、今はありません。約一か月間、私も入院先へ通い詰め、妻と交代で泊まり込みました。連載の継続は困難に思え、ちょうど始まったばかりだった新章で区切りにしようかと考えました。

そこへ、読者の方からメールが届きました。「新シリーズ、とても楽しみにしてました」と。待ってくれている人がいる喜びを改めてかみしめ、続けていこうと奮い立ちました。

ベッド脇でパソコンに向かっていると、インスリン注射の練習を重ねる娘が歌ってくれました。

〽晴れたる青空　我らのブレーブス　もえたつ緑か　我らのブレーブス――

いつも私が口ずさんでいた応援歌です。画面が涙でかすみました。

書き続けることは、自分へのエールともなっていきました。

一八年秋に連載を終え、中央公論新社から書籍化の話をもらってからは、A5判で四八〇ページに達した取材ノートを見返しました。

資料収集と並行し、取材で得た内容を基に原稿を書いている間にも、もっと聞きたいことが出てくる。終始そんな調子でしたから、ほとんどの元選手や裏方さんに無理をお願いし、繰り返し会ってもらいました。七回の最多記録となった金田義倫さんに、「連載に期待してくれる人たちのためです」と言い訳じみた釈明をすると、「妥協したら許さんよぉ」と笑ってくれました。

足立光宏さんや山田久志さんが見せてくれたシンカーの握りには、胸が震えました。長池徳二さんが左肩にあごを乗せる構えを再現してくれた時や、図や記号でびっしりの「高井ノート」を手に取らせてもらった瞬間も同じです。静かに栄光を振り返る勇者たちの笑顔に、やはりどこか「寄らば斬る」というオーラを感じながらの取材は緊張の連続でしたが、幸せな時間でした。番外編なども含め、話を聞かせてくれた多くの皆さん、改めて心から御礼を申し上げます。

感謝を伝えたい人たちは、他にもいます。

阪神支局の岡田、中村隆（現大阪社会部）、坂成美保（現大阪文化部）の歴代デスクは、原稿に助言をくれました。また、本書で一節ごとに付した見出しは、全て新聞からそのまま再掲したものです。紙面のレイアウトを担当する高橋誠吾、前川健、里井亮一の三氏による仕事です。中央公論新社の編集者、高橋真理子さんには慣れない書籍化の作業を進める上で支えてもらいました。

そして何より、読者の皆さん。約二〇年の記者生活でも、これほどまでに距離を近く感じ、背中を押してもらう実感を得たことはありません。書籍化を望む声も多くもらっていたので、今はそれに応えられる喜びに満たされています。

三年も続くとは思いもしなかった連載を「完投」した時、山田さんから「あなたも勇者です」と身に余るメールを頂戴しました。その言葉を宝物にすると同時に、注射に頼りながらも元気に学校へ通う娘にも贈りたいと思います。そして日々、それぞれの人生でエースや四番打者を務める皆さんにも。何かの時、この一冊が少しでも心のよりどころになれば幸いです。

私は、西宮球場跡から目と鼻の先にある阪神支局を離任しましたが、皆さんには是非、本書を携えて西宮北口を訪ねてほしいと思います。風の中で、永久欠番の男たちが待っているはずです。

二〇一九年九月　「ひさご」にて

読売新聞神戸総局　竹村文之

阪急ブレーブスをめぐる歴史

一九三五年	阪急電鉄の創業者・小林一三の命により、球団創設に着手。
一九三六年	「大阪阪急野球協会」として球団が誕生、慶応OBの三宅大輔が監督に就任する。七球団による日本職業野球連盟が発足し、日本のプロ野球が産声を上げる。
一九三七年	西宮球場が開場。内野部分に二階スタンドと大屋根の鉄傘を設け、収容人数は五万五〇〇〇人とされた。
一九三九年	日本職業野球連盟が日本野球連盟と改称。
一九四三年	戦中の金属回収令で、西宮球場の鉄傘が解体される。
一九四四年	日本野球連盟は日本野球報国会と改称。戦局の悪化で召集される選手も増え、秋の公式戦から中断される。
一九四五年	終戦。東西対抗でプロ野球が再開され、西宮球場でも二試合が行われる（一一月一、二日）。
一九四六年	八球団で本格的にプロ野球が再開。阪急は一〇五試合によるペナントレースを四位で終える。戦中は中断していた全国中等学校優勝野球大会（現全国高校野球選手権大会）が、接収中の甲子園に代わって西宮球場で開幕（八月一五日）。
一九四七年	オープン戦から「ベアーズ」の愛称を使い始めるが、早々に変更。公募で「ブレーブス」が誕生する。

一九五〇年	二リーグに分裂の初年度を、パ・リーグ七球団中四位で終える。
一九五三年	西宮球場に照明設備が完成。初のナイターとなった毎日戦に一万八〇〇〇人が訪れる（五月五日）。
一九五七年	小林一三が死去（一月二五日）。
一九六三年	前年からコーチを務めていた西本幸雄が監督に就任。
一九六五年	初めて実施されたドラフトで法政大の長池徳二を指名する。
	オーナー制が採られ、小林一三の三男である米三が初代に就任する。
一九六六年	シーズン終了後、西本が自身の指揮をめぐって「信任投票」を実施。
一九六七年	パ・リーグ初優勝。六九年まで三連覇を達成する。
一九六八年	小林一三が野球殿堂入り。
一九六九年	山田久志、福本豊が入団。加藤秀司と合わせ「花の昭和四四年組」とうたわれる。
一九七〇年	このシーズンから福本が一三年連続で盗塁王に輝く。
一九七一年	四度目のリーグ制覇。
	米田哲也が西鉄戦で通算３００勝を達成する（一〇月二日）。
一九七二年	二年連続リーグ優勝。
	福本がシーズン１０６盗塁の世界記録（当時）を樹立する（一〇月五日）。
一九七三年	パ・リーグが前・後期制に。後期を制しながら、前期覇者の南海にプレーオフで屈し、リーグ優勝を逃す。
	このシーズンをもって西本が退任し、近鉄の監督に移る。
	通算２５４勝の梶本隆夫が引退。

一九七四年　西本の後を継いだ上田利治の下、前期優勝。後期Vのロッテに敗れ、二年連続でプレーオフ敗退。
一九七五年　広島を破り、初めて日本一に。新人の山口高志が日本シリーズMVP。
一九七六年　六度目の挑戦にして初めて巨人を倒し、V2。シリーズMVPは福本。
一九七七年　再び巨人を倒し、三連覇を達成。シリーズMVPは山田。
一九七八年　パ・リーグ史上初の四連覇。山田が三年連続のリーグMVPに輝く。
今井雄太郎が仙台でのロッテ戦で完全試合を達成する（八月三一日）。
日本シリーズでヤクルトに敗れる。最終戦で本塁打の判定をめぐって一時間一九分の抗議をした上田が引責辞任し、後任に梶本が就任する。
一九八一年　球団初のマスコットとしてブレービーが登場。上田が監督に復帰する。
一九八四年　一〇度目のリーグ制覇。阪急ブレーブスとして最後の優勝となる。日本シリーズでは広島に屈する。
一九八六年　球団創立五〇年を迎える。
一九八八年　オリエント・リース（現オリックス）への球団譲渡を発表（一〇月一九日）。
山田、福本が引退する。
西本が野球殿堂入り。
一九九一年　オリックスが本拠地を神戸へ移転して初のシーズン。愛称も「ブルーウェーブ」となり、ブレーブスが消える。
一九九五年　阪神大震災が発生（一月一七日）。西宮北口一帯も甚大な被害を受け、西宮球場は救援物資の集積拠点に。

一九九五年	球団創設に尽力し、第二代監督も務めた村上実が野球殿堂入り。
二〇〇〇年	米田が野球殿堂入り。
二〇〇二年	福本が野球殿堂入り。 イベントやスポーツの会場として使われてきた西宮球場が年末で営業を終了。
二〇〇三年	上田が野球殿堂入り。
二〇〇五年	オリックスと近鉄の合併で、このシーズンから愛称が「バファローズ」に。 西宮球場の解体工事が終了。
二〇〇六年	山田が野球殿堂入り。
二〇〇七年	前年に死去した梶本が野球殿堂入り。
二〇〇八年	球場の跡地に「阪急西宮ガーデンズ」がオープン。
二〇一一年	西本が九一歳で死去（一一月二五日）。
二〇一七年	上田が八〇歳で死去（七月一日）。

阪急ブレーブス　日本シリーズの記録

1967年　vs 巨人　2勝4敗（監督＝西本幸雄）●●●○○●　MVP＝森（巨）

①10月21日	巨人	002002030＝7	（勝）金田　（敗）米田
（西宮）	阪急	000010101＝3	
②10月22日	巨人	010000000＝1	（勝）堀内　（敗）足立
（西宮）	阪急	000000000＝0	
③10月24日	阪急	000000100＝1	（勝）城之内　（敗）梶本
（後楽園）	巨人	20012100X＝6	
④10月25日	阪急	050020020＝9	（勝）足立　（敗）金田
（後楽園）	巨人	100100120＝5	
⑤10月26日	阪急	000001023＝6	（勝）足立　（敗）堀内
（後楽園）	巨人	020010000＝3	
⑥10月28日	巨人	012500100＝9	（勝）城之内　（敗）梶本
（西宮）	阪急	000012000＝3	

1968年　vs 巨人　2勝4敗（監督＝西本）○●●●○●　MVP＝高田（巨）

①10月12日	阪急	002000210＝5	（勝）米田　（敗）金田
（後楽園）	巨人	010001011＝4	
②10月14日	阪急	000000100＝1	（勝）城之内　（敗）足立
（後楽園）	巨人	00023010X＝6	
③10月16日	巨人	002030040＝9	（勝）金田　（敗）米田
（西宮）	阪急	201010000＝4	
④10月17日	巨人	100310001＝6	（勝）金田　（敗）石井茂
（西宮）	阪急	000040100＝5	
⑤10月18日	巨人	002100010＝4	（勝）梶本　（敗）金田
（西宮）	阪急	00000033X＝6	
⑥10月20日	阪急	100000211＝5	（勝）堀内　（敗）大石
（後楽園）	巨人	10000231X＝7	

1969年　vs 巨人　2勝4敗（監督＝西本）●○●●○●　MVP＝長嶋（巨）

①10月26日	巨人	101100120＝6		（勝）高橋明　（敗）水谷
（西宮）	阪急	000000401＝5		
②10月27日	巨人	0001000000＝1	延長	（勝）足立　（敗）高橋一
（西宮）	阪急	0000000101x＝2	10回	
③10月29日	阪急	010002000＝3		（勝）堀内　（敗）梶本
（後楽園）	巨人	10010500X＝7		
④10月30日	阪急	011101000＝4		（勝）堀内　（敗）宮本
（後楽園）	巨人	00060210X＝9		
⑤10月31日	阪急	020001200＝5		（勝）足立　（敗）堀内
（後楽園）	巨人	100200000＝3		
⑥11月2日	巨人	010017000＝9		（勝）高橋一　（敗）宮本
（西宮）	阪急	000001001＝2		

1971年　vs 巨人　1勝4敗（監督＝西本）●○●●●　MVP＝末次（巨）

①10月12日（西宮）	巨人	100100000＝2	（勝）堀内　（敗）足立
	阪急	001000000＝1	
②10月13日（西宮）	巨人	000200211＝6	（勝）米田　（敗）菅原
	阪急	00100313X＝8	
③10月15日（後楽園）	阪急	010000000＝1	（勝）関本　（敗）山田
	巨人	000000003x＝3	
④10月16日（後楽園）	阪急	000003001＝4	（勝）堀内　（敗）足立
	巨人	00400030X＝7	
⑤10月17日（後楽園）	阪急	000001000＝1	（勝）高橋一　（敗）米田
	巨人	00204000X＝6	

1972年　vs 巨人　1勝4敗（監督＝西本）●●○●●　MVP＝堀内（巨）

①10月21日（後楽園）	阪急	100200000＝3	（勝）堀内　（敗）山田
	巨人	30010100X＝5	
②10月23日（後楽園）	阪急	000100030＝4	（勝）堀内　（敗）児玉
	巨人	04000002X＝6	
③10月25日（西宮）	巨人	100000020＝3	（勝）足立　（敗）堀内
	阪急	00022100X＝5	
④10月26日（西宮）	巨人	001020000＝3	（勝）菅原　（敗）山田
	阪急	000001000＝1	
⑤10月28日（西宮）	巨人	005300000＝8	（勝）高橋一　（敗）戸田
	阪急	010000002＝3	

1975年　vs 広島　4勝2分（監督＝上田利治）△○○△○○　MVP＝山口（急）

①10月25日（西宮）	広島	10001001000＝3	延長11回
	阪急	30000000000＝3	
②10月26日（西宮）	広島	000000010＝1	（勝）山田　（敗）佐伯
	阪急	10004000X＝5	
③10月28日（広島市民）	阪急	031000003＝7	（勝）山口　（敗）宮本
	広島	000002200＝4	
④10月30日（広島市民）	阪急	0100002000001＝4	延長13回
	広島	0210000000001＝4	
⑤10月31日（広島市民）	阪急	001100000＝2	（勝）山田　（S）山口
	広島	010000000＝1	（敗）佐伯
⑥11月2日（西宮）	広島	020000010＝3	（勝）戸田　（S）山口
	阪急	01050001X＝7	（敗）池谷

阪急ブレーブス 日本シリーズの記録

1976年 vs 巨人 4勝3敗（監督＝上田） ○○○●●●○ MVP ＝福本（急）

①10月23日（後楽園）	阪急	0 1 0 0 3 0 0 1 1＝6		（勝）山口 （敗）小林
	巨人	2 0 0 0 0 2 0 0 0＝4		
②10月25日（後楽園）	阪急	0 2 0 0 2 0 0 1 0＝5		（勝）足立 （S）山口
	巨人	0 0 0 1 0 0 2 1 0＝4		（敗）ライト
③10月27日（西宮）	巨人	0 0 2 0 0 0 0 1 0＝3		（勝）山田 （敗）加藤
	阪急	4 0 0 0 3 0 0 3 X＝10		
④10月29日（西宮）	巨人	0 1 0 0 0 0 1 0 2＝4		（勝）小林 （敗）山口
	阪急	1 0 1 0 0 0 0 0 0＝2		
⑤10月30日（西宮）	巨人	0 0 0 4 0 0 1 0 0＝5		（勝）ライト （S）小林
	阪急	0 0 0 1 0 0 0 2 0＝3		（敗）山田
⑥11月1日（後楽園）	阪急	2 0 0 2 3 0 0 0 0 0＝7	延長10回	（勝）小林 （敗）山田
	巨人	0 0 0 0 2 3 0 2 0 1x＝8		
⑦11月2日（後楽園）	阪急	0 0 1 0 0 0 2 1 0＝4		（勝）足立 （敗）ライト
	巨人	0 0 0 0 1 1 0 0 0＝2		

1977年 vs 巨人 4勝1敗（監督＝上田） ○○●○○ MVP ＝山田（急）

①10月22日（西宮）	巨人	0 1 0 0 0 0 0 0 1＝2		（勝）山田 （敗）小林
	阪急	1 2 0 0 3 0 1 0 X＝7		
②10月23日（西宮）	巨人	0 0 0 0 0 0 0 0 0＝0		（勝）足立 （敗）堀内
	阪急	1 0 0 0 0 1 0 1 X＝3		
③10月25日（後楽園）	阪急	0 0 0 0 1 0 0 0 1 0 0 0＝2	延長12回	（勝）浅野 （敗）山口
	巨人	0 0 0 0 2 0 0 0 0 0 0 3x＝5		
④10月26日（後楽園）	阪急	0 0 0 0 0 1 0 0 4＝5		（勝）山田 （敗）浅野
	巨人	0 0 1 0 0 0 0 1 0＝2		
⑤10月27日（後楽園）	阪急	0 0 0 0 1 2 3 0 0＝6		（勝）白石 （S）山田
	巨人	0 2 0 0 0 0 1 0 0＝3		（敗）新浦

1978年 vs ヤクルト 3勝4敗（監督＝上田） ○●○●●○● MVP ＝大杉（ヤ）

①10月14日（後楽園）	阪急	0 1 0 0 1 0 0 4 0＝6	（勝）山田 （敗）安田
	ヤクルト	0 0 1 0 1 2 1 0 0＝5	
②10月15日（後楽園）	阪急	1 0 0 1 0 0 3 0 1＝6	（勝）松岡 （敗）今井
	ヤクルト	0 2 4 1 0 2 0 1 X＝10	
③10月17日（西宮）	ヤクルト	0 0 0 0 0 0 0 0 0＝0	（勝）足立 （敗）鈴木
	阪急	1 0 1 1 0 0 2 0 X＝5	
④10月18日（西宮）	ヤクルト	0 0 0 0 0 4 0 0 2＝6	（勝）西井 （S）松岡
	阪急	1 3 0 0 1 0 0 0 0＝5	（敗）今井
⑤10月19日（西宮）	ヤクルト	2 0 0 0 0 1 0 1 3＝7	（勝）井原 （S）松岡
	阪急	0 0 0 1 0 0 1 1 0＝3	（敗）山田
⑥10月21日（後楽園）	阪急	0 0 6 0 5 0 0 1 0＝12	（勝）白石 （敗）鈴木
	ヤクルト	0 0 0 1 2 0 0 0 0＝3	
⑦10月22日（後楽園）	阪急	0 0 0 0 0 0 0 0 0＝0	（勝）松岡 （敗）足立
	ヤクルト	0 0 0 0 1 2 0 1 X＝4	

1984年　vs 広島　3勝4敗（監督＝上田）●○●●○○●　MVP＝長嶋（広）

①10月13日（広島市民）	阪急	001100000＝2	（勝）小林　（敗）山田
	広島	00100002X＝3	
②10月14日（広島市民）	阪急	000000005＝5	（勝）山沖　（敗）北別府
	広島	101000000＝2	
③10月16日（西宮）	広島	014200100＝8	（勝）川口　（敗）佐藤
	阪急	002001000＝3	
④10月18日（西宮）	広島	100001001＝3	（勝）大野　（敗）山田
	阪急	000000200＝2	
⑤10月19日（西宮）	広島	010001000＝2	（勝）今井　（S）山沖　（敗）北別府
	阪急	01011012X＝6	
⑥10月21日（広島市民）	阪急	007001000＝8	（勝）山沖　（敗）川口
	広島	210000000＝3	
⑦10月22日（広島市民）	阪急	100001000＝2	（勝）山根　（敗）山田
	広島	00100132X＝7	

西宮球場跡地に建った「阪急西宮ガーデンズ」（後方）へと続く道。球場が消えた今も、踏切がその名残を伝える（西宮市で）

本書は『読売新聞』阪神版および三田版に二〇一五年九月二七日から二〇一八年一〇月二七日まで連載された「阪急ブレーブス勇者たちの記憶」をもとに、書籍化にあたって加筆・修正を施したものです。

装幀　鈴木正道

阪急《はんきゅう》ブレーブス 勇者《ゆうしゃ》たちの記憶《きおく》

2019年9月10日 初版発行
2020年3月5日 3版発行

著 者 読売新聞阪神支局《よみうりしんぶんはんしんしきょく》

発行者 松田陽三

発行所 中央公論新社

〒100-8152 東京都千代田区大手町1-7-1
電話 販売 03-5299-1730 編集 03-5299-1740
URL http://www.chuko.co.jp/

DTP 市川真樹子
印 刷 図書印刷
製 本 大口製本印刷

Published by CHUOKORON-SHINSHA, INC.
Printed in Japan ISBN978-4-12-005232-3 C0075